山東大學尼山學堂主辦

新學季刊

杜澤遜 主編

二零二二年第三輯 總第二十七輯

山東人民出版社·濟南

國家一級出版社 全國百佳圖書出版單位

圖書在版編目（CIP）數據

國學季刊. 第二十七輯/杜澤遜主編 . 一濟南：
山東人民出版社，2022.9
ISBN 978－7－209－13833－8

Ⅰ. ①國… Ⅱ. ①杜… Ⅲ. ①國學—文集
Ⅳ. ①Z126. 27－53

中國版本圖書館 CIP 數據核字(2022)第 075167 號

國學季刊（第二十七輯）
GUOXUE JIKAN
杜澤遜　主編

主管單位　山東出版傳媒股份有限公司
出版發行　山東人民出版社
出 版 人　胡長青
社　　址　濟南市市中區舜耕路 517 號
郵　　編　250003
電　　話　總編室（0531）82098914
　　　　　市場部（0531）82098027
網　　址　http：//www. sd－book. com. cn
印　　裝　山東新華印務有限公司
經　　銷　新華書店

規　　格　16 開（169mm×239mm）
印　　張　14
字　　數　234 千字
版　　次　2022 年 9 月第 1 版
印　　次　2022 年 9 月第 1 次
印　　數　1—1000
ISBN 978－7－209－13833－8
定　　價　32. 00 圓
　　　　　如有印裝質量問題，請與出版社總編室聯繫調換。

目 録
CONTENTS

特 稿

001　《左傳》校讀札記（二）　　　　　　　　　　　　　　　趙生群

014　耗得驢年故紙盡，撑扶鐵樹盼開花
　　　——關於拙著《燕行録千種解題》的自評報告　　　　　漆永祥

039　《禮記》男女之禮發微　　　　　　　　　　　　　　　　馬　寧

049　魏惠王紀年考　　　　　　　　　　　　　　　　　　　　張天翼

063　以自覺之“德”合乎自然之“性”
　　　——論《莊子》“德”“性”之同異　　　　　　　　　馬雨豪

076　《搜神記》人鬼婚戀故事的“墓穴”意象解析　　　　　　李連秀

087　明晦交雜：論《唐類函》的體例及編纂思想　　　　　　　楊　溢

101　《鶴林玉露》“虛實”語法觀探究　　　　　　　　　　　朱　昇

107　試析陽明學的學脈源流
　　　——以《明儒學案》爲中心　　　　　　　　　　　　　樊兵策

119　周廣業《孟子異本考》考略　　　　　　　　　　　　　　尹冠樺

135　清中葉的漢宋之爭與顧炎武學術形象的嬗變　　　　　　　張陳博

150　丁慎五公年譜考（中）　　　　　　　　　　　　　　　　垂　健

170　清末滿族大臣文治及其日記述略　　　　　　　　　周昕暉

184　宣統《莎車府志》考證四題　　　　　　　　　　　王智堯

190　山左先喆遺書提要　　　　　　　　　　　　尹承　整理

199　淺談古籍整理工作中的句讀標點問題
　　　——以修訂本《史記》爲例　　　　　　　　　　謝雨欣

國學人物

207　四十餘載潛心問學，龍蟲并雕蔚然成家
　　　——董志翹先生學術傳略　　　　　　　　　　　王其和

216　《國學季刊》稿約

特　稿

《左傳》校讀札記（二）

趙生群

於是陳、蔡方睦於衛

隱公四年：“宋殤公之即位也，公子馮出奔鄭。鄭人欲納之。及衛州吁立，將脩先君之怨於鄭，而求寵於諸侯，以和其民。使告於宋曰：‘君若伐鄭，以除君害，君爲主，敝邑以賦與陳、蔡從，則衛國之願也。’宋人許之。於是陳、蔡方睦於衛，故宋公、陳侯、蔡人、衛人伐鄭，圍其東門，五日而還。”

竹添光鴻曰：“於是，於此時也。”① 楊伯峻説同。②

按：於，其也；是，時也。“於是”，猶其時、此時。

“於（于）”與“其”，義得通用。襄公四年《左傳》：“浞行媚于內，而施賂于外，愚弄其民，而虞羿于田。”“愚弄其民”，《潛夫論·五德志》作“愚弄於民”。《管子·臣乘馬》：“穀失於時，君之衡籍而無止。”戴望注：“元本‘於’作‘其’。”《孟子·滕文公下》：“救民於水火之中，取其殘而已矣。《太誓》曰：‘我武惟揚，侵于之疆，則取于殘，殺伐用張，于湯有光。’”《尚書·金縢》：“周公居東二年，則罪人斯得。于後公乃爲詩以貽王，名之曰《鴟鴞》。”庾信《哀江南賦》：“於時朝野歡娛，池臺鐘鼓。”劉淇曰：“于（於）後，猶云其後；於時，猶云其時。”③

《爾雅·釋詁下》：“時、寔，是也。”“是”與“時”音相近，義得互

---

① ［日］竹添光鴻：《左傳會箋》第一，天工書局，1998年，第52頁。
② 楊伯峻：《春秋左傳注》，中華書局，2000年第6次印刷本，第1冊，第36頁。
③ ［清］劉淇：《助字辨略》卷一，中華書局，2004年第2版，第40頁。

通。《尚書·伊訓》：“敢有恒舞于宫，酣歌于室，時謂巫風。敢有殉于貨色，恒於游畋，時謂淫風。敢有侮聖言，逆忠直，遠耆德，比頑童，時謂亂風。”“時謂巫風”，《墨子·非樂上》作“是謂巫風”。宣公十二年《左傳》“鋪時繹思”杜預注：“時，是也。”此年《傳》又“肆於時夏”孔穎達疏：“時，是也。”

《左傳》中“於是”連文，多用作時間副詞，可譯作“其時”“此時”或“當時”。如：桓公五年：“於是陳亂，文公子佗殺太子免而代之。”桓公六年：“於是諸侯之大夫戍齊，齊人饋之餼，使魯爲其班，後鄭。”僖公五年：“於是江、黃、道、柏方睦於齊，皆弦姻也。弦子恃之而不事楚，又不設備，故亡。”僖公十九年：“於是衛大旱，卜有事於山川，不吉。”文公元年：“於是閏三月，非禮也。”文公十五年：“於是有齊難，是以公不會。”襄公三年：“於是羊舌職死矣。”襄公三十一年：“於是昭公十九年（歲）矣。”《左傳》類似之例尚多，此不一一列出。

《史記·項羽本紀》：“於是大風從西北而起，折木發屋，揚沙石，窈冥晝晦，逢迎楚軍。”《漢書·陳勝傳》：“於是諸郡縣苦秦吏暴，皆殺其長吏，將以應勝。”此二例，“於是”亦用作時間副詞。

必務進

隱公九年：“使勇而無剛者嘗寇而速去之，君爲三覆以待之。戎輕而不整，貪而無親，勝不相讓，敗不相救。先者見獲，必務進，進而遇覆，必速奔。後者不救，則無繼矣。乃可以逞。”

竹添光鴻曰：“先者逐其去，其勢可獲，故利之不復顧後，必務速進也。”[1] 楊伯峻曰：“先行者見可以有所虜獲，必專一前進。”[2]

按：務，趣也，疾也。務進，謂疾進。《説文·力部》：“務，趣也。”段玉裁注：“趣者，疾走也。務者，言其促疾於事也。”

務之疾速義，後世罕見，辭書亦多不收録，賴《左傳》而得存其古誼。

德之則也

隱公十一年：“王取鄔、劉、蒍、邘之田于鄭，而與鄭人蘇忿生之田：

① ［日］竹添光鴻：《左傳會箋》第一，第87頁。
② 楊伯峻：《春秋左傳注》，第1冊，第66頁。

溫、原、絺、樊、隰郕、欑茅、向、盟、州、陘、隤、懷。君子是以知桓王之失鄭也。恕而行之，德之則也，禮之經也。己弗能有，而以與人，人之不至，不亦宜乎！"

"德之則也"一句，諸家無說。

按：則，法也。謂法度。"德之則也"，謂道德之準則。《爾雅·釋詁上》："典、彝、法、則……常也。"郭璞注謂"皆謂常法"。《尚書·五子之歌》："有典有則，貽厥子孫。"傳："則，法。"《周禮·天官·大宰》："大宰之職，掌建邦之六典……以八灋治官府……以八則治都鄙。"鄭玄注："則，亦法也。典、法、則，所用異，異其名也。"

政以正民

桓公二年："夫名以制義，義以出禮，禮以體政，政以正民。"

楊伯峻曰："禮與體，政與正，皆以聲爲訓。"①

按：正，治也。隱公十一年《傳》曰："政以治民。"義同。

《禮記·經解》："禮之於正國也，猶衡之於輕重也，繩墨之於曲直也，規矩之於方圜也。"孔穎達疏："此一節贊明禮事之重，治國之急。"《韓非子·內儲說上》："有威足以服人，而利足以勸之，故能治之。今臣，君之少客也。夫從少正長，從賤治貴，而不得操其利害之柄以制之，此所以亂也。""正"與"治"爲對文。《荀子·王霸》："國無禮則不正。禮之所以正國也。"《商君書·農戰》："聖人知治國之要，故令民歸心於農。歸心於農，則民樸而可正也。"正皆訓治。

《左傳》"正"字作治義者尚有數例。如：僖公二十七年："於是乎大蒐以示之禮，作執秩以正其官。""正其官"，謂治其官。昭公七年："天子經略，諸侯正封，古之制也。"楊伯峻曰："正，治也。《呂氏春秋·順民篇》'湯克夏而正天下'可證。經略與正封同義。"② 昭公二十三年："正其疆場，脩其土田。""正""脩"皆治也。

《管子·法法》："憲律制度必法道，號令必著明，賞罰必信密，此正民之經也。"《商君書·開塞》："夫正民者：以其所惡，必終其所好；以其所好，必敗其所惡。"《鹽鐵論·後刑》："故刑所以正民，鉏所以別苗也。"

---

① 楊伯峻：《春秋左傳注》，第 1 册，第 92 頁。
② 楊伯峻：《春秋左傳注》，第 4 册，第 1284 頁。

此“正民”連文之例。

撫小民以信　訓衆而好鎮撫之

桓公十三年：“十三年春，楚屈瑕伐羅，鬥伯比送之。還，謂其御曰：‘莫敖必敗。舉趾高，心不固矣。’遂見楚子，曰：‘必濟師。’楚子辭焉。入告夫人鄧曼。鄧曼曰：‘大夫其非衆之謂，其謂君撫小民以信，訓諸司以德，而威莫敖以刑也。莫敖狃於蒲騷之役，將自用也，必小羅。君若不鎮撫，其不設備乎！夫固謂君訓衆而好鎮撫之，召諸司而勸之以令德，見莫敖而告諸天之不假易也。不然，夫豈不知楚師之盡行也？’”

竹添光鴻曰：“撫者，鎮定也。”楊伯峻曰：“好鎮撫之，猶言善鎮撫之。”①

按：“撫小民以信”“訓衆而好鎮撫之”，撫、鎮撫皆安定之義。《廣雅·釋詁》：“虞、宴、鎮、撫……安也。”《國語·晋語七》：“柔惠小物，而鎮定大事。”韋昭注：“鎮，安也。言智思能安定也。”《晋語七》：“荀家惇惠，荀會文敏，黶也果敢，無忌鎮静，使茲四人者爲之。”“鎮静”同義連文，謂鎮定，安静。

鎮、撫皆有安義，故可單用，亦可疊用。襄公二十八年《傳》：“宋之盟，君命將利小國，而亦使安定其社稷，鎮撫其民人，以禮承天之休。”昭公七年《傳》：“吾不忘先君之好，將使衡父照臨楚國，鎮撫其社稷，以輯寧爾民。”“鎮撫”與“安定”，“鎮撫”與“輯寧”，皆錯綜成文。成公二年《傳》：“今叔父克遂，有功于齊，而不使命卿鎮撫王室，所使來撫余一人，而蠭伯實來，未有職司於王室，又奸先王之禮，余雖欲於蠭伯，其敢廢舊典以忝叔父？”上言“鎮撫”，下言“撫”，句法參差，其義則一。

“鎮撫”用作安撫、安定之義，《左傳》頗爲常見。如：文公十二年：“君不忘先君之好，照臨魯國，鎮撫其社稷，重之以大器。”襄公十年：“君若猶辱鎮撫宋國，而以偪陽光啓寡君，群臣安矣，其何貺如之？”昭公三年：“君若不忘先君之好，惠顧齊國，辱收寡人，徼福於大公、丁公，照臨敝邑，鎮撫其社稷，則猶有先君之適及遺姑姊妹若而人。君若不棄敝邑，而辱使董振擇之，以備嬪嬙，寡人之望也。”昭公十五年：“伯氏，諸侯皆有以鎮撫王室，晋獨無有，何也？”昭公二十年：“君若惠顧先君之好，昭

① 楊伯峻：《春秋左傳注》，第 1 册，第 137 頁。

臨敝邑，鎮撫其社稷，則有宗祧在。”昭公二十五年：“無民而能逞其志者，未之有也，國君是以鎮撫其民。”

又，竹添光鴻曰：“（君若不鎮撫）鎮撫者，抑按之義也。若不召還以抑遏之，彼往必不設備以取敗矣。”①

按：竹添光鴻以爲“君若不鎮撫”之“鎮撫”爲按抑、抑遏之義，其說是也。《説文·金部》：“鎮，博壓也。”段玉裁注：“引申之爲重也，安也，壓也。”《國語·周語上》：“夫天地之氣，不失其序；若過其序，民亂之也。陽伏而不能出，陰迫而不能烝，於是有地震。今三川實震，是陽失其所而鎮陰也。”韋昭注：“鎮，爲陰所鎮笮也。”鎮，謂爲陰氣所壓制。

“撫”亦有按抑義。《禮記·曲禮上》：“主人跪正席，客跪撫席而辭。”孔穎達疏：“撫謂以手按止之也。客跪以手按止於席而辭，不聽主人之正席也。撫之者，答主人之親正席也。”《曲禮上》：“車驅而騶，至於大門，君撫僕之手，而顧命車右就車。”孔穎達疏：“撫，按止也。僕手執轡，車行由僕，君欲令駐車，故君抑止僕手也。”《禮記·喪服大記》：“君撫大夫，撫内命婦。大夫撫室老，撫姪、娣。”鄭玄注：“撫，以手按之也。”《晏子春秋·內篇雜上·崔慶劫齊將軍大夫盟晏子不與》：“趨出，授綏而乘。其僕將馳，晏子撫其手曰：‘徐之！疾不必生，徐不必死。’”又，《外篇·晏子没左右諛弦章諫景公賜之魚》：“（景公）以魚五十乘賜弦章，章歸，魚車塞塗，撫其御之手……固辭魚不受。”撫者，按也。

由按抑之義引申之，則有節制、約束之義。“君若不鎮撫”之鎮撫，即用此義。“君若不鎮撫”與上文“威莫敖以刑”、下文“告諸天之不假易”相對。

《左傳》行文灑脱，靈動多變，參差錯落，不拘一格。或義同而辭異，或辭同而義別。“君若不鎮撫”與“夫固謂君訓衆而好鎮撫之”兩用“鎮撫”，而含義相去甚遠。後世多用安撫之義，而節制、約束之義罕聞。

龍見而畢務

莊公二十九年：“冬十二月，城諸及防，書，時也。凡土功，龍見而畢務，戒事也。火見而致用，水昏正而栽，日至而畢。”

---

① ［日］竹添光鴻：《左傳會箋》第二，第176頁。

楊伯峻曰："畢務，夏收、秋收俱已完畢。"①

按：務，事也。畢務，謂畢其事。《廣韻·遇韻》："務，事務也。"
《易·繫辭上》："唯幾也，故能成天下之務。"孔穎達疏："以能知有初之微。則能興行其事，故能成天下之事務也。"《管子·輕重丁》："寡人多務。"謂多事。《國語·楚語上》："民不廢時務，官不易朝常。""時務"，謂農事。又，《楚語下》："天、地、民及四時之務爲七事。""四時之務"，謂四時之事。《管子·正世》："古之欲正世調天下者，必先觀國政，料事務，察民俗。""事務"同義連文。

《左傳》"務"作事義者非一。如：昭公三年："昔文、襄之霸也，其務不煩諸侯。"谓其事不煩諸侯。昭公七年："務三而已：一曰擇人，二曰因民，三曰從時。"謂其事唯三。昭公二十三年："慎其四竟，結其四援，民狎其野，三務成功。""三務"，謂春、夏、秋三時之農事。

保小寡

僖公二十一年："崇明祀，保小寡，周禮也。蠻夷猾夏，周禍也。"

竹添光鴻曰："小寡，謂小國寡民也。出《老子》。"② 楊伯峻曰："《老子》'小國寡民'即此'小寡'之義，指須句。"③

按："保小寡"就魯與須句關係而言，以"寡民"釋"寡"，有增字爲訓之嫌。"小寡"當是同義連文，謂小國。二十二年《左傳》："二十二年春，伐邾，取須句，反其君焉，禮也。"杜預注："得恤寡小之禮。"此處"寡小"，指小國（須句），文義顯豁。而"寡小"義同二十一年之"小寡"。寡、小同義，故文可互倒。

寡有少義，亦有小義。《説文》："寡，少也。"《説文·小部》："少，不多也。从小丿聲。"段玉裁注："不多則小，故古少、小互訓通用。"襄公二十四年："晉侯使張骼、輔躒致楚師，求御於鄭。鄭人卜宛射犬，吉。子大叔戒之曰：'大國之人，不可與也。'對曰：'無有衆寡，其上一也。'"杜預曰："言在己上者有常分，無大小國之異。""衆寡"承上文"大國"而言，杜注以"大小"釋之，是也。《周禮·夏官·大司馬》："比小事大

① 楊伯峻：《春秋左傳注》，第1冊，第245頁。
② ［日］竹添光鴻：《左傳會箋》第六，第434頁。
③ 楊伯峻：《春秋左傳注》，第1冊，第392頁。

以和邦國。"鄭玄注:"比猶親。使大國親小國,小國事大國,相合和也。"
《大司馬》又云:"馮弱犯寡,則眚之。"鄭玄注:"言不字小而侵侮之。"
孔穎達疏:"云'馮弱',據以強陵弱。云'犯寡',據以大侵小。"鄭注、
孔疏均以"小"釋"寡"。《墨子·經説下》:"遠近臨正鑒,景寡,貌能、
白黑,遠近、柂正,異於光鑒。"張惠言曰:"正臨鑒者景則寡,遠近皆然。
寡亦小義。"① 張氏以"小"釋"寡",是也。此經説"景之小大"。

　　《左傳》所謂"小",多指小國。如:襄公二十八年:"大適小,則爲
壇。小適大,苟舍而已,焉用壇? 僑聞之,大適小有五美…… 小國不
困…… 小適大有五惡…… 皆小國之禍也。""小"即"小國"。哀公七年曰:
"小所以事大,信也;大所以保小,仁也。背大國,不信;伐小國,不仁。"
又曰:"禹合諸侯於塗山,執玉帛者萬國。今其存者,無數十焉,唯大不字
小,小不事大也。""小"皆指小國,"大"指大國。

　　字書不載"寡"之小義,亦無"小寡""寡小"之目,當補。

德則不競

　　成公九年:"爲歸汶陽之田故,諸侯貳於晋。晋人懼,會於蒲,以尋馬
陵之盟。季文子謂范文子曰:'德則不競,尋盟何爲?'"

　　竹添光鴻曰:"僖七年'心則不競,何憚於病'字法同。"② 《左傳譯
文》譯"德則不競,尋盟何爲"二句作"德行已經不行,重温舊盟做什
麼"?③

　　按:則,若也。表假設。此二句云若無盛德,尋盟亦無益。言盟主當
以德服人。《尚書·洪範》:"汝則有大疑,謀及乃心,謀及卿士,謀及庶
人,謀及卜筮。"則,若也。《史記·刺客列傳》:"誠得劫秦王,使悉反諸
侯侵地,若曹沫之與齊桓公,則大善矣;則不可,因而刺殺之。""則不
可",則亦表假設。僖公二十三年《左傳》:"卜偃稱疾不出,曰:'《周書》
有之:"乃大明服。"己則不明,而殺人以逞,不亦難乎? 民不見德,而唯
戮是聞,其何後之有?'""己則不明"與"德則不競"句法類似,語意
相近。

---

①　[清]張惠言:《墨子經説解》,《叢書集成續編》076 册,上海書店出版社,1994 年,第 917 頁。
②　[日]竹添光鴻:《左傳會箋》第十二,第 866 頁。
③　沈玉成:《左傳譯文》,中華書局,1983 年第 2 次印刷,第 222 頁。

蔑我死君，寡我襄公

成公十三年："無禄，文公即世。穆爲不弔，蔑死我（我死）君，寡我襄公，迭我殽地，奸絶我好，伐我保城，殄滅我費滑，散離我兄弟，撓亂我同盟，傾覆我國家。"

《釋文》："'死我君'，本或以'我'字在'死'上。"[1] 惠棟《春秋左傳補注》引《左傳》作："蔑我死君。"[2] 武億曰："下文'寡我襄公'，此別本'我'字在'死'上者爲定。古人比事屬詞，其義如是。"[3]

按：武説是也。"蔑死"不辭，且"蔑我死君"以下九句，句式一律。死君，指逝去之先君，謂文公，襄公則當時在位之君也。若以"我君"對"襄公"，則語意淆亂，文不成義。

"死君"，指死去之國君。《韓非子·難二》："夫不奪子而行天下者，必不背死君而事其讎，背死君而事其讎者，必不難奪子而行天下。"《韓非子·難三》："死君復生，臣不愧，而後爲貞。今惠公朝卒而暮事文公，寺人之不貳何如？"僖公三十三年《左傳》："未報秦施，而伐其師，其爲死君乎？""死君"亦指已故之君（文公）。蔑有輕義，謂輕視。《説文》："寡，少也。"少有小義。由少、小引申之，則亦有輕視之義。如此，則文例、文義一氣貫通。《三國志·文帝紀》云："臣子爲蔑死君父，不忠不孝，使死者有知，將不福汝。"則當時傳世之本已有誤作"蔑死"者矣。杜預曰："寡，弱也。"[4] 亦未確。

二三其德　無成德

成公十三年："白狄及君同州，君之仇讎，而我之昏姻也。君來賜命曰：'吾與女伐狄。'寡君不敢顧昏姻，畏君之威，而受命于吏。君有二心於狄，曰：'晉將伐女。'狄應且憎，是用告我。楚人惡君之二三其德也，亦來告我曰：'秦背令狐之盟，而來求盟于我："昭告昊天上帝、秦三公、

---

① [清]阮元校刻：《春秋左傳正義》卷二十七，中華書局，1980 年《十三經注疏》影印本，下冊，第 1912 頁。

② [清]惠棟：《春秋左傳補注二》，鳳凰出版社，2005 年影印本《清經解》第叁冊，第 2755 頁。

③ [清]武億：《羣經義證三·春秋左氏傳》，鳳凰出版社，2005 年影印本《清經解續編》第玖冊，第 1039 頁。

④ [清]阮元校刻：《春秋左傳正義》卷二十七，第 1912 頁。

楚三王曰：余雖與晉出入，余唯利是視。"不穀惡其無成德，是用宣之，以懲不壹。'"

"二三其德"與"無成德"，諸家無說。

按："二三其德""無成德"與下文"不壹"皆同義，謂出爾反爾，反復無常。

與"二三其德"相對應者，有"一德""壹德"。《尚書·咸有一德》："非天私我有商，惟天佑于一德。非商求于下民，惟民歸于一德。德惟一，動罔不吉。德二三，動罔不凶。"《傳》："二三，言不一。""一德"謂守德專固，與"德二三"相對。《易·繫辭下》："恒以一德。"孔疏："恒能終始不移，是純一其德也。""一德"謂始終如一，守德不變。《漢書·宣元六王傳》："禮爲諸侯制相朝聘之義，蓋以考禮壹德，尊事天子也。"顏師古注："壹德，謂不二其心也。"《潛夫論·斷訟》："貞女不二心以數變，故有匪石之詩；不枉行以遺憂，故美歸寧之志。一許不改，蓋所以長貞絜而寧父兄也。其不循此而二三其德者，此本無廉恥之家，不貞專之所也。若然之人，又何醜怪？輕薄父兄，淫僻婦女，不惟義理，苟疎一德，借本治生，逃亡抵中，乎（卒）以致於刳腹芟頸滅宗之禍者，何所無之？"此文"一德"與"二三其德"、"二心"與"專貞"對照。

《詩·衛風·氓》："女也不爽，士貳其行。士也罔極，二三其德。""貳其行"與"二三其德"句法相類，語意相近。《詩·小雅·白華》："之子無良，二三其德。"鄭箋："王無答耦己之善意，而變移其心志，令我怨曠。"《潛夫論·交際》："口無定論，不恒其德，二三其行。""二三其行"與"貳其行"同義。

"一"有專一、恒定不變之義。"貳（二）"與"一"相對，有不專一，懷有二心諸義。《尚書·五子之歌》："太康尸位以逸豫，滅厥德，黎民咸貳。"《傳》："君喪其德，則眾民皆二心矣。"《禮記·緇衣》："子曰：'長民者，衣服不貳，從容有常，以齊其民，則民德壹。'"鄭玄注："貳，不壹也。"《國語·周語上》："百姓攜貳。"韋昭注："貳，二心也。"《晉語一》："從君而貳，君焉用之？"又："君立臣從，何貳之有？"《晉語九》："是我以鼓教吾邊鄙貳也。"《楚語下》："梁險而在境，懼子孫之有貳者也。"韋昭注皆同。

"二三"連文，亦可表示善變、前後不一之義。成公八年《左傳》載晉侯使韓穿來言汶陽之田，歸之於齊，季文子曰："七年之中，一與一奪，二三孰其焉？士之二三，猶喪妃耦，而況霸主？霸主將德是以，而二三之，其何以長有諸侯乎？"

《孟子·盡心上》："殀壽不貳，脩身以俟之，所以立命也。" 趙岐注："貳，二也。仁人之行，一度而已。雖見前人或殀或壽，終無二心改易其道。" 貳爲不專一，"不貳" 則爲 "無二心"，意正相反。

又按：成，定也。"無成德"，謂無恒定之操守，與 "二三其德" 意思相近。

類能而使之

襄公九年："晋君類能而使之，舉不失選，官不易方。"

杜預曰："隨所能。"① 竹添光鴻曰："隨人所能，各以其類。"② 楊伯峻曰："人各有能，按其能力之大小同異而使用，故曰類能而使之。"③

按：類，聚也。能，賢也。謂賢能。類能而使之，謂聚賢能而任使之。"之" 爲代詞，指代賢人。《鶡冠子·王鈇》："彼類善則萬世不忘。" 陸佃解："類，猶聚也。" 本年《傳》云："其卿讓於善，其大夫不失守，其士競於教，其庶人力於農穡，商工皁隸不知遷業。韓厥老矣，知罃稟焉以爲政。范匄少於中行偃而上之，使佐中軍。韓起少於欒黶，而欒黶、士魴上之，使佐上軍。魏絳多功，以趙武爲賢，而爲之佐。君明、臣忠，上讓、下競。當是時也，晋不可敵，事之而後可。君其圖之！" 傳文皆據賢德爲言。

弘 多

襄公十三年："不穀不德，少主社稷。生十年而喪先君，未及習師保之教訓，而應受多福。是以不德，而亡師于鄢，以辱社稷，爲大夫憂，其弘多矣。"

杜預曰："弘，大也。"④ 楊伯峻曰："句意謂與晋戰而敗，國家受辱大，諸大夫爲憂實多。"⑤

---

① ［清］阮元校刻：《春秋左傳正義》卷三十，第 1942 頁。
② ［日］竹添光鴻：《左傳會箋》第十四，第 1017 頁。
③ 楊伯峻：《春秋左傳注》，第 3 冊，第 966 頁。
④ ［清］阮元校刻：《春秋左傳正義》卷三十二，第 1954 頁。
⑤ 楊伯峻：《春秋左傳注》，第 3 冊，第 1991 頁。

按：弘，杜訓爲大。大亦多也。《爾雅·釋詁上》：“弘、廓、宏……大也。”物大則多，多則大。故大與多義得相通。

昭公七年《左傳》：“人生始化曰魄，既生魄，陽曰魂。用物精多，則魂魄强，是以有精爽，至於神明。……鄭雖無腆，抑諺曰‘蕞爾國’，而三世執其政柄，其用物也弘矣，其取精也多矣，其族又大，所馮厚矣，而强死，能爲鬼，不亦宜乎？”“其用物也弘矣，其取精也多矣”二句，應上文“用物精多”，用物弘即用物多。

《詩·小雅·節南山》：“天方薦瘥，喪亂弘多。”襄公三十一年《左傳》：“魯不堪晋求，讒慝弘多，是以有平丘之會。”皆“弘多”連文。《國語·楚語上》：“且夫私欲弘侈，則德義鮮少。”“弘侈”與“鮮少”相對，皆同義連文。弘亦多也。《三國志》以下諸史，多用“弘多”一詞，其義同。

“弘”之多義，字書多不録，賴《左傳》而知之。

夫石猶生我

襄公二十三年：“（孟孫死，臧孫）哭甚哀，多涕。出，其御曰：‘孟孫之惡子也，而哀如是。季孫若死，其若之何？’臧孫曰：‘季孫之愛我，疾疢也。孟孫之惡我，藥石也。美疢不如惡石。夫石猶生我，疢之美，其毒滋多。孟孫死，吾亡無日矣！’”

竹添光鴻曰：“夫，發語。石，惡石也，受上文而省，故曰猶。”[1]

按：猶，則也。本年《傳》云：“齊侯歸，遇杞梁之妻於郊，使弔之。辭曰：‘殖之有罪，何辱命焉？若免於罪，猶有先人之敝廬在，下妾不得與郊弔。’齊侯弔諸其室。”《禮記·檀弓下》載其事曰：“其妻迎其柩於路，而哭之哀，莊公使人弔之，對曰：‘君之臣不免於罪，則將肆諸市朝，而妻妾執。君之臣免於罪，則有先人之敝廬在，君無所辱命。’”《左傳》之“猶”與“則”同義。

僖公十五年《左傳》：“《歸妹》之《睽》，猶無相也。”謂《歸妹》爲嫁女之卦，《睽》爲乖離之象，所以無助。晋嫁女於秦，本欲得秦之助力，而得乖離之象，所以無益。猶，則也。

---

[1]　［日］竹添光鴻：《左傳會箋》第十七，第1169頁。

莫保其性

昭公九年："今宫室崇侈，民力彫盡，怨讟并作，莫保其性，石言，不亦宜乎？"

杜預曰："性，命也。民不敢自保其性命。"① 王引之曰："家大人曰：性之言生也。……昭八年《左傳》'今宫室崇侈，民力彫盡，怨讟并作，莫保其性'，謂莫保其生也。"②

按：王釋"性"義得之。"保"當爲"安"義。"莫保其性"謂莫安其生。

保之爲安，乃常義。《廣雅·釋詁》："保、隱、據、刊，定也。"《爾雅·釋詁下》："安，定也。"僖公二十一年《左傳》："崇明祀，保小寡，周禮也。""保小寡"，謂安定小國。哀公七年《左傳》："大所以保小，仁也。"保亦安義。《尚書·胤征》："聖有謨訓，明徵定保。"《傳》："徵，證。保，安也。聖人所謀之教訓，爲世明證，所以定國安家。"

坐引者

定公九年："齊師之在夷儀也，齊侯謂夷儀人曰：'得敝無存者，以五家免。'乃得其屍。公三襚之，與之犀軒與直蓋，而先歸之。坐引者，以師哭之，親推之三。"

杜預曰："停喪車以盡哀也。君方爲位而哭，故挽喪者不敢立。"③ 竹添光鴻曰："坐，跪也。引，所以引柩車。在車曰紼，在途曰引。引者，言執引者。令坐引者，止柩哭之也。"④ 楊伯峻曰："出葬時，軍隊哭臨，挽車者不敢立，乃坐。古之坐，似今之跪。"⑤

按：坐，當訓止。《説文·土部》："坐，止也。从畱省，从土。……坐，古文坐。"段玉裁注："引申謂凡止箸爲坐。"《廣雅·釋詁》："坐……止也。"坐之止義，後世罕用，故現代辭書多不言及。

《周禮·夏官·大司馬》："中軍以鼙令鼓，鼓人皆三鼓，司馬振鐸，

---

① ［清］阮元校刻：《春秋左傳正義》卷四十四，第 2051 頁。

② ［清］王引之：《經義述聞》卷二十《國語上》，江蘇古籍出版社，1985 年，第 477 頁。

③ ［清］阮元校刻：《春秋左傳正義》卷五十五，第 2144 頁。

④ ［日］竹添光鴻：《左傳會箋》第二十八，第 1841 頁

⑤ 楊伯峻：《春秋左傳注》，第 4 册，第 1575 頁。

羣吏作旗，車徒皆作；鼓行，鳴鐲，車徒皆行，及表乃止；二鼓，攡鐸，羣吏弊旗，車徒皆坐。""車徒皆坐"，謂車徒皆止。《周禮·地官·胥》："胥各掌其所治之政，執鞭度而巡其前，掌其坐作出入之禁令，襲其不正者。""坐作"，言止與行。《管子·地數》："伊尹善通移輕重，開闔決塞，通於高下徐疾之筴，坐起之費時也。"《禮記·儒行》："儒有居處齊難，其坐起恭敬，言必先信，行必中正。""坐起"，猶言舉止。

豈可量也

哀公七年："大宰嚭召季康子，康子使子貢辭。大宰嚭曰：'國君道長，而大夫不出門，此何禮也？'對曰："豈以爲禮，畏大國也。大國不以禮命於諸侯，苟不以禮，豈可量也？寡君既共命焉，其老豈敢棄其國？"

竹添光鴻曰："禍未可測。"[1] 楊伯峻曰："言其無事不可爲，非小國所能測量。"[2]

按：量，滿也。"苟不"二句，謂大國行不循禮，則永無饜足之時。《傳》云："夏，公會吳於鄫。吳來徵百牢，子服景伯對曰：'先王未之有也。'吳人曰：'宋百牢我，魯不可以後宋。且魯牢晉大夫過十，吳王百牢，不亦可乎？'景伯曰：'晉范鞅貪而棄禮，以大國懼敝邑，故敝邑十一牢之。君若以禮命於諸侯，則有數矣。若亦棄禮，則有淫者矣。周之王也，制禮，上物不過十二，以爲天之大數也。今棄周禮，而曰必百牢，亦唯執事。'吳人弗聽。景伯曰：'吳將亡矣！棄天而背本。不與，必棄疾於我。'乃與之。"吳要求於魯之牢禮及魯方大臣之等級規格，皆不依禮，故子服景伯有此言。

《呂氏春秋·開春論·期賢》："野人之用兵也，鼓聲則似雷，號呼則動地，塵氣充天，流矢如雨，扶傷輿死，履腸涉血，無罪之民其死者量於澤矣，而國之存亡、主之死生猶不可知也，其離仁義亦遠矣。"高誘注："量，猶滿也。"

（作者單位：山東大學文學院）

---

① ［日］竹添光鴻：《左傳會箋》第二十九，第 1918 頁。
② 楊伯峻：《春秋左傳注》，第 4 冊，第 1641 頁

耗得驢年故紙盡，撐扶鐵樹盼開花

——關於拙著《燕行録千種解題》的自評報告

漆永祥

拙著《燕行録千種解題》的撰寫，起始於 2007 年，前後 16 次易稿，交出版社後，又經五度往返修改校樣，經過漫長而艱難的 15 年煎熬，至 2021 年 9 月終於竣行。全書對公元十二世紀初至十九世紀末近七百年間，朝鮮半島高麗、朝鮮王朝遣往中國之使臣或相關人員所纂之紀行録，進行了全面收集與考訂，共收録 772 名作者、1168 種書目與篇卷之《解題》（其中包括中國自宋至清歷代因出使等前往朝鮮半島者所撰之使行録與各類詩文，以及個別非"燕行録"著述）。整部書分上、中、下 3 册，共隸爲正編 80 卷、附録 5 卷，都凡 170 萬字，可以勉强説是迄今爲止著録與收集"燕行録"較爲全面的一部專著與工具書。

在這些冰冷的數字背後，有着無數個尋尋覓覓的日日夜夜，几案生冰，孤燈寂影，强忍苦撐，勉力死扛，於今思之，不堪回首。常言説如人飲冰，冷暖自知，拙著的點滴貢獻與諸多不足，恐怕也祇有我自己最心知肚明，在書已出版接受讀者指正評判之日，梳理一下十五年間的撰寫過程，既敝帚自珍，又自暴其短，相信對讀者進一步瞭解本書，應該會起到些微的助益吧。

一、《燕行録千種解題》的撰著緣起

2006 年春夏間，我撰寫整理的《漢學師承記箋釋（上下）》《江藩與〈漢學師承記〉研究》《江藩集》《東吳三惠詩文集》等書剛剛出版，尤其是《箋釋》雖然是一部讓我不能滿意甚至很不滿意的産品，但耗去了十年多的時間，由於連續熬夜趕稿，當時身體嚴重透支，原來偶爾響鳴的左耳，就像收音機收不到臺的那種尖屬而細長的聲音，開始 24 小時不間斷長鳴，吃藥打針，毫無療效，身心俱累，筋疲力竭，有點沉入水底而艱於呼吸的感覺。恰在此時，韓國高麗大學中文系在全球招聘中國文學教授，也有聘書發到北大中文系，系領導問我願不願一試，我沒有猶豫就同意了。一方面我亟需放鬆與休整，換個環境有利於身體的恢復；另一方面高麗大學的待遇比較優厚，這個職位是正式的全職教授，與本國教授薪酬相同，在當時來說還是很有吸引力的。但這個"全球招聘"的幌子有點唬人，我抱着試試看的態度，填表寄書發往韓國，沒想到還真中標了，可謂天無絕人之路矣！

2007 年初，我應聘來到高麗大學風光優美的校園，在開運山上安營紮寨，準備兩年的異國乞食生涯。當時的想法是要在這兩年加強鍛煉，好好將養，所以幾乎沒帶什麼書籍。我開始過橫躺豎臥、放空愜意如葛天氏般的日子，誰知呼呼大睡到第二周時，命屬勞碌的我竟然開始失眠，數星星數羊羊盼天明了。

我從北京帶了一個足球，每天傍晚就去開運山上的高大操場上，一個人踢着撞牆，但除了上課總不能從早到晚撞牆，無聊得有點想撞頭，於是就到高大大學院圖書館翻書，結果看到了兩大書架原東國大學林基中教授編纂的《燕行錄全集》100 冊，隨手翻檢發現是影印本，皆爲古代高麗、朝鮮時期前往中國的使臣所撰。韓文書籍我讀不懂，但這書是漢字書寫，於是就借了幾冊帶回宿舍，以解閑悶，誰知從此竟一頭鑽進深淵，直到今日仍未探底。

我讀着讀着發現，這些千餘年前使臣的紀行錄中，記載了太多珍貴稀見又可歌可泣的故事。例如《燕行錄全集》所收朝鮮仁祖七年（明崇禎二年 1629）出使的進賀兼謝恩使李忔《雪汀先生朝天日記》，有大量李氏看到的明末袁崇煥等人在遼東半島與滿洲軍隊打仗的記錄，是中國史籍中從未見到的；而此行爲航海朝天，與李氏同行的冬至使尹安國的船隻，在發向覺華島途中，爲巨浪覆沒，同舟五十餘人，一時俱作長平之卒，而李氏亦因病卒於北京，化爲異鄉之鬼，令人讀來倍覺傷神。

再比如朴趾源《熱河日記》："朝飯於柵外，整頓行裝，則雙囊左鑰，不知去處，遍覓草中，終未得。責張福曰：'汝不存心行裝，常常游目。才及柵門，已有闕失。諺所謂三三程，一日未行。若復行二千里，比至皇城，還恐失爾五臟。吾聞舊遼東及東嶽廟，素號奸細人出沒處，汝復賣眼，又未知幾物見失。'"這個"賣眼"，一下子讓我瞳孔放大，興奮莫名，瞬間想起幼年光景。記得我四五歲時，第一次到了漳縣城裏，父親去賣藥材，讓我看好他正在擺賣的柴背子，我看到路邊排隊挑水的人們，半堵牆裏伸出一只神奇的鐵灣頭，一撺開就嘩嘩流水，一關上就滴點不漏，我覺得玄妙稀罕極了，就不自覺地挪到跟前，眼睛直勾勾地盯着看，不知什麼時候被父親一把從水桶陣中拽了出來，指着鼻子訓斥："你這個瓜娃子！讓你看好柴背子，你却在這裏賣眼，你就不擔心柴被人偷走了。"朴趾源筆下的張福，與五十年前的永祥，何其相似乃爾！

我趕忙找各類詞典，查"賣眼"之義。《漢語大詞典》謂"以眼波媚人"，引梁武帝《子夜四時歌·冬歌》"賣眼拂長袖，含笑留上客"等爲例。《漢語方言大詞典》謂中原官話，乃"避開正面目標向旁邊看"。殊不知今陝、甘一帶方言，"賣眼"謂緊盯某物而久視不移，誤却正事且丟人現眼之義。《方言大詞典》所釋乃表面義，并未體現其内裏含義。家父訓我之"賣眼"，其義與上文所引朴趾源所言完全相合，令我歡樂無似，有點找到活化石般的純純快樂。

讀到"賣眼"時，我已經胡亂翻了二三十冊《燕行録》了，這個詞兒成了我下決心認真研究《燕行録》的標志與轉折點。於是，我打算再從頭讀起，當成一件重要事情來做，停下步子，蹲下身來，静心專注地再"賣"一回眼兒。

結果讀着讀着，又發現這套書中作者、書名、卷數、出使時代等，有太多張冠李戴、重復溷亂的錯訛。於是，就開始手癢，犯了文獻專業的毛病，開始翻檢考訂，草成《〈燕行録全集〉考誤》等文章；再後來又想，既然如此，何不爲此350餘種《燕行録》撰寫解題，供學術界參考呢？這就又給自己挖了個巨大的坑，毫不知情地跳了下去。當年做《漢學師承記箋釋》時，想的是三年就能拿下，結果做了十年，挖了個大坑。這回給諸家《燕行録》做解題，原想在韓國兩年内草就初稿，結果前後耗去了十五年的光陰，豈不是個深不見底的大坑。正所謂剛出牢籠，又入苦海，這回是賣眼賣到東國去了！

二、《燕行録千種解題》的撰寫思路與"燕行録"概念之界定

從開始接觸《燕行録全集》到下決心撰寫解題，倏忽之間半年就過去了，如果要在兩年内寫出大致的初稿，我突然感到時間的急迫性，於是就認真思索要怎麼做，做到何種程度，達成什麼目標。這其中既有體例與解

題内容的撰寫原則問題，也有資料收集的範圍與發掘的層次深淺等具體困難。

清代乾隆朝紀昀等人所纂《四庫全書總目》，是目錄學界的天花板，更是“辨章學術，考鏡源流”的典範之作。我想給《燕行錄全集》撰寫解題，自然要以《總目》爲榜樣。但諸家《燕行錄》從版本到内容，與《總目》却完全不同。單就内容來説，《四庫全書》所收諸書，多具有經典性，每部書都有其獨特的個性與豐富的内容。例如《容齋隨筆》與《日知錄》同爲筆札體，但小題與内容盡皆有異；《李太白集》與《杜工部集》均爲別集，但兩家詩風迥然不同。而諸家《燕行錄》表面看起來體裁齊備，詩文兼具，但實際前鈔後襲，雷同太多，有些完全是依樣葫蘆，毫無自家特色；而且就詩文風格而言，高麗、朝鮮兩朝詩歌，基本都是喜唐而高攀不得，尊宋而依稀仿佛，千篇一律，難分高下。對我來説，面對這些紀行錄，要寫出每家的新意與特點，且區分究竟是誰鈔襲了誰，這難度可就大了去了。

經過長時間的思考和寫出個別條目做實驗，并在小範圍内徵求了一些學界友朋意見後，我逐漸給自己訂了這麼幾條撰寫原則：第一，全書仿《四庫總目》之例，每條解題中，分爲版本標題、使團概況、作者小傳、作者著述、解題正文等項，哪怕作者祇有兩首燕行詩留在世上，也是麻雀雖小，但必須五臟俱全。第二，這部書主要給中國學術界做參考，把提供信息作爲重要内容，因爲按當時的資料現狀，諸多韓國古代四部著述，在國内根本看不到。第三，糾謬正訛，輯遺補闕，儘可能搜羅全面，集其大成。第四，要特別注意某事某説的前因後果，因爲諸家互相鈔襲，找到關於某事某物説法最早的出處，追根溯源，對讀者很重要。第五，在内容評價方面，日記之類則考較事實，評其優劣；詩歌則根據舊説，略加新評，有褒有貶。評騭甲乙，鉤玄提要，以求達“辨章學術，考鏡源流”之目的。第六，以半文不白的話語來寫，需要量大則篇幅不嫌其長，故有一篇超過千字以上者；不需廢話則不多寫一字，有僅兩三百字者。第七，凡引古今人之説，皆詳細注明出處，以爲信據。第八，凡不屬“燕行錄”者，撰成“附錄”，置全書之末，庶幾各存其體，眉目清晰，以供學界參稽。

關於全書引文，要不要詳細出注，我有矛盾，也有忸怩與不安。其實解題類的書籍，引文出處要麼不注，要麼簡單做個粗綫條的出處，比如“《通文館志》云”“權近《陽村集》曰”之類，是完全可以的。對此我非常糾結，因爲當下學術界風氣極其不端，如果注了詳細出處，你千辛萬苦、披沙撿金尋覓來的材料，他人在引用時絕不會說轉引自你的書，而是原條原注移挪過去，變成他自己的資料，正所謂“得來全不費工夫”，而你還無話可說。猶記昔年我購買了錢仲聯先生編纂的《廣清碑傳集》，發現每篇碑傳皆不注出處，心甚疑之，後來跟錢先生一位高足聊到此事，他老兄哈哈一樂說：錢先生是有意的，這樣的話他人引用出處祇能是《廣清碑傳集》。我拍手稱絕：大大地高也！但思來想去，還是詳注出處，這也就憑添了無數的煩惱和錯訛，此是後話了。

還有一個亟待解決的問題：什麼是“燕行録”？什麼不是“燕行録”？哪些書應該收録？哪些書不應該收録？這個問題不解決，就難以往前推進，而且查閱資料，也很難確定範圍，嚴重影響撰寫進度和質量。

稍微瞭解朝鮮半島歷史的友朋都知道，在中國明朝時期，半島使臣所撰紀行録，多稱“朝天録”，所謂朝天謁聖，但也有個別稱“燕行録”者；而入清朝後，他們認爲中國已是夷狄之天下，前往北京是“行蠻貊之邦”，故所撰多稱“燕行録”，而絕無稱“朝天録”者。實際上，無論稱“朝天録”還是“燕行録”，實際就是“奉使録”“使行録”或“使燕録”，而不是一般意義上泛指的“往來北京的紀録”或“行往中國的紀録”。在朝鮮末期所編《同文彙考補編》中，所收歷年出使清朝的使行名單，當時就稱爲“使行録”。

因此，“燕行録”概念的界定，就是“出使中國（燕京）的紀行録”，而不是一般意義上的“往來中國的紀行録”。若廣義而言，凡履迹及中國之朝鮮半島文人所著書，皆可謂之“燕行録”。然狹義言之，則專指高麗、朝鮮王朝遣往中國之出使成員所纂之紀行録，即作者必須爲國王派遣出使之正式使團成員，或負有某種特殊使命曾身至中國（或兩國邊境之中國境內）之官員。一部書是否算是“燕行録”，必須具備兩個充分必要條件：一是作者必須是由國王派遣的正式使臣，或是使團中的某個成員，或是負有某種特殊使命的官員；二是作者必須到過中國（或者到過兩國邊境的中國境內）。我們再搭一個和以上兩點有些矛盾，但勉強可以成立的次一級條件，即：如果既不是使團成員，也沒有跨過鴨綠江到中國境內，但其所記內容是燕行使團之事，亦可算是“燕行録”，比如成海應《燕中雜録》，就是鈔撮燕行諸家著述而成的。

按此界定，本書以狹義之“燕行録”爲著録原則，故以下數類皆不算

"燕行録"：其一，因不可抗拒之力被迫到中國的朝鮮半島人所著書，如崔溥《漂海録》與李邦翼《漂海歌》等，是因爲在海上遇到風暴，漂流到中國；其二，半島君臣與中國使臣唱和之作如《皇華集》《東槎録》等；其三，因爲宦、求佛、旅行或因他事到中國之人所撰者，如崔致遠《桂苑筆耕集》、釋義天《大宋求法録》、安孝鎮《華行日記》等；其四，因各種原因導致誤收者，如洪景海《隨槎日録》爲出使日本所作，等等。

我個人認爲"燕行録"的界定宜嚴而不宜寬，如果放寬限制，凡履迹及中國之人所纂皆納入份内，將會帶來兩種不良影響：一是龐雜無緒，無有標準，濫收無涘，多不勝收；一是使"燕行録"失去其自身獨備的特性，淹没在各種相關文字之中，不僅會給讀者帶來疑惑，而且會給"燕行録"的研究也帶來諸多糾結不清的問題。我們向來做事，總是以多爲富，以大爲美，以全爲能，但竊以爲凡事勿貪多，貪多無好事，"高大全"也往往意味着"低小缺"矣。

三、《燕行録千種解題》所收數量與輯佚補漏

回溯到 2007 年，當時能見到的有關"燕行録"整理的版本，有韓國成均館大學大東文化研究院編《燕行録選集》（2 册）、韓國民族文化推進會編《國譯燕行録選集》（12 册）、臺北珪庭出版有限公司《朝天録》（4 册）、林基中編《燕行録全集》（100 册），以及林基中、夫馬進編《燕行録全集日本所藏編》（3 册）等。

但在收集資料的過程中，我發現《燕行録全集》漏收不少。當時得知林基中先生編有《燕行録續集》，但無緣拜謁先生，故不知道《續集》所收如何，收録了多少種，於是就自己動手，遇到《全集》漏收或未見者，就順手記録并復印資料。我輯佚所依據的史料，一是朝鮮王朝承文院編《同文彙考》《補編》及《續補編》；二是當時可見的兩套大的影印叢書《韓國文集叢刊》《叢刊續》與《韓國歷代文集叢書》，兩者共有近 3500 册約收 3400 餘種朝鮮半島歷代別集；三是廣泛閲讀朝鮮時代詩話、札記、方志等，希冀有意外的收穫。

這種廣撒網以求捕小魚的勞動，是異常艱辛的。我邊翻檢文集，邊寫簡單的文集版本源流，所幸《韓國文集叢刊》編纂者編有 7 册《解題》可供參考，否則真無法下手。我自己編的需要查考的書籍版本目録，打印出來就有 50 多頁。我有點像高大圖書館的工作人員，按時上班，准點下班。

二層古籍室有臺復印機，幾乎被我包下來，每天都在復印資料，隔幾天那張復印卡就需要往裏充錢，但這種方便是國內圖書館所不可想像的，我像撿便宜似的復印復印再復印，研究室中幾摞 A4 紙復印本，日見增高，頗有倒塌的危險。

當時如《燕行録全集》等尚無電子版，而且以後也不會再有長駐韓國的可能性。因此，我在收集資料時，便簡單地歸爲兩類：國內能找到的，國內看不到的。看不到的就抓緊鈔録，有一點兒搶救性質的緊迫感；如《元史》《明史》《明實録》《清實録》等史料，則先不必理會，回國再一一搜檢。如果要把前後翻檢過的書籍做一個大致統計的話，韓國古今著述應在 4000 種、中國在 500 種上下，這已經不是腦力勞動，而是純粹的體力活兒了。

我當時花了不少功夫和韓幣，復印了的大量資料，光寄回國内就足足有六大箱。如果站在今天的眼光來看，這些資料中的大多數，都有了電子檢索版，也就是説你費了兩年時間鈔録、輸入與復印的資料，現在網上瞬間即能得到。有時想想這簡直是極大的虛幻與戲謔，讓我哭笑不得，徒呼奈何。但自己千辛萬苦翻檢找來的材料，和從網上秒搜得來的還是有着本質的區别：自己鈔録來的是自己的，在哪里，講什麼，怎麼用，心裏亮如明鏡；而網上搜來的是夾生的，模糊的，疑懼的，胸中毫無把握。一個是自己的骨血，一個是依稀的影子。

我所輯《燕行録全集》漏收的紀行録，大概可分三類：一類是《全集》已收，但我所見的更爲全備者，如《昭顯瀋陽日記》，就比《全集》所收幾種《瀋陽日記》要全得多；一類是《全集》已收，但尚有補輯拾遺者，有的作者不止一次出使中國，《全集》漏收其一次或數次詩文，如裴三益《朝天録》、洪翼漢《航海朝天詩》等；一類是我新發現與輯佚者，如金守温《朝天詩》、魚世謙《己卯朝天詩》等。前後所新輯，加起來共有 165 種。而《同文彙考補編》《補編續》所收《使臣别單》（附書狀官《聞見事件》與譯官《手本》）等共計 374 種。兩者相加，就有 539 種之多了。

大約在 2009 年初，經我的老友東國大學中文系朴永焕教授兄作介，終於和林基中先生見了面，并呈上我已經發表的《〈燕行録全集〉考誤》等幾篇小文，請先生指正。林先生感慨説《全集》出版後，他聽到多方批評意見，都説有誤有漏，但每次他向批評者誠心請教，希望他們指出具體有哪些缺漏時，這些批評者却都説不上來，讓他頗感失望。我問林先生《燕行録續集》是否出版的消息，他説出版《全集》時，跟東國大學出版部合作并不愉快，書的質量不好，并搖頭説韓國没有一家能够有質有量出版上百册古籍的出版社。韓國朋友愛面子，一般情况下絶不説哪怕一丁點兒韓國的不好，林先生能如此説，讓我感到一個嚴謹學者的失望與無奈。

我又問林先生，《燕行録續集》會在哪家出版社出版，他的回答令我意想不到。林先生説以他夫人的名義申請注册了一家叫"尚書院"的出版社。我聽了感覺有點兒奇怪，問這樣可以嗎？永焕兄説在韓國私人可以申請成立出版機構，我笑稱這個社名够高端大氣上檔次。林先生説《續集》出版後，他不會賣，但會贈與相關研究機構，我也没臉開口説請送我一套，就等將來出版看能否買到。林先生賜我一份《燕行録續集》的目録以及他整理的《〈燕行録全集〉正誤表》，我回去後與我輯佚的目録進行比對，發現我所輯 165 種，與《續集》重復者有 30 種，去其重尚餘 135 種。

那麽，現存"燕行録"數量究竟有多少？截止目前，拙著《燕行録千種解題》所收，共有各類"燕行録"相關文獻 1122 種，分爲正編 80 卷。又宋、元、明、清四朝中國遣往朝鮮的使臣所撰 34 種，隷爲 4 卷，爲附録一；《燕行録全集》所誤收非"燕行録"12 種，另編爲附録二。全部合計共收録 772 名作者、1168 種書目與篇卷之《解題》，雖不能集其大成，且多遺漏，但至少説是目前收録最全應該是没有問題的了。

我收集的"燕行録"總數，大大超出自己的預料，也遠遠超過各家的預估與統計，讀者可能會懷疑我數據作假，或者存在强拆强分以充數的情况。我的做法是：第一，本書所署作者、書名與篇卷名，多依《燕行録全集》編纂者所定，儘量保持一致，原樣著録。第二，《全集》作者、書名等明顯訛誤，或原有書卷名爲整理者肛改者，則加以糾誤，并以"【原題某某】"之形式存其原有著録。如"柳命天【原題洪致中】《燕行録》"、金中清《燕程感發【原題朝天詩】》、"金照【原題未詳】《觀海録【原題燕行録】》"等。第三，著録卷帙，一從其舊；若從原別集中成卷輯出者皆標明卷數，而零星輯得不成卷者則不標注。第四，同一作者，數度出使，如能有清晰的卷次與前後出使所作的明顯區分，則與《全集》一致，各標一種；如數次詩文混雜難分，則祇算爲一種。第五，同一作者同一次出使之作，如既收録於別集，而又有單行刻本，且文字差異較大，則各爲著録。第六，凡《全集》中所收如吴載純《航海朝天圖跋》，僅爲一篇跋文而算做一種，此類序跋諸家別集所在多有，收不勝收，故删汰不録。第七，凡同一作者同一次出使，今所存有手稿本、稿本、鈔本、刻本等多種，然文字差異不大，則併作一種，而不分作數種。如全湜《槎行録》既有手稿本，又有鈔本，又有活字本，并存於世。各本文字，間有出入，但都源於手稿本，屬同一系列，故不再拆分爲三種著録，而是合成一種著録，但把版本最好的活字本，列爲第一選項，以供讀者參考。因此，拙著中著録的版本條目雖爲 1168 種，但實際數量要遠超這個數字，至少在 1500 種左右。因此從很大程度上來説，我的統計數據是經過合併後減少了，而不是增加了。

四、《燕行録千種解題》的版本處理方式與著録次序

《燕行録全集》最大的缺憾，就是每種書皆不注明版本形態及版本來源！林基中先生當時彙萃諸書，將其刊印公諸於世，從此"燕行録"的研究蔚爲熱鬧，可謂奇功，值得大書特書。但由於不得已的苦衷，包括《燕行録全集日本編》和後來的《燕行録續集》，所收諸書也都不注版本形態與來源。對於林先生來説，肯定是瞭然於心的，但對於讀者來説，却留下了太多的疑惑與不解。

但我要爲諸家"燕行録"做解題，版本是必須要交代的。萬般無奈，我祇好自己設法追查，采取的辦法是"抓一半放一半"。所謂"抓一半"就是將凡在別集中輯出的"燕行録"，根據書影版心及他處標識，從《韓國文集叢刊》與《韓國歷代文集叢書》等書中找到完整的別集，核其版本情況，并一一注明別集名與卷數等；而"放一半"則是對未收入別集，也未曾有過單行刊本的諸多稿鈔本，藏於公私圖書館與藏家手中，以我一己之力，根本無從查找其版本來源，就索性放棄了之。

對於缺乏朝鮮半島古籍版本知識的我來説，還有不少棘手的問題亟待解決。韓國學術界在書志學方面，其版本術語習慣與日本相近，比如稱筆寫本、木板本、活字本等。而中國則習慣稱手稿本、稿本、鈔本、刻本、活字本等。思來想去，我最後還是采用了中國傳統習慣用的術語，而不用筆寫本、木板本等説法。

朝鮮半島古代活字印刷非常發達，歷代都有整理舊有活字與新刻活字之舉。如癸未字、庚子字、甲寅字、丙辰字、庚午字、乙亥字、丁丑字、戊寅字、甲辰字、癸丑字、丙子字、印曆字、韓構字、校書館字、整理字、全史字、新鉛活字等，又有銅、鐵、鉛等活字的區分。這些活字，有的有

明顯不同，有的幾無區別，尤其前刻後補之字，對我而言委實難以判斷，所以就用了一個偷懶的辦法，凡此之類統用"活字本"稱之。

版本區分方面，還有一個令我最爲頭疼的問題，就是半島古代有些刻本的字體，與鈔本相差無幾，很難區分究竟是刻本還是鈔本。而我捧在手中翻檢的，又都不是原書原稿，像《燕行録全集》的紙本，已經不知經過了幾道的掃描或復印，有的版框邊欄全無，有的模糊不清，基本上多處於失真狀態，無法判定其版本形態。因此，版本標注方面的錯訛，應該是拙稿最大的問題之一。

在版本形態與來源方面，我儘可能多地加些標注，以便讀者尋覓。比如著録爲"趙泰采《癸巳燕行録》（《全集》第 34 册；《叢書》第 2345 册《二憂堂集》鈔本；《叢刊》第 176 册《二憂堂集》活字本）"。這樣讀者既可以在《燕行録全集》中找到此卷，也可以在《韓國文集叢刊》與《韓國歷代文集叢書》中找到趙氏《二憂堂集》中原卷的位置。對於版本比較複雜，既有稿本、鈔本，也有刻本的《燕行録》，則如前舉全湜《槎行録》一樣，將各種版本與來源，一一標識清晰，以便讀者核檢。

其實，最穩妥也最安全的辦法，就是祇注明版本最直接的來源，不注版本形態。拙著中現在的版本標條如上舉趙泰采條，祇注明"趙泰采《癸巳燕行録》（《全集》第 34 册）"即可。最爲簡便，且不犯錯誤，也可免惹來板磚亂飛，但我着實有强迫症，還是硬着頭皮一一標了出來，讀者遇到此類標注錯誤，如能多少體諒一下我的糾結、固陋與無奈，則幸甚焉！

至於全書解題的著録次序，則主要有以下幾個原則：其一，以燕行使出使的年代爲序，順次排列；第二，同年出使者，則依出使之月日先後爲次；其三，同一起使行，有多人撰寫的"燕行録"存世，則以正使、副使、書狀官、譯官等爲次；其四，同一人所撰，則依日記、詩歌、札記、路程記等次序排列。因爲日記一般而言，信息量大，内容豐富，能够全面反映使臣出使中的方方面面，所以排在前列。這些著録次序原則，應該能够起到時代感强、等級分明、層次清晰、查核便捷的實用效果。

五、《燕行録千種解題》的出使事由等問題與作者小傳的撰寫

每起燕行使臣，都有其出使事由。而使臣的派遣，也有一定的規則與程式。出使時間如冬至使等，則時間相對比較固定；如果是臨時遣使，則時間也隨時而定。《燕行録千種解題》在這些方面的著録體例，就是在版本

條下，將出使事由、出使成員與出使年代依次列出，給讀者以清晰而明確的交待。如沈之源《燕行日乘【原題癸巳燕行録】》下所列爲：

出使事由：冬至等三節年貢行

出使成員：正使吏曹判書沈之源、副使户曹參判洪命夏、書狀官成均館直講金壽恒等

出使時間：孝宗四年（順治十年 1653）十一月三日—翌年三月七日

燕行使臣在出使事由等方面的信息，大部分是可以明白無誤考知的。這在各家"燕行録"中，多有明確記載，如有缺載或訛錯，則考以諸家別集、碑傳、《朝鮮王朝實録》、《承政院日記》與《備邊司謄録》等，一般都能解決問題。

出使成員中，《解題》一般祇列出正、副使、書狀官、質正官等，有特殊情況的則按其特殊性另爲列出重點人物與職銜。三使的姓名，多數能够考核查明，個別便檢諸書而不得者，則祇能存疑。難度較大的是使臣的官銜，一方面是官職不明的情況較多，需要逐一查找；另一方面是使臣出使前，往往會帶假銜，即較原官提高一級甚至兩級出使。我的處理方式是，如果《燕行録》中無有記載，則考其出使前所任官職，按實記録；如果假銜出使，則以假銜著録；實在難以考知的，就祇著録姓名而已。

使臣出使年代，以高麗、朝鮮王朝紀年爲正（括注以中國明清帝王紀年和公元紀年），月日則以農曆爲准，不再換算爲西曆。出使發行之日，爲自漢城拜表出發之日；訖止之日，以返國復命之日爲據。出使年月的問題較多，大約有一半的"燕行録"，既有明確的出使年代，又有清晰的往返年月日，即便"燕行録"中不載，查《朝鮮王朝實録》，使臣在出使前與返國後，國王都要引見，即此可考知其始發與歸國日期；但也有一半的出使年代知悉，但月日難以按實，個別甚至年代也難確定。對於後者，也是通過查閱相關資料，儘量具體到月日；不能具體到某月某日的，具體到某月；月份也難以確定的，則標以春夏秋冬四季；不能確定往返漢城具體月日的，則標出其往返鴨緑江，或者其日記所載之可考地點等。若記載不一，則擇其中相對可靠者爲憑。公元紀年用阿拉伯數字表示，而中、朝兩國紀年與月日，則用漢字標示，如"肅宗三十九年（康熙五十二年 1713）七月二十八日—翌年正月三日"等。

這些年代日時的記録，看起來祇是一些枯燥無味的數字，但要一一考

清并注明，却絕非易事，極耗精力與耐力，有時翻檢書籍好幾天，寫出來只有一行字，好在書中絕大部分標注是相當準確的，這也讓我頗感欣慰。

作者小傳的撰寫，往往不爲學界所重，認爲既無學術質量，也無創新發明。實不知小傳既不能長篇叙述，喧賓奪主，又要求準確反映作者一生的行實，其内容包括傳主姓名、生卒、字號、籍貫、科第、歷官、謚號與著述等，看起來簡單的寥寥數語，却包含着極高的學術質量。要做到嚴格考證與使用史料，寫出來的小傳，不隨意虛美，不任加貶斥，做到既高度概括，又簡明扼要，文字精練，叙述準確，纔是一篇成功的小傳。

《燕行録千種解題》要爲 772 名作者撰寫小傳，又是我不熟悉的高麗、朝鮮王朝時期的作者，談何容易！朝鮮半島晚近以來，可以參考的有關資料，除了《朝鮮王朝實録》等外，如《國朝人物考》《大東號譜》《朝鮮人物號譜》等，所收人物甚少。日據時期朝鮮總督府中樞院編《朝鮮人名辭典》（昭和十二年版），以及後來韓國人名大事典編纂室編《韓國人名大事典》（新丘文化社 1980 年版）、李斗熙等編著《韓國人名字號詞典》（啓明文化社 1988 年版）等，這些人物詞典雖然越往後來所收人物越多，有的不注出處，有的訛誤多多，衹可參考，不可全信。現當代人的研究成果，多不靠譜，所以擯而不用。

因此，我們説“僅供參考不可盡據”，是古今中外詞典的共性。曾有同學問我：哪本詞典最好？在同類詞典中，應該買哪一部？我的回答是：買所收條目最多最厚的那種。但這并不代表這部詞典最好，而是其收集的信息量越大，能够提供的有用信息可能就越多。世上没有任何一部詞典是萬能的，當你要查考一個事件、一位人物時，你得沿着詞典提供的綫索，再繼續往下追查，纔是正解，不能直接把詞典的詞條鈔來就用，那樣就是“詞典搬家”，你往往會上當。

還有一個普遍而吊詭的現象，就是當你需要查找一件事、一個人的時候，那部最大最厚的詞典裏，却没有此事此人的任何蹤迹，讓你恨不能將其燒掉！收録再全的人物辭典，也很難收到生前無職、無位、無名之人。而諸家《燕行録》作者中，有不少人未曾入仕，亦無其他著述傳世，生時落寞，死後無名，這部分作者的小傳是最難寫的，因爲我們甚至找不到哪怕一條有用的綫索。

好在我有當年整理《全宋詩》的經驗與教訓，我所整理的宋詩作者，絕大部分爲無名之輩，往往拎着檔案袋查一個星期，也找不出一條可用的材料，最後祇寫"生卒行實無考"六字了之。經此折騰與捶擊，我皮厚肉糙，有足够的耐心和耐力，在衆多無頭緒的資料中磨耗。没有更多的工具書可參考，我在撰寫諸家《燕行録》作者小傳時，就祇好摸索找查。即便名家勳爵，也翻閱了大量的碑傳與相關史料，溯源究委，引用最早最權威的出處；官爵不顯的作者，則查考《朝鮮王朝實録》等，簡單叙述其仕履；未曾仕宦、無事可隷的不知名作者，也儘量遮其點滴綫索，用寥寥數語，表而出之。每篇小傳的後面，都羅列了我所參考的碑傳與其他史料，以爲采信。我自己認爲，拙著中小傳部分用力甚勤，資料可靠，溯源清晰，寫作規範，相當靠譜，是本書中我最放心也最踏實的部分。

2008 年春間，就在我按自己的計劃，辛勤奔波於首爾各大圖書館查閱資料時，發生了一件讓我極度抑鬱的事情。這年是中國的奧運年，第 29 屆奧運會即將於 8 月在北京舉辦，當時火炬傳遞活動到了韓國，因爲此前在歐洲遇到火炬被襲事件，當火炬到達首爾的當天，我也極度關心此事，跟着年輕人去看火炬傳遞。當天的首爾，凡火炬所到之處，被熱情的中國留學生匯集成了中國國旗的紅色洋流，但未曾想到傳遞過程極度不順，甚至發生了鬥毆事件。韓國大小媒體煽風點火，大肆報導中國留學生的"野蠻行徑"，并稱韓國市民難以適應這種"恐怖紅色"。我所在的高麗大學的中國留學生，也受到韓國同學的辱罵與恐嚇，高大學生貼的小字報甚至説，中國没有資格也没有能力舉辦一屆奧運會！

這讓我恰恰與 2002 年韓國、日本共同舉辦足球世界杯時的情景相比較。2001 年我恰好在韓國外國語大學任教，也觀覽過韓國朋友的游行活動，那屆世界杯韓國進入了四强，而每當有韓國隊比賽的主場，也是紅色的海洋，當時韓國的報導稱是"世界上最舒適的紅色"。韓國的"紅魔啦啦隊"，被他們自豪地稱爲"韓國足球隊的第十二名隊員"。

就我看來，在歐美國家發生任何歪曲中國的事件與新聞報導，我們都已經司空見慣，習以爲常了。而在與我們山水相連、曾同文同脈的韓國，竟然發生了更爲激烈而空前的斥華行爲，這大大出乎我這個書呆子的意料。"火炬事件"之前，我基本上每周都要約一些在韓任教的中國教授，一起或在首爾，或去外地，旅游賞玩，休息調整，甚至回國後我還寫了一册《韓國旅游錦囊》（清華大學出版社 2014 年版）。但此事發生後，我非常抑鬱，没了游玩的心情，除了上課幾乎不出門，在愁腸百轉中一方面思索中、韓關係的過去、現在與未來，一方面木然地翻檢古籍，誰知又將自己的身體搞壞了!

本來想在韓國悠游度假、將養蓄力的我，結果因爲鎮日翻書敲字，加上抑鬱呆坐，結果引發了腰錐間盤突出，這下想睡也躺不平了，真正開始了"坐卧不寧"的生活。

我一邊跑醫院，吃藥電療，各種調理；一邊硬扛，繼續翻書。腰疼難忍，不能坐卧，我就把書摞到胸部高，把筆記本電腦放在書上，腰裏繫一條寬厚的腰帶，站着打字。醫生説蒸桑拿有利於恢復，恰好高麗大學旁邊就有一家蒸浴館，裏面各種類型、不同溫度與濕度的桑拿房齊備，我在裏面又蒸又烤，餓了還有賣小吃的，極是方便舒適。我烤累了，就趴在温熱的地板上，抱册《燕行録》翻閱，遇到需要鈔録的部分，就輕輕畫個小圓圈標記下來，回到宿舍後再録入電腦。經常在凌晨兩三點鐘，穿過寂静無人的小巷，回到住處。記得有一回，我出了桑拿館，時天降暴雪，路上已經雪深没踝，我頂着鵝毛大雪，深一脚淺一脚地緩慢前行，天地之間，唯我獨存，仿佛在與世隔絶的深山老林中，漫無目標地躑躅而行。那種孤寂、静謐、空靈與迷幻，令人塊壘頓化，沁心陶醉，這種曼妙的感覺，從此再也没有過也!

六、《燕行録千種解題》具體内容的撰寫與特點

在《燕行録千種解題》中，我還將"燕行録"作者凡有別集存世的，依據《韓國文集叢刊》所載版本説明及我自己的愚見，略爲紹介其存佚情狀、編纂體例、卷帙多寡、刊刻時日、詩文特徵、前序後跋及名家評價等。這主要是爲了照顧中國讀者，因爲他們很難見到這些高麗、朝鮮時代別集的原書，有個簡單的"別集小解題"，可略作參考，聊勝於無吧。

《燕行録千種解題》正文的撰寫，包括《燕行録》書名卷帙、燕行過程、在館活動、詩文内容、考誤糾謬、評價影響等，爲本書重中之重。凡作者出使目的，道途所見與在館所聞，以及詩歌、日記、游記、札記、筆談、地圖、路程記等，皆爲校勘文字，考其異同，析其優劣，論其指歸，以求達"辨章學術，考鏡源流"之旨。如果將前述各項總括而論，則本書的優長，竊以爲有如下數端:

第一，搜羅勤謹，著録全面。爲諸家"燕行録"撰寫解題，在我搜集整理前，以林基中先生爲代表，已經有一些成果了，但通過十餘年的努力，拙著進行了全面的收集與考訂，共收録 772 名作者、1168 種書目與篇卷之

《解題》，共隸爲正編80卷、附録5卷，都凡170萬字，可以説是迄今爲止著録與收集"燕行録"最爲全面的一部專著與工具書。

第二，返本清源，必也正名。拙著對"燕行録"的正名，可分兩層來論：首先對"燕行録"概念的界定，如前所述是以狹義"燕行録"爲主，即"燕行録"必須是與使行活動相關的文字内容，其他概不濫入。同時，"燕行録"既是通名，可概括千餘種書籍；又是專名，指具體的某一部書名（篇卷名）。從現存"燕行録"名稱看，基本上有一半爲整理者輯録時所取名，有一半是作者原有書名（篇卷名），如最常見的"朝天""燕行"外，另有"觀光""北征""西行""飲冰""看羊""含忍""搗椒""桑蓬""椒蔗"等。其中部分使行録原本有篇卷名，但輯録者却另爲取名，如《燕行録全集》所收金中清《朝天詩》，實際金氏名其爲《燕程感發》，并有跋語加以説明。凡此之類，皆根究原始，改回原名，以副原意，俾從其實。

第三，考校異同，糾謬補訛。《燕行録全集》中，關於"燕行録"作者、時代、書名等的考訂失誤，以及在内容上的重收與誤收等，所在多有，而全書頁碼之誤排誤置，則更爲嚴重。拙著對各類錯訛進行歸納，如作者姓名誤甲爲乙例，作者姓名原題"未詳"而實可考知例，原具作者姓名而實爲"未詳"例，原署書名有誤當從其本來書名例，原書非燕行録而誤收例，非燕行詩文而羼入例，原書前已收録而後又重收例，燕行使出使年代失考例，全書頁碼重複、錯排、倒置與脱漏例等。而"燕行録"所載，復有作者生卒年不明，記載史事失實，評論所見失當，詩文相互矛盾等，皆一一考據梳理，正其訛謬。

第四，辨其重復，考其相襲。關於諸家"燕行録"前後相襲的現象，林基中、夫馬進、張伯偉等均有關注與研究。如金中清《朝天録》，多襲自蘇光震《朝天日録》；李宜顯《燕行雜識》，多鈔自金昌業《老稼齋燕行録》；金學民《薊程散稿》，實爲李海應《薊山紀程》的翻鈔版等。我也在十餘年的翻檢過程中，也發現問題相當嚴重。例如詩歌的創作，在所詠題材與詩歌内容方面，也存在大量的相襲現象。明清兩代，燕行使沿陸路往北京，必經十三山（今遼寧錦州淩海市東），且爲入宿驛站，他們留下了不少詠十三山的詩作，但其詩無論起興取譬，還是涵詠意境，大都不會超過以下兩類：其一，以巫山十二峰爲喻，或者稱剩餘一峰，或者稱多出一峰；其二，倘經過之日期恰好爲某月十三、或出使十三年後再來等，凡有數字相偕者則以之入詩。絕大多數歌詠十三山的詩都是如此，給人以句意重沓、味同嚼蠟之感。還有一種特別有意思的鈔襲現象，就是燕行使本人在後次使行中，所作詩文大量鈔錄與改編自己前次使行時所作的詩文。如洪柱元曾四度出使清朝，其前後所作，語意重複，句多類似。若《臘月二十五日入玉河館》《入北京》《到北京》三詩，分別爲前後三次出使時作，皆爲五律，而幾爲一首詩，唯首句及末二句略有更動而已。《解題》針對此類現象，一一辨其重複，追其相襲之迹，以免讀者誤信鈔襲不實的史實。

第五，辨別真偽，還其本來。在諸多《燕行錄》中，除了內容重複、相互鈔襲之外，還有不少顛倒史實、混淆是非的記錄，是作者或後來的鈔錄修訂者有意的偽造和歪曲史實。例如中宗三十四年（嘉靖十八年1539）秋，朝鮮遣漢城府判尹權橃爲陳奏使、禮曹參議任權爲冬至使出使明朝。返國之後，因爭功而反目。任權有《燕行日記》，權橃有《朝天錄》存世，兩家記事雷同。今按而考之，對比兩家之書，可知任氏之書先成，而權氏書爲後人鈔撮剪裁而顛倒事實者，凡在北京上下打點、奔走衙門之功，皆歸之於權氏，實則權氏在館期間，因病躺臥，諸事皆爲任氏代辦。這種有意偽造史實的現象，如不注意，則很容易被欺蒙，故《解題》中凡遇此類，皆詳爲比勘，辨其真偽，還其本來面目。

第六，體裁不同，評價各異。諸家《燕行錄》中，從著述體裁而言，有日記、詩歌、游記、札記、筆談、地圖、風景圖、名勝圖、路程記等。《解題》針對不同體裁，就其不同內容，做出各具特色的評價。如日記則關注其所記與他人有異，前人所未及言者；詩歌則分析其所尊流派、詩人風格與自家特色；札記因爲有太多的鈔襲與雷同，所以主要與前人所記做對比考校，追溯其鈔襲來源；筆談往往以某一話題爲主，雙方有問有答，有時還有激烈的爭論，對此則針對其對話背景，進行深入剖析；路程記則進行前後不同年代、不同作者所記，比較其綫路的變化與沿途景物、人事之不同；各類地圖、名勝圖等，則考其繪畫之人，簡要説明其情狀因由，重點不在畫之水準高低，而在於史實之分析與論述等。

第七，糾其偏見，辨其因由。諸家《燕行錄》在記事叙景、分析評論當時所見所聞時，因其所處立場不同，常常帶有濃厚的偏見與誤解。這方面大致可分兩種情況：一種是對燕行使團內部成員的偏見，一種是對中國人事物情的謬解。朝鮮半島有着固化而分明的階級等級，兩般貴族把握着國家大政，且享有特權；而庶孽子弟則爲中人階層，身處委巷，難攀高位。

在使團中，正、副使、書狀官與他們带率的子弟，屬於兩般貴族；而多數的譯官、醫官、畫員、寫字官、軍官等屬於中人階層；更等而下之的則是軍牢、馬頭、廚房、馬夫等服務人員，屬最低貧苦驛員與奴隸等。因此，在《燕行錄》中，對譯官、馬頭等的記載，充滿着偏見與鄙視，每當使事不順的時候，使臣往往怪罪於譯官等。而他們對於中國的記述，尤其是在入清以後，朝鮮君臣以"小中華"自居，以"夷狄"視清朝，認爲他們出使是"行蠻貊之國"，因此在其記述中，滿目皆爲腥臊膻臭，皇帝荒淫，官員貪腐，百姓忘本，即將速亡。對於這些偏見怪談，《解題》也多做分析評價，糾其偏頗，稍顯客觀。

第八，編制索引，方便讀者。《解題》全書内容龐雜，涉及的人物、事件、書名、地名與其他重要詞語甚多，爲方便讀者檢尋，全書末附有《人名書名地名與其他重要詞語索引》，共分爲《人名索引》《書名索引》與《地名與其他重要詞語索引》三種。包含了書中重要的人名、書名、地名、事件與語詞等。人名主要收錄諸家《燕行錄》作者以及出使成員中的正使、副使、書狀官等姓名。書名因爲重名率過高，故於書名後括注作者姓名，以免溷混，如"朝天錄（尹根壽）、朝天錄（張晚）、朝天錄（趙濈）"，"燕記（洪大容）、燕記（李一菴）、燕記（南一祐）"，"燕行詩（柳尚運）、燕行詩（南公轍）、燕行詩（朴趾源）"等。書中所涉及的其他詞語如"北京""瀋陽""漢陽"等，因出現頻率太高，難以一一列舉，故皆不再標出。所有索引均按中文拼音音序排列，整飭有次，極便讀者核查。

第九，尊重歷史，保留習慣。《燕行錄千種解題》中，在論述叙事與引據詩文時，爲尊重朝鮮半島歷史和用字習慣，同時也爲了方便讀者與遵守古籍整理的慣用之方，書中在采用紀年與標注時，先記述高麗、朝鮮朝紀年，再括注以中國歷代紀年與公元紀年，如前述"中宗三十四年（嘉靖十八年1539）"等，因爲是論述半島使臣所撰之書，故以半島紀年爲優先，體現出一種對歷史的尊重，也是一種方便讀者的做法。在引據諸家詩文時，凡遇異體字、俗體字、草書、版刻易混字等，如"己巳""略畧""汩汩""剌剌""弊獘""攝摄"等，皆作適當之統一。但對個別朝鮮半島慣用之異體字，如"恠（怪）""卞（辨）""獜（麟）""卓（桌）""庭試（廷試）""壯元（狀元）"等，則予以保留，既尊重半島歷史上的用字習慣，同時也時刻提醒讀者，在百餘年前的朝鮮半島，有着不同的漢字文化，值得我們尊重與理解。

以上所舉，爲犖犖大者。拙著在撰寫過程中，儘量照顧到每位作者、每一部《燕行錄》，同中求異，異中求新，力圖針對每部書，能夠寫出其特色，評價其優劣，多褒少貶，偶有顯斥，也説明原由，切忌捧之上天，或按之入地式的評價，力求客觀而公允。

七、《燕行錄千種解題》的缺憾與不足

《燕行錄千種解題》雖然前後經 15 年才面世，但對於收錄 772 名作者、1168 種書目與篇卷之《解題》而言，仍然是匆匆而成的急就章。其中有太多的疏漏與錯訛，祇能留待將來再版時逐一糾補。大致而言，本書的缺憾與不足如下：

第一，收錄尚多漏略。古籍整理的最高境界是做到“不遺不漏”，但這只是高懸於頂的理想而已。《燕行錄千種解題》試圖儘量做到收錄全面，但遺缺是肯定的。這其中又分兩種情況：一種是明知有漏，例如《朝鮮王朝實錄》與《備邊司謄錄》等書中，還存在不少的使臣返國所上《聞見事件》等，但一時難以全部輯出。另一種情況是著意收錄，但仍然有漏，如純祖二十六年（道光六年 1826）冬，隨冬至兼謝恩行副使申在植出使的子弟軍官申泰羲，撰有《北京錄》，其殘稿於 2018 年即爲漢陽大東亞西亞文化研究所研究教授朴恩貞等發現，并譯爲韓文翻譯本出版（世宗大王事業紀念會 2018 年版），可惜我身在北京，對韓國學界動態瞭解不夠，因此未能收錄到《解題》中。特別是我得此消息，是在《解題》全書已經印刷之時，增補已經來不及了，這就特別令人喪氣與失落。

第二，版本著錄有誤。前已述之，《燕行錄全集》等書皆爲影印本，而朝鮮半島古籍有時鈔本與刻本的文字有很高的相似度。因此，在辨別版本形態時，難以做到準確無誤，無法追究根源。這些客觀原因，加上我自己對韓國古籍版本的瞭解少，沒有手持目驗過很多朝鮮版本的實踐經驗，導致在版本形態與來源的著錄方面，既多訛誤，又不徹底，存在諸多問題。據稱林基中先生有《燕行錄研究層位》（연행록 연구 층위, 학고방, 2014），書後所附表格有版本來源。另“韓國古文獻綜合目錄網站”及其他網站，近些年來也不斷有更新。將來修訂時，可以參考補闕，以完善版本信息。

第三，盲瞽不通諺文。《燕行錄全集》收有朝鮮諺文鈔錄而成的約 17 種共 30 餘種版本的《燕行錄》，如趙濈《朝天日乘》、柳命天《燕行別曲》、金昌業《稼齋燕録》與姜浩溥《桑蓬錄》（不含崔溥《漂海錄》與

李邦翼《漂海歌》）。因爲諺文的特殊性與識讀的困難，學術界對這些紀行錄的關注度與利用率并不高。對我來説這些版本如同天書，無法閱讀與比勘。在高麗大學期間，我曾經給研究生開設"《燕行錄》研究"課程，就有意識地將這些諺文本分配給韓國同學，請他們撰寫《解題》，後來全書中這部分諺文本的《解題》，即在此基礎上修改而成，也一一注明了撰寫者姓名，以不没人之功。但這些評價是否叙述準確，評價恰當，我是一點底兒也没有的。同時，大量韓語、英文發表的論文與出版的相關著述，無法直接參考，有時經友朋指點，得知某家某書已經有某些研究論文時，我也會找學生幫忙做些簡單的翻譯或概括，但終如水中賞月，相隔太遠，所以對韓、英等外文成果，拙著中參考有限，這也是既無奈又非常遺憾的。

第四，拙陋不明圖學。本書卷七十七，收有《航海朝天圖》《瀋館舊址圖》《山海關圖》《瀛臺奇觀帖》《熱河圖》《天下地圖》《燕行程途圖》等21幅各種圖錄。由於我在地圖、繪畫等方面的知識極少，而且很難考清這些圖畫中大部分的作者與繪圖背景等，儘管也多方求教，但終未能解決疑惑，所以這些圖錄的解題，祇是就其圖形做些表面的叙述，給讀者一個簡單的介紹，聊以塞責，如此而已，是寫得最差的部分。

第五，資料難以全備。本書在撰寫過程中，有太多的資料需要到韓國考查，但由於各種原因，一直未能成行。全書所利用的，就是當年我自己鈔錄與複印的資料，再加上網路資源，所幸如《朝鮮王朝實錄》《承政院日記》《韓國文集叢刊》等，可以在網上查閱，否則資料缺乏的程度更難以想像。如本書卷七十八至八十所收如吳明濟編、祁慶富校注《朝鮮詩選校注》，藍芳威編《朝鮮古詩》，仁祖李倧《崇德七八年分朝鮮國王來書》，朱文藻編、劉婧校點《日下題襟集》，洪大容編《樂敦墨緣》《古杭赤牘》等52種，主要爲詩選與諸家往來手札。諸書成書先後不一，手札收録多有重複，所涉人事龐雜無序，文字潦草辨識爲難，給撰寫解題增添了諸多的難度。同時，這些鈔本與手札等，散藏公私館閣，無法看到原物，大部分祇能根據學者發表的研究論文，略爲分析評述。另如金命喜輯藏《尺牘藏弆集》（韓國首爾大學奎章閣藏鈔本）等，祇能根據藏館隻言片語的介紹，做些最基本的描述。所以，這部分解題的撰寫，是最爲缺憾而不安的。

第六，評騭多有失當。《燕行錄千種解題》涉及太多的作者、著述與歷史事件等，而我是半路出身，對朝鮮半島政治、經濟、哲學、文學、歷史等，迄無研究，這也就決定了在考據某些史實的時候，考據失當，評判有誤。同時，也因爲我是中國人的身份，在評價半島歷史時，儘管我反復告誡自己一定要有"同情之理解"，但不免有時會站在中國的立場上來分析和案斷，也會産生一些失衡現象。每個人都有自己的知識空白與固有立場，不可能真能跳出五行之外，這點請讀者尤其是韓國朋友們多多原諒吧。

第七，書影不皆善本。《燕行録千種解題》前，附有部分書影與圖像，想盡可能地顯示"燕行録"的各種内容與版本面貌。内容有詩歌、日記、札記、筆談、別章、路程記、地圖、綫路圖、人像與古迹繪畫等；版本有原草本、手稿本、稿本、鈔本、諺文鈔本、刻本、活字本、鉛印本、排印本、影印本、彩圖本等。但這些書影中的一大半，無法見到原本，祇能摘自《韓國文集叢刊》《燕行録全集》與近今人影印本。輾轉摹印，頗失其真。有些是我用手機拍照，導致圖像變形，失其本來。所以，這些圖録皆非善本，僅僅是依稀仿佛，略存其貌，聊勝於無而已。

第八，體例矛盾舛誤。《燕行録千種解題》儘管前後折騰了 20 遍以上，但體例互舛與繁簡字轉換帶來的錯訛，仍有不少。如標題行"閔鎮遠《燕行録》（《全集》第 36 册）"，應爲"第 34 册"；"李承輔【原題吴翻】《燕行詩》（《全集》第 78 册）"，應爲"第 18 册"。又李在學《燕行日記》與《癸丑燕行詩》，分别收録在《燕行録全集》第 58、57 册，但標題條失載，使讀者喪失了重要信息。又如魚允中《西征録》（《全集》第 89 册），應是"西征記"等。最荒疏莫名者，書中"備邊司"多誤作"邊備司"。這些看起來極其明顯的錯訛，是百口莫辯，無法原諒的！

又如下册第 1285 頁丁學韶《西征集》，出使時間爲哲宗十三年正月二十九日—七月二日；而第 1283 頁朴永輔《錦舲燕槎鈔》，出使時間爲哲宗十三年十月二十一日—翌年四月四日。兩起使行雖然在同一年出使，但丁學韶在前，朴永輔在後，應該是丁學韶排序在前，但當時已經是最後一校樣準備下廠印刷了，要改就得動序號與頁碼等，牽連所及，目録頁也得改，想到好在不影響解題内容，就原樣未改，留待將來了。

漢字繁體轉換造成的錯訛與困惑，相信每位經歷過的人都感同身受。我在撰寫《燕行録千種解題》時，也習慣先打簡化字，再統一轉成繁體字，再一個一個地盯着改不該繁的、不該簡的和各種異體字。我自己認爲屬於極其小心、如履深淵、頗有經驗且犯錯較少的碼字工了，但我已經麻木到看了"燕行録"三個字就想吐的程度，所以還有不少字沒有校改出來。書出版後，看到"豆瓣"評論中，有讀者説目録第 1 頁的"恭愍王"誤爲"恭湣王"，一時就減了興趣，這真的是給了我當頭一棒！因爲這個可惡的"愍"字，刷成繁體字時它就莫名其妙地變成了"湣"，我還曾當成特例在課堂上講過，但自己也沒有盯住，而且在全書開卷第一頁，讓人欲吐不能，你説又給誰道冤枉呢！

全書之中，此類尚多，另外如四起（四體）、玉河館（玉海館）、兔兒山（兔兒山）、李垙（李㙓）、徐守發（徐守髮）之類，屢有發現。參考書目中的《燕行録全編》，注出版社爲"南寧：廣西師範大學出版社"，這是我的無知，不知道該出版社在桂林，就隨手寫了南寧，實在是又賣眼不淺。我在交出版社前，還專門抽了一天時間，請了 10 位北大同學幫我通讀了一天稿子，校出了不少錯訛，但這些體例舛誤、錯別字與繁簡轉換造成的誤字，要摘洗乾净而杜絕訛錯，實在是太難太難，但這并不意味着有藉口可找，所有的訛舛都是我自己粗疏造成的，當然就得我自己負責了。

以上近兩萬字的囉嗦絮叨，是我自己對拙著《燕行録千種解題》的自評報告。我在書後的跋文中，總結自己研究《燕行録》，有"十難"與"五憾"，主要是談自己研究中的缺憾與不足，這些話并非故吟苦聲，推脱責任。我原來想的是矻矻孜孜，傾力投入，誠懇耐心，以期枯木生芽，鐵樹開花。但從全書的水準與質量來看，我自己的評價是"耗得驢年故紙盡，撐扶鐵樹盼開花"。是否開花，實在是沒有多少自信。

我惴惴不安地將這全書刊印出來，交給讀者諸君，願意誠懇地接受各方的批評與糾謬。清代焦循《雕菰集》卷十八有《江處士手札跋》一文，他曾將自己同江聲往還討論學術的書札保存起來，并深有感觸地説："嗚乎！人有撰述以示於人，能移書規之，必此書首尾皆閲之矣。於人之書而首尾閲之，是親我重我因而規我，其規之當，則依而改之；其規之不當，則與之辨明，亦因其親我重我而不敢不布之以誠，非惡夫人之規己而務勝之也。"我想，焦循的態度也是撰著應有的態度，有讀者能糾謬正訛，是拙著之福份，希望能夠不斷校改與修訂，爭取再版時一一糾正，給讀者提供一部有量有質并相當靠譜的工具書。

（作者單位：北京大學中文系）

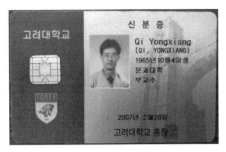

作者在高麗大學執教時期的工作證

高麗大學可充值圖書資料複印卡

作者整理與反復核校的《燕行錄》相關目錄（部分）

燕行使臣人物小傳查考資料目錄（部分）

耗得驢年故紙盡，撐扶鐵樹盼開花

查考《燕行錄》諸書所整理的版本目錄之一

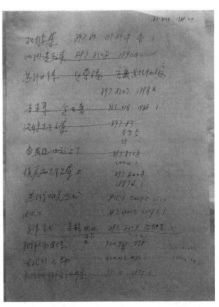

查考《燕行錄》諸書所整理的館藏目錄編號

查考《燕行録》諸書所整理的版本目録（部分）

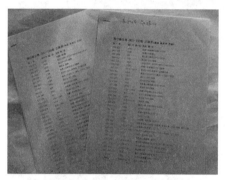

林基中教授贈給作者的"《燕行録全集》正誤表"

林基中教授與作者合影

《燕行録全集》書影

右側：耗得驢年故紙盡，撐扶鐵樹盼開花

動安居士行錄卷第四

賓王錄　并序

至元十年癸酉春三月　　　　上國冊立
皇后皇太子而普告天下　　　上命庚子順
安侯其爲賀進使其從行官屬則知樞密
院事御史大夫上將宋公松礼尚書員
外廉承益內侍保勝別將金義光譯語行
首郎將金富允指諭別將趙珹精勇散員
池瑄伴行使上朝千戶中郎將金甫成皆

李承休《賓王錄》

老稼齋燕行日記

十二月初一日庚戌晴朝寒自通遠堡行三十里至畓洞朝飯
又行三十里連山關宿日出發行過石隅至畓洞入店含三
行分入東西炕朝飯臨發主胡煙房錢少關其門不聞畜狀馬
頭直東山能漢語爭之不得竟加一畓竹然後始聞自通遠堡至
此凡二十餘里行長谷中再渡一水兩山交互兩路邐迤恰似水
店地稍開廣一堂荒無人家無田時泥濘難行云畓洞之謂似是我國所
田之廣者鄰凍及添山氣益癯杜徑頂至底樹未如薈其色
為之十餘里至分水嶺山……平坡西水入遼河東水入中
蒼然堂之如煙不知何樹也嶺是……

金昌業《老稼齋燕行日記》

燕巖集卷之十一

別集

熱河日記

渡江錄　……自……至乙……凡十五日……

潘南朴趾源美齋　著

朴趾源《熱河日記》

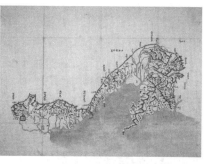

柳得恭《熱河紀行詩》

未詳《入燕程途圖》

《燕行録千種解題》（全三冊）書影1　　《燕行録千種解題》（全三冊）書影2

《禮記》男女之禮發微

馬　寧

　　摘　要:男女之禮是禮制中的重要內容,男女在日常生活的相處交往中遵循着嚴格的禮儀規定,具有重遠別嫌的顯著特點。男女有別的角色劃分,固然有利於兩性角色的互補,但也會壓低女性的社會地位,所以男女之禮這種禮儀差異産生的背後深層次原因是男尊女卑。這種嚴格的禮儀規定對古代社會産生諸多影響和意義,有利於防止男女僭越,維護倫理道德和宗法制度,而和諧規範的男女分工有助於社會角色的互補,實現維護國家和社會穩定的理想。因此,男女有別是封建統治秩序的基礎,亦是統治者鞏固統治地位穩定性的重要手段之一。

　　關鍵詞:《禮記》　男女之禮　重遠別嫌　男尊女卑

　　錢穆曾説過:"要瞭解中國文化必須站得更高來看到中國之心。中國的核心思想就是'禮'"。①錢氏此語現常被提及,已經廣爲人們熟知,陳寅恪②、蔡尚思③等也有類似的見解。由此可見,禮是中國傳統文化的核心精神,這一觀點已經成爲學者們的一個共識。《禮記·曲禮上》有言:"夫禮者,所以定親疏,決嫌疑,別同異,明是非也。"④這一句話提綱挈領地指出了禮的基本內涵,而男女之禮亦符合此條準則。爲此,有學者認爲:"男女有別是整個禮儀制度産生的基礎。正是因爲男女有別,纔有了父子親、

---

① [美]鄧爾麟著,藍樺譯:《錢穆與七房橋世界》,社會科學文獻出版社,1998年,第9頁。

② 案:陳寅恪《王觀堂先生挽詞序》中説:"吾中國文化之定義,具於《白虎通》三綱六級之説。"參見陳寅恪著,陳美延、陳流求編:《陳寅恪詩集》,清華大學出版社,1993年,第10頁。

③ 案:蔡尚思認爲:"禮教制度和禮教思想,是中國封建思想文化的一個中心,不論政治、法律、教育、道德、哲學、史學、文學、藝術等等,無一不受到禮教的影響。"參見蔡尚思著:《中國禮教思想史》,上海古籍出版社,2006年,第2頁。

④ [清]朱彬撰,饒欽農點校:《禮記訓纂》卷一《曲禮上》,中華書局,1996年,第3頁。

義生、禮作、物安，纔使人有别於禽獸；也正是因爲男女之别，纔影響到了夫婦之義、父子之親、君臣之正。"① 由此可見男女之禮的重要性。需要強調的一點是，和我們平常所理解的男女關係不同，《禮記》中的男女之禮已經上升到了社會倫理道德的層面，有助於維護禮教的實行和社會的穩定。

但是值得注意的是，男女之禮這一研究視角并没有獲得與其重要地位相對應的關注度，相關著作和論文并不多②。所以，鑒於此種思考，筆者將以男女之禮作爲研究基點，整理、分析《禮記》中有關男女禮儀的相關規定和要求，着重探討男女之禮的特點及這些禮儀差異產生背後的深層次原因，以期管窺其對古代社會的意義和價值。

一、《禮記》中的男女之禮

縱觀全書，《禮記》中有許多内容是和男女之間相處、交往的禮儀規定有關。一言以蔽之，男女之禮的根本精神就是鄭玄所提出來的"重别"。這一點體現在生活中的方方面面，并且有着嚴格的規定和要求，不容僭越。根據筆者統計，《禮記》中涉及男女之禮的相關材料共計 29 條，現製成表格，迻録於下：

表 1　　　　　　　　　　　《禮記》中的男女之禮

序號	篇名	内容	總計
1	《曲禮》	男女不雜坐，不同椸枷，不同巾櫛，不親授。	12 條
		嫂叔不通問。	
		諸母不漱裳。	
		外言不入於梱，内言不出於梱。	
		女子許嫁，纓，非有大故，不入其門。	
		姑、姊、妹、女子子已嫁而反，兄弟弗與同席而坐，弗與同器而食。	
		男女非有行媒，不相知名。非受幣，不交不親。	
		取妻不取同姓，故買妾不知其姓則卜之。	

---

① 明岩：《周代男女防嫌禮儀——以〈禮記・内則〉爲中心》，《文教資料》2010 年 9 月號上旬刊。

② 案：關於男女之禮的研究論文，按照時間來排序的話，主要有三篇，分別是：趙東玉：《周代"男女有别"與"夫婦之别"的方方面面》，《孔子研究》2002 年 3 月第 1 期；夏高發：《〈禮記・曲禮〉中的男女大防》，《宜賓學院學報》2007 年第 5 期；明岩：《周代男女防嫌禮儀——以〈禮記・内則〉爲中心》，《文教資料》2010 年 9 月號上旬刊。

序號	篇名	內容	總計
1	《曲禮》	寡婦之子，非有見焉，弗與爲友。 婦人不立乘。 僕御婦人，則進左手，后右手。 男女相荅拜也。	12 條
2	《檀弓》	婦人不越疆而弔人。	1 條
3	《王制》	道路，男子由右，婦人由左，車從中央。	1 條
4	《郊特牲》	夫昏禮，萬世之始也。取於異姓，所以附遠厚別也。 男女有別，然後父子親。父子親，然後義生。義生然後禮作。禮作然後物安。無別無義，禽獸之道也。	2 條
5	《內則》	男不言內，女不言外，非祭非喪，不相授器。其相授，則女受以篚。其無篚，則皆坐，奠之而后取之。外內不共井，不共湢浴，不通寢席，不通乞假。男女不通衣裳，內言不出，外言不入。男子入內，不嘯不指，夜行以燭，無燭則止。女子出門，必擁蔽其面，夜行以燭，無燭則止。道路，男子由右，女子由左。 禮始於謹夫婦，爲宮室，辨外內，男子居外，女子居內。深宮固門，閽寺守之，男不入，女不出。男女不同椸枷，不敢縣於夫之楎椸，不敢藏於夫之篋笥，不敢共湢浴。 夫婦之禮，唯及七十，同藏無間。 七年，男女不同席，不共食。	4 條
6	《喪服小記》	親親，尊尊，長長，男女之有別，人道之大者也。	1 條
7	《大傳》	男女有別，此其不可得與民變革者也。 同姓從宗，合族屬。異姓主名，治際會，名著而男女有別。	2 條
8	《坊記》	故男女無媒不交，無幣不相見，恐男女之無別也。 子云："取妻不取同姓，以厚別也。" 子云："禮，非祭，男女不交爵。" 子云："寡婦之子，不有見焉，則弗友也，君子以辟遠也。故朋友之交，主人不在，不有大故，則不入其門。以此坊民，民猶以色厚於德。" 男女授受不親。	5 條
9	《昏義》	敬慎重，正而后親之，禮之大體，而所以成男女之別，而立夫婦之義也。男女有別，而后夫婦有義；夫婦有義，而后父子有親；父子有親，而后君臣有正。故曰："昏禮者，禮之本也。"	1 條

《禮記》男女之禮發微

根據上表，我們可以十分明確地看出男女之禮在《禮記》中各篇的分布情況。《曲禮》中所占比重最大，有 12 條，《曲禮》的名稱主要是指具體細小的禮儀規範，多記載細小的雜事，清代學者孫希旦在《禮記集解》中說：“此篇所記，多禮文之細微曲折。”① 《檀弓》《王制》《郊特牲》《內則》《喪服小記》《大傳》《坊記》《昏義》八篇中也有相關論述。

通過整理《禮記》中的男女之禮，我們也可進一步發現男女在日常生活的相處交往中遵循着嚴格的禮儀規定，在用物、居處、授受、行路、婚嫁等方面有着具體的體現，處處彰顯着“重別”“遠別”的思想。例如《曲禮上》言：“男女不雜坐，不同椸枷，不同巾櫛，不親授。”② 鄭《注》云：“皆爲重別，防淫亂。不雜坐，謂男子在堂，女子在房也。”③ 孔穎達《正義》：“不親授者，男女有物不親相授也。”④ 男子和女子的日常活動場所不一樣，男子在堂，女子在房，不能夠隨意混坐在一起。根據古代士宮圖的相關研究，堂主要是男子用來會客的場所，而房居於堂後，是一個相對而言較爲封閉的空間，所以對外界而言會帶有一種隱秘的色彩和距離感。除此之外，男女的生活用品也是要嚴格劃分開來的，不能夠放在一起，也不允許共用。與此論述相似的，還有“姑、姊、妹、女子子已嫁而反，兄弟弗與同席而坐，弗與同器而食”⑤，自己的姑姑、姐姐、妹妹、女兒已經出嫁，即使是兄弟也不能同席而坐，也不與他們共用餐具，鄭玄解釋此一行爲的目的是“遠別”。《內則》中還有兩條相關表述，分別是“外內不共井，不共湢浴，不通寢席，不通乞假。男女不通衣裳”⑥。和“男女不同椸枷，不敢懸於夫之楎椸，不敢藏於夫之篋笥，不敢共湢浴”⑦。第一條的意思是居內的婦女和居外的男子不共用一口井，不共用浴室，不互用卧席，不互相求借東西，男女不混穿衣裳。第二條的意思是男女的衣服不可晾掛在同一衣架上，妻的衣服不敢掛在夫掛衣服的木橛或衣架上，也不敢收藏在夫盛衣服的竹箱中，不敢同夫共用浴室。

在交往過程中，也處處體現着男女之別。《曲禮》有言：“嫂叔不通

① ［清］孫希旦著，沈嘯寰、王星賢點校：《禮記集解》卷一《曲禮上》，中華書局，1989 年，第 1 頁。
② ［清］朱彬撰，饒欽農點校：《禮記訓纂》卷一《曲禮上》，第 22 頁。
③ ［清］朱彬撰，饒欽農點校：《禮記訓纂》卷一《曲禮上》，第 22 頁。
④ ［清］朱彬撰，饒欽農點校：《禮記訓纂》卷一《曲禮上》，第 22 頁。
⑤ ［清］朱彬撰，饒欽農點校：《禮記訓纂》卷一《曲禮上》，第 23 頁。
⑥ ［清］朱彬撰，饒欽農點校：《禮記訓纂》卷十二《內則》，第 419 頁。
⑦ ［清］朱彬撰，饒欽農點校：《禮記訓纂》卷十二《內則》，第 434 頁。

問，諸母不漱裳。"① 小叔子和嫂子不通問候，如果有特殊情況，需要靠人傳話。也不可讓諸母爲自己洗裳裙，這些要求都是爲了防微杜漸。《禮記》中關於寡婦，也有特別的要求，共有兩處相關論述。《曲禮上》："寡婦之子，非有見焉，弗與爲友。"② 鄭《注》云："辟嫌也。有見，謂有奇才卓然，衆人所知。"③ 寡婦的兒子，如果不是見識出衆的，就不和他交朋友，免招嫌疑。《坊記》中也直接提到過："子云：'寡婦之子，不有見焉，則弗友也，君子以辟遠也。'"這一條與《曲禮上》對於與寡婦的交往表述一致，同樣亦是爲了遠避嫌疑。

《禮記·昏義》云："禮之大體，而所以成男女之別，而立夫婦之義也。男女有別，而後夫婦有義。"④ 男女在結爲夫婦之前以及成爲夫婦之後，都有非常嚴明的規定。女子待字閨中之時，"男女非有行媒，不相知名"⑤。鄭《注》："見媒往來傳昏姻之言，乃相知姓名。"⑥ "《正義》："《昏禮》有六禮，二曰問名。"⑦ 由此可以觀之，男女之防是非常嚴格的。謹遵"父母之命，媒妁之言"，不能夠私下相識、交往。"非受幣，不交不親。"⑧ 鄭玄《注》："重別，有禮乃相纏固。"⑨ 《正義》："幣，謂聘之玄纁、束帛也。"⑩ 幣，指的是聘禮，有了聘禮，這門親事纔可以算是基本確定下來，纔可以相交相親，概言之，男女有別在當時是天經地義的，而這些種種禮儀規定的最終目的還是爲了"重別"。《曲禮上》所載："女子許嫁，纓，非有大故，不入其門。"⑪ 鄭《注》："女子許嫁繫纓，有從人之端也。大故，宮中有灾變若疾病，乃後入也。"⑫《正義》："女子，婦人通稱。婦人質弱，不能自固，必有繫屬。纓有二：一是少時常佩香纓，二是許嫁時繫纓。此則爲許嫁時繫纓。知然者，《昏禮》：'主人入，親脫婦纓。'鄭

《禮記》男女之禮發微

① ［清］朱彬撰，饒欽農點校：《禮記訓纂》卷一《曲禮上》，第22頁。
② ［清］朱彬撰，饒欽農點校：《禮記訓纂》卷一《曲禮上》，第24頁。
③ ［清］朱彬撰，饒欽農點校：《禮記訓纂》卷一《曲禮上》，第24頁。
④ ［清］朱彬撰，饒欽農點校：《禮記訓纂》卷四十四《昏義》，第878—879頁。
⑤ ［清］朱彬撰，饒欽農點校：《禮記訓纂》卷一《曲禮上》，第4頁。
⑥ ［清］朱彬撰，饒欽農點校：《禮記訓纂》卷一《曲禮上》，第23頁。
⑦ ［清］朱彬撰，饒欽農點校：《禮記訓纂》卷一《曲禮上》，第23頁。
⑧ ［清］朱彬撰，饒欽農點校：《禮記訓纂》卷一《曲禮上》，第23頁。
⑨ ［清］朱彬撰，饒欽農點校：《禮記訓纂》卷一《曲禮上》，第23頁。
⑩ ［清］朱彬撰，饒欽農點校：《禮記訓纂》卷一《曲禮上》，第23頁。
⑪ ［清］朱彬撰，饒欽農點校：《禮記訓纂》卷一《曲禮上》，第23頁。
⑫ ［清］朱彬撰，饒欽農點校：《禮記訓纂》卷一《曲禮上》，第23頁。

《注》云：'婦人十五許嫁，笄而禮之，因著纓，明有繫也。蓋以五采爲之。其制未聞。'"① 由此可知，女子在許嫁之後，就要佩戴香纓以表明自己此時的身份，而且如果不是發生什麼特別重大的事情，一般人是不被允許進入她的房間的，之所以這樣做，一是爲了防止嫌疑，強調男女有別；再者就是待嫁女子可以獲得充足的時間爲出嫁做準備工作而不被人打擾。

值得一提的是，《曲禮上》云："取妻不取同姓，故買妾不知其姓卜之。"② 《注》："爲其近禽獸也。妾賤，或時非勝，取之於賤者，世無本繫。"③ 《正義》："熊氏云：'卜者，卜吉凶。既不知其姓，但卜吉則取之。'"④ 朱彬案："《春秋·昭元年》，《左傳》：'故《志》曰："買妾不知其姓，即卜之。"' 蓋古有是言，而記人述之。"⑤《坊記》中也提到此觀點，其目的是加強血緣的區別。由此可見，男女之禮還可以用來別於宗族婚姻。這是在更廣延的血緣人倫架構體系中來防止亂倫，使人有別於禽獸，加強男女的區別和名分。而這種異姓婚姻也有諸多好處，可以實現"附遠厚別"，以婚姻爲紐帶實現家族社會關係的拓展和開放。

中國傳統的家庭結構是"男主外，女主內"，而這樣的思想也在《禮記》中有所表現。《曲禮上》中說："外言不入於梱，內言不出於梱。"⑥ 鄭《注》："外言內言，男女之職也。不出入者，不以相問也。梱，門限也。"⑦《說文》："梱，門厓也。"⑧ 《正義》："男職在於官政，不得令婦人預之。女職謂織紝，男子不得濫預。"⑨ 男子在家不談論政務問題，女子在家不談論家務瑣事，各司其職，互不干涉。男子在外的社會工作問題如果過多地和妻子談論，很有可能會引起一些不必要的麻煩，影響問題的決策，甚至產生難以預料的後果。這一點在我們現代社會之中也非常具有啓示意義，具有一定的社會現實價值。

---

① ［清］朱彬撰，饒欽農點校：《禮記訓纂》卷一《曲禮上》，第23頁。
② ［清］朱彬撰，饒欽農點校：《禮記訓纂》卷一《曲禮上》，第23頁。
③ ［清］朱彬撰，饒欽農點校：《禮記訓纂》卷一《曲禮上》，第23—24頁。
④ ［清］朱彬撰，饒欽農點校：《禮記訓纂》卷一《曲禮上》，第24頁。
⑤ ［清］朱彬撰，饒欽農點校：《禮記訓纂》卷一《曲禮上》，第24頁。
⑥ ［清］朱彬撰，饒欽農點校：《禮記訓纂》卷一《曲禮上》，第22頁。
⑦ ［清］朱彬撰，饒欽農點校：《禮記訓纂》卷一《曲禮上》，第22頁。
⑧ ［清］朱彬撰，饒欽農點校：《禮記訓纂》卷一《曲禮上》，第22頁。
⑨ ［清］朱彬撰，饒欽農點校：《禮記訓纂》卷一《曲禮上》，第22頁。

二、男女之禮的特點與產生的原因

在上文，我們已經提到男女之禮的核心精神是"遠別"。而這種重要的禮儀具有怎樣的特點，也是一個值得我們去深入思考的問題。通過梳理和分析《禮記》中有關男女之禮的相關記載，綜合來看，男女之禮的最大特點就是重別遠嫌。鄭《注》中多次闡發"重別""遠別""遠嫌"等觀點，而這不僅是男女之禮的核心精神，亦是其最爲顯著的特點。

表2　　　鄭《注》男女之禮中"別"與"嫌"相關論述頻次統計表

關鍵字	鄭《注》	頻次統計	總計
別	重別	2 處	18 處
	遠別	7 處	
	別於男子	1 處	
	厚其別	1 處	
	男女宜別	1 處	
	男女別途	1 處	
	厚別	2 處	
	分別	2 處	
	別男女	1 處	
嫌	辟嫌	1 處	5 處
	遠嫌	2 處	
	生嫌	1 處	
	嫌遠別	1 處	
總計		23 處	

男女有別是我們熟知的一個概念，由此可以看出，古代社會特別注重爲兩性之間設置嚴格界限，防止男女私情等不合禮現象的產生，防微杜漸，重遠別嫌。《禮記》認爲嚴格意義上的男女之禮是從七歲開始的，"七年，男女不同席，不共食。"① 鄭《注》曰："蚤其別也。"② 《内則》中又云：

---

① ［清］朱彬撰，饒欽農點校：《禮記訓纂》卷十二《内則》，第440頁。
② ［清］朱彬撰，饒欽農點校：《禮記訓纂》卷十二《内則》，第440頁。

"夫婦之禮，唯及七十。"① 鄭《注》："衰老無嫌。"② 從七歲到七十歲，這是一個十分漫長的過程，歷時很長，換句話説，很有可能一生都要與重遠别嫌的禮儀規定相伴。再者，縱觀上文所舉的例子，我們可以看出，男女之禮涉及生活中的方方面面，十分瑣碎和詳細，有些禮制的規定，甚至嚴格到每一個步驟的具體操作上，這種細節的強調也可以凸顯古人對重遠别嫌的重視。

不過禮緣人情而作，在特殊的情況下，也可依具體情況來具體來對待，例如"男女授受"的禮儀規定，"非祭非喪，不相授器。其相授，則女受以筐。其無筐，則皆坐，奠之而后取之"③。由此可見，男女之禮雖然嚴格，但也具有"達人情"的一面，并不是刻板不變的。

男女有别的性别角色的劃分，固然有利於社會角色的互補，但是也會壓低女性的社會地位，所以男女之禮這種禮儀差異産生的深層次原因是男尊女卑。吕思勉在分析男尊女卑現象産生的原因時，認爲主要由"權力、族制和生計"④ 這三個因素造成的。就這三點而言，古時居高位的多爲男子，家族統系關係亦屬諸男，且財權悉掌于男子，男權日張，由此男女在各自社會角色的定位過程之中，漸漸形成了"男女之别，男尊女卑，故以男爲貴"⑤ 的不平等局面。而我們上文也提到男女職責的不同，男主外，女主内，這種社會分工也是男尊女卑所造成的不可避免的結果。《禮記·郊特牲》中亦言："男帥女女從男，女從男夫婦之義由此始也。"⑥ 可見男尊女卑是夫婦關係中的根本準則。

另外，趙東玉有言："正是循着男女夫妇角色的分化和尊卑有别的思路，在传世经传中，還通謂女性爲'色'。把女性定位爲僅以'色'來'娱夫'和'事夫'的男性洩欲工具，而把男性對'色'的要求視爲與日常飲食一樣的本能慾望……周代流行的女子亡國説，也由此衍生，更顯示了時人以男性和父權社會中心自居，以貶低歧視女性來鞏固和維護男性和父權社會權威的畸形心理。"⑦ 由此觀之，男尊女卑所産生的社會意識是根

---

① [清]朱彬撰，饒欽農點校：《禮記訓纂》卷十二《内則》，第 434 頁。

② [清]朱彬撰，饒欽農點校：《禮記訓纂》卷十二《内則》，第 434 頁。

③ [清]朱彬撰，饒欽農點校：《禮記訓纂》卷十二《内則》，第 419 頁。

④ 吕思勉著：《中國制度史》，三聯書店，2009 年，第 345 頁。

⑤ [戰國]列禦寇著，楊伯峻撰：《列子集釋》，中華書局，2012 年，第 22 頁。

⑥ [清]朱彬撰，饒欽農點校：《禮記訓纂》卷十一《郊特牲》，第 405 頁。

⑦ 趙東玉：《周代"男女有别"與"夫婦之别"的方方面面》，《孔子研究》2002 年 3 月第 1 期。

深蒂固的，而這種觀念 給女性帶來了極大的傷害。

三、男女之禮的社會意義

《喪服小記》中提道："男女之有别，人道之大者也。"① 而這種嚴格的男女之禮對古代社會産生了諸多影響和意義。

其一，有利於防止男女僭越，維護倫理道德和宗法制度。男女之間没有不合情理的交往，符合社會的道德規範，這對於國家的穩定有着極爲重要的作用，有助於推動社會教化的實行。再者，我們上文提到過的婚嫁禮儀，其中一個十分重要的原則就是"同姓不婚"。《禮記·郊特牲》總結道："娶於異姓，所以附遠厚别也。"② "同姓不婚"被認爲是最根本的禮法，它可以起到維繫人倫的作用。除此之外，異姓通婚還可以"結二姓之好"團結異姓宗族，加强異姓之間的依托。因而要推行"同姓不婚"的重要途徑就是嚴防"男女之别"。王國維有言："有同姓不婚之制，而男女之别嚴。"③ 男女之禮嚴格的"有别"禮制服務於同姓不婚的制度背景，阻斷同姓男女交往的可能，是族外婚順利實行的一個重要前提和保障。從而"坊民所淫，章民之别，使民無嫌，以爲民紀者也"④，而且可以遠離"無别無義"的"禽獸之道"。也正是基於這個道理，所以纔會如此嚴格甚至可以説是嚴苛地不遺餘力地講究男女之禮、嚴防男女之别了。

其二，和諧規範的男女分工有助於社會角色的互補，實現維護國家和社會穩定的理想。正如我們前文所言："男女有别，而后夫婦有義；夫婦有義，而后父子有親；父子有親，而后君臣有正。"⑤ 鄭《注》言："言子受氣性純則孝，孝則忠也。"⑥《正義》云："所以昏禮爲禮本者，昏姻得所，則受氣純和，生子必孝，事君必忠。孝則父子親，忠則朝廷正。"⑦ 吕與叔曰："人倫之本，始於夫婦，終於君臣。本正而末不治者，未之有也，故曰'昏者禮之本'。"⑧ 所以，男女之禮直接影響着家庭關係、父子關係、君臣

《禮記》男女之禮發微

---

① ［清］朱彬撰，饒欽農點校：《禮記訓纂》卷十五《喪服小記》，第499頁。
② ［清］朱彬撰，饒欽農點校：《禮記訓纂》卷十一《郊特牲》，第405頁。
③ 王國維著，彭林整理：《觀堂集林》（外二種），河北教育出版社，2001年，第300頁。
④ ［清］朱彬撰，饒欽農點校：《禮記訓纂》卷三十《坊記》，第769頁。
⑤ ［清］朱彬撰，饒欽農點校：《禮記訓纂》卷四十四《昏義》，第878—879頁。
⑥ ［清］朱彬撰，饒欽農點校：《禮記訓纂》卷四十四《昏義》，第879頁。
⑦ ［清］朱彬撰，饒欽農點校：《禮記訓纂》卷四十四《昏義》，第879頁。
⑧ ［清］朱彬撰，饒欽農點校：《禮記訓纂》卷四十四《昏義》，第879頁。

關係以及國家和社會的穩定。因此，男女有別是封建統治秩序的基礎，亦是統治者鞏固統治地位穩定性的重要手段之一。

四、結語

綜上所述，我們可以得知，男女之禮是禮制中的重要内容，男女在日常生活的交往中遵循着嚴格的禮儀規定，處處體現着"重別""遠別"的思想，具有重遠別嫌的顯著特點。"男女有別"的角色劃分，固然有利於兩性角色的互補，但是也會壓低女性的社會地位，所以男女之禮這種禮儀差異産生的背後深層次原因是男尊女卑。這種嚴格的男女之禮對古代社會産生了諸多影響和意義，有利於防止男女僭越，維護倫理道德和宗法制度，而和諧規範的男女分工有助於社會角色的互補，實現維護國家和社會穩定的理想。因此，男女有別是封建統治秩序的基礎，亦是統治者鞏固統治地位穩定性的重要手段之一。反觀我們的現代社會，男女之禮依舊潛移默化地影響着人們的思想和行爲。其中有些規定過於繁複、迂腐，不適合我們現在生活的，我們可以抛棄；而對我們現在生活有借鑒意義的禮儀規定，我們應該積極吸取，做到"取其精華、去其糟粕"，批判地繼承傳統文化，做優秀傳統文化的支持者、維護者和踐行者。

魏惠王紀年考

張天翼

摘　要：魏惠王是戰國時期重要的君主，由於文獻記載的差異，關於其紀年問題，學界尚存在爭議。本文通過《史記》與《竹書紀年》中相關記載的對讀，對這一問題重新進行了探討。首先確定魏惠王改元之年，再結合《史記》《竹書紀年》中有關日食的記載，確定魏惠王即位時間和"前元"年數。最後通過對魏襄王史事的分析，確定魏惠王"後元"年數。本文認爲，魏惠王即位於周烈王七年，在即位第三十六年改元，稱"後元"，後元共十七年，魏惠王卒於周慎靓王三年，共在位五十二年。

關鍵詞：魏惠王　戰國　改元　世系

魏惠王名罃，在位時曾將魏國的都城由安邑（今山西運城）徙至大梁（今河南開封），故又稱梁惠王。他在位期間興修水利，曾開鑿鴻溝。禮賢下士，"卑禮厚幣以招賢者，鄒衍、淳于髡、孟軻皆至梁"，維持了魏國的大國地位，是戰國時期魏國很有影響的君主。魏惠王的紀年問題一直是學界爭議的問題，唐代司馬貞雖稱"學識精湛"，但也認爲這個問題"實所不能詳考"。① 本文擬在前人研究的基礎上，對這一問題提出自己的看法。

一、前人對魏惠王紀年的看法

《史記·魏世家》和《史記·六國年表》均記載魏惠王死於在位的第三十六年："（惠王）三十六年，復與齊王會甄。是歲，惠王卒，子襄王

---

① ［漢］司馬遷：《史記》卷四十六《田敬仲完世家》，中華書局，2014年，第2296頁。

立。① （襄王）十六年，襄王卒，子哀王立。"② 但西晉汲郡出土《竹書紀年》則記載，魏惠王是在位的第三十六年改元，改元後十六年（十七年）卒。故《史記》中所言魏襄王之世，其實是魏惠王"後元"。"後元"結束，魏襄王纔得以即位，故《史記》中所記魏哀王之世，實際上是魏襄王之世。太史公作"哀王"是因爲當時《竹書》尚未出土，且太史公又犯了認"哀"字爲"襄"字的錯誤。③ 以上問題，學界基本已經達成共識，故學界關於魏惠王紀年的討論多在"改元説"的基礎上展開。

由於"改元説"所依據的《竹書紀年》原簡及晉代學者對此作出的釋文早已亡佚，文獻對《紀年》的徵引又略有差別，這引發學界對惠王"前元""後元"各自年數的討論，現舉學界的主要觀點進行分析：

（一）"前元三十六年，後元十六年"説。顧炎武認爲，魏惠王即位於周威烈王七年（前370），在周顯王三十五年（前335）改元，死於周慎靚王二年（前319），在此一年之後，魏襄王即位。因此魏惠王前元共三十六年，後元爲十六年。顧氏認爲，祇有這樣解釋纔能與《孟子》中"先梁後齊"的説法切合，從而形成歷史時間上的互證。"④ 錢穆先生⑤和方詩銘先生⑥皆贊同此説。

（二）"前元三十五年，後元十六年"説。楊寬先生認爲，《史記》將魏惠王元年提前了一年，因此惠王實即位於前369年，於前335年改元，前元共三十五年。惠王卒於前319年，共在位五十一年，故後元爲十六年。⑦

（三）"前元三十五年，後元十七年"説。清代雷學淇認爲，魏惠王三十五年改元，卒於改元後十七年，即周慎靚王二年。因此魏惠王前元爲三

---

① ［漢］司馬遷：《史記》卷四十四《魏世家》，第2234頁。

② ［漢］司馬遷：《史記》卷四十四《魏世家》，第2239頁。

③ 黃汝成謂："夫紀年成於魏，其人與孟子同時。改元、伐燕等事皆所目驗，何致反誤。太史公作《史記》於魏哀王一代，此因竹書未出。襄、哀字訛，不知惠王有改元之事，猶可説也。"（參見［明］顧炎武著，［清］黃汝成集釋，欒保群校注：《日知録集釋》，上海古籍出版社，2013年，第572頁。）

④ ［明］顧炎武著，［清］黃汝成集釋，欒保群校注：《日知録集釋》，第353頁。

⑤ 錢穆先生謂："梁惠稱王改元，定在與齊會徐州之後⋯⋯在惠成王三十六年仲冬後，其時周正已爲顯王三十五年。惠王歸國稱王，其亦必爲三十七年之新歲決矣。"（參見錢穆：《齊魏會徐州相王乃魏惠王後元元年》，《先秦諸子繫年》，商務印書館，2001年，第324頁。）所以錢穆認爲"惠王前元"共計三十六年，"惠王後元"共計十六年。"

⑥ 方詩銘先生認爲《索隱》和《後序》説法有異是由於計算方法不同所致，並且遵從《後序》前元三十六年，後元十六年之説。（見方詩銘、王修齡：《古本竹書紀年輯證》，《魏紀》，上海古籍出版社，2005年，第90頁。）

⑦ 楊寬：《魏惠王年世之考訂》，《戰國史料編年輯證》，上海人民出版社，2016年，第50頁。

十五年，後元共十七年。① 晁福林先生認爲，魏惠王後元始於惠王即位第三十六年，後元共有十七年。②

不同文獻所引用的《紀年》內容不一致，爲了討論方便，現將相關記載搜集如下：

《魏世家》索隱引《紀年》："惠成王三十六，又稱後元一，十七年卒。"③ "惠成王三十六年，改元稱一年，未卒也。"④

《田敬仲完世家》索隱引《紀年》："此時梁惠王改元稱一年，未卒也。"⑤

《魏世家》集解引《紀年》："惠成王立三十六年，改元稱一年，改元後十七年卒。"⑥

《春秋經傳集解後序》引《紀年》："惠王三十六年改元，從一年始，至十六年而稱惠成王卒。"⑦

這七種記載都是從其他文獻中輯佚而得，其記述方式存在一定差異。《索隱》和《集解》是爲了訂正《史記》中"惠王卒，子襄王立"的錯誤，《春秋集解後序》則是杜預在轉述《竹書》時記錄。這七種記載，又可以依據對魏惠王後元年數計算的差異，劃分爲《集解》和《索隱》的"後元十七年"說，以及《後序》的"後元十六年"說。

二、魏惠王改元年份

學界對魏惠王前元和後元年份存在不同的看法，而確定魏惠王前元、後元各自年數的前提，是確定魏惠王在哪一年改元。探討魏惠王改元年份之前，首先需要討論魏惠王改元到底是逾年改元，還是當年改元⑧。

① ［清］雷學淇：《介庵經說》卷九《孟子》，新文豐出版公司，1984 年，第 651 頁。
② 晁福林先生判斷梁惠王"後元"是從他在位的第三十六年開始的。後元一共十七年，其年代是前 334 年至前 318 年。（參見晁福林：《梁惠王"後元"年數考》，《史學月刊》2005 年第 5 期，第 33 頁。）
③ ［漢］司馬遷：《史記》卷四十四《魏世家》，第 2235 頁。
④ ［漢］司馬遷：《史記》卷四十四《魏世家》，第 2233 頁。
⑤ ［漢］司馬遷：《史記》卷四十六《田敬仲完世家》，第 2296 頁。
⑥ ［漢］司馬遷：《史記》卷四十四《魏世家》，第 2235 頁。
⑦ ［宋］王應麟：《困學紀聞》卷十一《考史》，大象出版社，2019 年，第 367 頁。
⑧ 方、王認爲《集解》和《索隱》的"十七年"說並非"十六年"之誤，所謂的"後十七年卒"，其實是從三十六年計算，與《左傳後序》所錄的《紀年》原文"十六年，惠成王卒"實際上是沒有矛盾的（參見方詩銘、王修齡：《古本竹書紀年輯證》，《魏紀》，第 90 頁。），但這樣會產生新的問題：梁惠王當時是逾年改元，還是當年改元？

關於君主當年和逾年改元的問題，歷來學者多有討論。明代錢謙益認爲：“自古易姓受命，則當年改元；一姓相繼，則逾年改元。”① 錢穆先生認爲，衹有繼承者不承認前朝正統的情況下，纔選擇當年改元②。方詩銘先生認爲“其時慣例，如非特殊理由（如奪位），皆逾年改元。惠成王以徐州相王而改元，具有慶祝之意，決無當年改元之理”③。林劍鳴先生認爲：“國君非正常死亡，新君當年稱元。④”這些説法雖然有一定的合理性，但考諸史實，又未必全部相符。

《春秋釋例》載：“嗣子位定於初喪，而改元必須逾年者。繼父之業，成父之志，不忍有變於中年也。”⑤即逾年改元是爲了紀念先代君主的功績，不忍心廢除先王之道，以此表示“孝子之情⑥”，故衹有嗣子即位時纔出現逾年改元。但這與魏惠王中途改元的情況不符。戰國時代，同一位君主於其中途改元者，除魏惠王外，還有齊太公田和及秦惠文王。《史記·田敬仲完世家》：“康公之十九年，田和立爲齊侯，列於周室，紀元年。”⑦ 《史記·秦本紀》：“（惠文王）十三年四月戊午，魏君爲王，韓亦爲王。使張儀伐取陝，出其人與魏。十四年，更爲元年。”⑧《史記·六國年表》：“（秦惠文王）十四年，初更元年。”⑨ 這些都是當年改元之例，而且秦惠文王的情況又與魏惠王相似，不可能出現不承認自己前元統治的情況，所以“當年改元”不一定是否認前朝統治的做法。況且倘若真如《史記》所記載的惠王前元有三十六年，稱後元於三十七年。那爲什麼《索隱》不説“惠王三十七，又稱後元一”呢？綜合以上兩點考慮，我們認爲魏惠王的改元是當年改元。

---

① ［明］錢謙益：《牧齋初學集》卷四十七下《行狀》，上海古籍出版社，2009 年，第 1032 頁。
② 錢穆謂：“不逾年而改元，古人自有其事。然大率前君被弒，後君以篡逆得國，不自居於承前君之統緒，則往往即以前君見殺之年，改稱篡立者之年，不復逾年而改元。此在春秋時不多見，而戰國屢有之。”（參見錢穆：《先秦諸子繫年》，《自序》，第 35 頁。）
③ 方詩銘、王修齡：《古本竹書紀年輯證》，《魏紀》，第 91 頁。
④ 林劍鳴：《秦史稿》第一章《緒論》，中國人民大學出版社，2009 年，第 6 頁。
⑤ ［晉］杜預：《春秋釋例》卷一《公即位例》，中國社會科學出版社，2021 年，第 25 頁。
⑥ 《穀梁傳》：“天子初崩，嗣子定位，則諸侯亦當然也。其改元必須逾年者，孝子之情，不忍有變於中年也。然嗣子不忍變於中年，故嗣年即位。”（參見［晉］范寧集解，［唐］楊士勛疏：《穀梁傳注疏》卷三《桓公》，中華書局，2021 年，第 98 頁。）
⑦ ［漢］司馬遷：《史記》卷四十六《田敬仲完世家》，第 2287 頁。
⑧ ［漢］司馬遷：《史記》卷五《秦本紀》，第 260 頁。
⑨ ［漢］司馬遷：《史記》卷十五《六國年表》，第 880 頁。

再看魏惠王改元原因。錢穆考證發現①，馬陵之戰後，魏國處於艱難的境地。魏惠王采納惠施之策，"變服折節而朝齊②"。赴徐州與齊威王會見，以此與齊國結交。齊威王與魏惠王互尊爲王，惠王此前稱王的行爲得到了其他大國的認可③，因此改元以示慶祝。《史記》中對此事的記載有"襄王元年，與諸侯會徐州，相王也。"④ "（宣王）七年，與魏王會平阿南。明年，復會甄。魏惠王卒。明年，與魏襄王會徐州，諸侯相王也。"⑤ "宣王九年，田嬰相齊。齊宣王與魏襄王會徐州而相王也。"⑥ 根據《六國年表》可以知道《史記》所記載魏襄王元年乃是周顯王三十五年（公元前 334年），而《史記》中的魏襄王年世正是魏惠王後元。因此可以斷定，魏惠王改元之年當在其在位的第三十六年，即周顯王三十五年。

需要指出的是，《史記》與《古本竹書紀年》中均未記載齊魏徐州相王的月份，有些學者根據《今本竹書紀年》的記載，判斷説齊魏相王於仲冬，定其制於其年年底而實際改元於次年。⑦ 按《今本竹書紀年》爲僞書，其記載并不可靠。《今本竹書紀年》將"徐州相王"定於周顯王三十四年即魏惠王三十六年的基礎，是將魏惠王元年定於周烈王六年（前370），這一點亦不確（詳見下文）。同時這種論斷會産生新的問題，《竹書紀年》是否將惠王實際稱後元和定制稱後元分開記録？如果有的話，爲什麼没有將其記載？

綜上，通過《春秋釋例》對逾年改元的解釋，以及戰國時期其他國君

---

① 錢穆謂："齊、魏會徐州，相約僭稱王，因稱王而改元，故不稱三十七年而改稱元年。其後秦惠文王於十三年稱王，乃亦改十四年爲元年，與此正類。"（參見錢穆：《齊魏會徐州相王乃魏惠王後元元年》,《先秦諸子繫年》，第98頁。）

② [漢]高誘撰，[宋]鮑彪注：《戰國策集注》卷二十三《魏策二》，上海古籍出版社，2013年，第457頁。

③ 《戰國策》：魏伐邯鄲，因退爲逢澤之遇，乘夏車，稱夏王，朝爲天子，天下皆從。（參見[漢]高誘撰，[宋]鮑彪注：《戰國策集注》卷六《秦策四》，第137頁。）據此推斷魏惠王早已於惠王二十八年的逢澤之會上稱王。

④ [漢]司馬遷：《史記》卷四十四《魏世家》，第2234頁。

⑤ 史記中記載齊國年世較爲混亂，此處實爲齊威王，下同。（見[漢]司馬遷：《史記》卷四十六《田敬仲完世家》，第2296頁。）

⑥ [漢]司馬遷：《史記》卷七十五《孟嘗君列傳》，第2859頁。

⑦ 錢穆："又考《今本僞紀年》於周顯王三十四年稱：'魏惠成王三十六年，改元稱一年，'又云：'王與諸侯會於徐州，'徐州會事較《史記》亦前一年。雷氏《義證》説之云：'《六國年表》於顯王三十五年書齊會諸侯於徐州以相王，又曰齊與魏會徐州，諸侯相王，'即此事。較《竹書》差一年者，夏正周正之異。會在是年仲冬後也。"（參見錢穆：《齊魏會徐州相王乃魏惠王後元元年》,《先秦諸子繫年》，第98頁。）

改元的例證，可以確定魏惠王"改元"是"當年改元"。通過將《六國年表》與《魏世家》中關於"徐州相王"的記載對讀，可以確定魏惠王在周顯王三十五年改元稱"後元"。

三、魏惠王前元年數

確定了魏惠王的"改元年份"和"當年改元"，再討論魏惠王前元年數。首先將《史記》與《竹書紀年》中魏惠王"前元"中的史事進行比較，列表如下：

竹書紀年	史記	補充
《紀年》曰：惠成王元年，晝晦。① 《開元占經》卷一〇一	獻公十六年，民大疫日蝕。②《六國年表》 案：《六國年表》中獻公十六年爲惠王二年。	案："晝晦"即白天光線昏暗，爲較深的日蝕。 據朱文鑫的《歷代日食考》，此年爲公元前369年，四月十一日確是日有環食。此次日蝕恰好秦魏二國皆可觀測到。③
《紀年》云：梁惠成王元年，趙侯種、韓懿侯伐我，取蔡，而惠成王伐趙，圍濁澤。④《魏世家》索隱	趙成侯六年，敗魏涿澤，圍惠王。⑤ 《六國年表》 案：《六國年表》中成侯六年爲惠王二年。	
《竹書紀年》：梁惠成王二年，齊田壽率師伐趙，圍觀，觀降。《水經·河水注》 案：永樂大典本、朱謀㙔本皆作"伐趙"，戴震校本改爲"伐我"。⑥	三年，齊敗我觀。⑦《魏世家》 三年，齊伐我觀。⑧《六國年表》	

---

① 方詩銘、王修齡：《古本竹書紀年輯證》，《魏紀》，第71頁。
② ［漢］司馬遷：《史記》卷十五《六國年表》，第868頁。
③ 楊寬：《魏惠王年世之考訂》，《戰國史料編年輯證》，第47頁。
④ 方詩銘、王修齡：《古本竹書紀年輯證》，《魏紀》，第72頁。
⑤ ［漢］司馬遷：《史記》卷十五《六國年表》，第868頁。
⑥ 方詩銘、王修齡：《古本竹書紀年輯證》，《魏紀》，第74頁。
⑦ ［漢］司馬遷：《史記》卷四十四《魏世家》，第2229頁。
⑧ ［漢］司馬遷：《史記》卷十五《六國年表》，第869頁。

竹書紀年	史記	補充
《紀年》曰：惠成王十六年，邯鄲四暵，室多壞，民多死。① 《開元占經》卷一〇一 案：此事發生於周顯王十四年，蓋與當時魏國圍困趙國邯鄲幾乎淪陷有關。	（成侯）二十一年，魏圍我邯鄲。二十二年，魏惠王拔我邯鄲。②《趙世家》 趙成侯二十一年，魏圍我邯鄲。③《六國年表》 案：趙成侯二十一年即魏惠王十七年。	案：據《開元占經》：暵，陰而風也。《説文》暵，天地陰沉也。周昭王十九年天大暵，雉兔皆震。據考昭王十九年確有日食④，可知此段“暵”即是描述日蝕。且前354年7月4日的確發生了日偏食，與《紀年》相合。
《竹書紀年》：（梁惠成王）十八年，惠成王以韓師敗諸侯師於襄陵。齊侯使楚景舍來求成。公會齊、宋之圍。⑤《水經·淮水注》	十九年，諸侯圍我襄陵。築長城，塞固陽。⑥《魏世家》	
《汲郡紀年》作逢澤。《水經·渠水注》《存真》據戴校本作“二十九年，秦孝公會諸侯於蓬澤”。云：“蓬”亦作“逢”。 《輯證》：秦孝公二十年應爲惠成王二十八年。⑦	秦孝公二十年，諸侯畢賀，會諸侯於澤。朝天子。⑧《六國年表》 案：《六國年表》中秦孝公二十年爲惠王二十九年。	
《紀年》云：二十八年，與齊田朌戰於馬陵。《魏世家》索隱 《紀年》：威王十四年，田朌伐梁，戰馬陵。⑨《田敬仲完世家》索隱	三十年，魏伐趙，（〔正義〕：《孫臏傳》云“魏與趙攻韓，韓告急齊”，此文誤耳。）……太子果與齊人戰，敗於馬陵。《魏世家》⑩ 惠王三十年，齊虜我太子申，殺將軍龐涓⑪。《六國年表》	

① 方詩銘、王修齡：《古本竹書紀年輯證》，《魏紀》，第78頁。
② ［漢］司馬遷：《史記》卷四十三《趙世家》，第2194頁。
③ ［漢］司馬遷：《史記》卷十五《六國年表》，第870頁。
④ ［唐］瞿曇悉達：《開元占經》下冊，九州出版社，2012年，第729頁。
⑤ 方詩銘、王修齡：《古本竹書紀年輯證》，《魏紀》，第79頁。
⑥ ［漢］司馬遷：《史記》卷四十四《魏世家》，第2231頁。
⑦ 方詩銘、王修齡：《古本竹書紀年輯證》，《魏紀》，第81頁。
⑧ ［漢］司馬遷：《史記》卷十五《六國年表》，第872頁。
⑨ 方詩銘、王修齡：《古本竹書紀年輯證》，《魏紀》，第84頁。
⑩ ［漢］司馬遷：《史記》卷四十四《魏世家》，第2232頁。
⑪ ［漢］司馬遷：《史記》卷十五《六國年表》，第875頁。

竹書紀年	史記	補充
《紀年》云：二十九年五月，齊田盼伐我東鄙；九月，秦衛鞅伐我西鄙；十月，邯鄲伐我北鄙。王攻衛鞅，我師敗績。 《魏世家》索隱 《紀年》曰：梁惠王二十九年，秦衛鞅伐梁西鄙。《商君列傳》索隱①	三十一年，秦、趙、齊共伐我，秦將商君詐我將軍公子卬而襲奪其軍，破之。秦用商君，東地至河，而齊、趙數破我。②《魏世家》 魏惠王三十一年秦商君伐我，虜我將公子卬。③《六國年表》	
《竹書紀年》：梁惠成王三十年，秦封衛鞅於鄔，改名曰商。 《水經·濁漳水注》④	孝公二十二年封鞅爲列侯，號商君。⑤ 《秦本紀》 （孝公二十二年）封大良造商鞅。⑥ 《六國年表》	
與魏戰岸門。 《秦本紀》索隱 雷學淇《考訂竹書紀年》卷六作"與秦戰岸門"，改"魏"爲"秦"，《存真》《輯校》同。案應爲惠成王三十一年。⑦	孝公二十二年，封鞅爲列侯，號商君。二十四年，與晉戰雁門。⑧《秦本紀》 秦孝公二十三年與晉戰岸門。⑨《六國年表》 案：《六國年表》中秦孝公二十三年爲惠王三十二年。	

從上表可以看出，魏惠王前元三十五年的十四件記載相同的事蹟中，《史記》延後一年的有九件，延後二年的有三件，沒有時間相合者。其中延誤二年者都是戰爭，推斷爲戰爭持續二年。

表中第一條的"日蝕"，《史記·六國年表》記載的是"日蝕"，《古本

① 方詩銘、王修齡：《古本竹書紀年輯證》，《魏紀》，第 85 頁。
② ［漢］司馬遷：《史記》卷四十四《魏世家》，第 2232 頁。
③ ［漢］司馬遷：《史記》卷十五《六國年表》，第 875 頁。
④ 方詩銘、王修齡：《古本竹書紀年輯證》，《魏紀》，第 88 頁。
⑤ ［漢］司馬遷：《史記》卷五《秦本紀》，第 257 頁。
⑥ ［漢］司馬遷：《史記》卷十五《六國年表》，第 876 頁。
⑦ 方詩銘、王修齡：《古本竹書紀年輯證》，《魏紀》，第 90 頁。
⑧ ［漢］司馬遷：《史記》卷五《秦本紀》，第 258 頁。
⑨ ［漢］司馬遷：《史記》卷十五《六國年表》，第 877 頁。

竹書紀年》記載的是"晝晦"。"晝晦"有日蝕之意，古書中常常將"日蝕""晝晦"連用，如《六國年表》："秦厲共公三十四年，日食晝晦。"可見兩種文獻所記當爲同一件事。關於這次日蝕，《六國年表》記載的時間是獻公十六年即魏惠王二年（前369），《古本竹書紀年》記載的時間是魏惠王元年。這次日蝕發生在公元前369年4月11日，不存在曆法不同而導致年份計算混亂的問題。根據天文推算，《史記》所載魏惠王紀年誤多一年。《史記》之所以誤多一年，實際是將魏惠王元年提前一年到公元前370年所致。

《史記》關於魏惠王紀年的記載，誤多一年。實際上魏惠王前元爲三十五年。但親自見過《紀年》的杜預在《春秋經傳集解後序》卻說："古書《紀年篇》：惠王三十六年改元，從一年始，至十六年而稱惠成王卒，即惠王也。疑《史記》誤分惠成之世，以爲後王年也。"這個描述比較含混，不如荀勗之說明確。但荀、杜二人既然同時參與整理《紀年》，二者所言不應有異。故我們採用荀勗說，認爲惠王當於其執政第三十六年改稱後元元年，即魏惠王的前元祇有三十五年。

將《史記》與《紀年》比較，會發現凡魏惠王改元至襄王即位前，年次基本相合，從而證明魏惠王前元的確祇有三十五年。我們將這段史實記載清單對比如下：

竹書紀年	史記	
《紀年》：鄭昭侯武薨，次威侯立。 《韓世家》索隱 案：《存真》《輯校》列於惠成王後元二年。①	昭侯卒，果不出此門。子宣惠王立。② 《韓世家》 昭侯卒，果不出此門。子宣惠王立。③《六國年表》 案：《六國年表》中昭侯二十六年卒，當魏襄王二年，實即魏惠王後元二年。	

① 方詩銘、王修齡：《古本竹書紀年輯證》，《魏紀》，第90頁。
② ［漢］司馬遷：《史記》卷四十五《韓世家》，第2253頁。
③ ［漢］司馬遷：《史記》卷十五《六國年表》，第878頁。

竹書紀年	史記	
威侯七年，與邯鄲圍襄陵。五月，梁惠王會威侯於巫沙。十月，鄭宣王朝梁。《韓世家》索隱 案：《存真》《輯校》列於惠成王後元九年。①	《秦本紀》："（秦惠文君）十三年四月戊午，秦君爲王，韓亦爲王。"②（惠文君十三年當鄭威侯八年） 案：《六國年表》中威侯八年，當襄王十年即惠王後元十年。	案："十月已稱鄭宣王"，據考證應該不是在宣王七年。
《竹書紀年》：十年，齊田胐及邯鄲、韓舉戰於平邑，邯鄲之師敗逋，獲韓舉，取平邑、新城。《水經·河水注》 又《紀年》云：其敗當韓威王八年。《韓世家》索隱③	《韓世家》：（宣惠王）八年，魏敗我將韓舉。《六國年表》韓宣惠王八年亦書"魏敗我韓舉"。是韓舉明爲韓將。 案：韓惠宣王即韓威侯。④	
梁惠王後元十三年四月齊威王封田嬰於薛。十月，齊城薛。嬰初封彭城。《孟嘗君列傳》索隱⑤	（齊）宣王卒，湣王即位。即位三年，而封田嬰於薛。（《孟嘗君列傳》)⑥ 〔湣王〕三年封田嬰於薛。⑦《田敬仲完世家》 三年封田嬰於薛。⑧《六國年表》	今案：梁惠王後元十三年，據《六國年表》，爲襄王十三年，即齊湣王二年，與《孟嘗君列傳》稱湣王即位三年而封田嬰於薛相合。《田世家》及《六國年表》作湣王三年，則延後一年。

    比較以上四例，除了第二例有一年之差以外，《史記》與《竹書紀年》中的記載全部相符。因爲第二例中《索隱》有誤記之嫌，所以不予考慮。三條記載的時間相合，説明魏惠王應當在其在位第三十六年改元。

    將上文中列舉的史實相互對照，可知《史記》中司馬遷將魏惠王即位

---

    ① 方詩銘、王修齡：《古本竹書紀年輯證》，《魏紀》，第91頁。
    ② 〔漢〕司馬遷：《史記》卷五《秦本紀》，第260頁。
    ③ 方詩銘、王修齡：《古本竹書紀年輯證》，《魏紀》，第92頁。
    ④ 〔漢〕司馬遷：《史記》卷四十五《韓世家》，第2254頁。
    ⑤ 方詩銘、王修齡：《古本竹書紀年輯證》，《魏紀》，第93頁。
    ⑥ 〔漢〕司馬遷：《史記》卷七十五《孟嘗君列傳》，第2861頁。
    ⑦ 〔漢〕司馬遷：《史記》卷四十六《田敬仲完世家》，第2299頁。
    ⑧ 〔漢〕司馬遷：《史記》卷十五《六國年表》，第881頁。

的年份提前一年，并且司馬遷將"魏惠王三十六年改元"誤記爲"三十六年卒"，讓人誤解爲惠王"前元"有三十六年。實際上魏惠王"前元"的時間是從公元前 369 年到公元前 335 年，祇有三十五年。

四、魏惠王在位年世及後元年數

魏惠王前元爲三十五年，并於第三十六年改元稱後元元年。那麼魏惠王後元爲多少年？欲探討後元年數，需要考察魏惠王在位總年數。下面我們根據《古本竹書紀年》的記載探討魏惠王在位總年數。

《魏世家》集解引荀勖曰：

> 和嶠云："《紀年》起自黄帝，終於魏之今王。'今王'者，魏惠成王子。案《太史公書》惠成王但言惠王，惠王子曰襄王，襄王子曰哀王。惠王三十六年卒，襄王立十六年卒，並惠、襄爲五十二年。今案古文，惠成王立三十六年，改元稱一年，改元後十七年卒。《太史公書》爲誤分惠成之世，以爲二王之年數也，《世本》惠王生襄王，而無哀王，然則今王者魏襄王也。①"

即魏惠王"前元"爲三十五年，"後元"爲十七年，共在位五十二年。

因爲和嶠、荀勖皆爲魏、晉之人，參加整理過《汲塚竹書》，所以他們所述《古本竹書紀年》中關於魏惠王紀年的記載應當可信。但他們的説法與杜預的説法存在偏差。依杜預之説，魏惠王"後元"年數爲十六年，再加上"前元"的三十五年，共計是五十一年，與我們上文的結果相比少一年。關於這個問題，清代學者雷學淇在《考訂竹書紀年》中說："《後序》'十六年'，'六'字自是'七'字之訛，乃鈔録鈔刻者有誤也。……今從和氏説校正。②"雷氏改"六"爲"七"以對應《集解》引文，雖是一種没有確切證據的推測，但也不失爲一種解釋。而要證明這個觀點，就需要通過魏惠王之子魏襄王的年世進行判斷。

將《史記》與《紀年》比較，可以發現魏襄王即位後的年份，《史記》中的年次誤多一年。列表如下：

---

① ［日］瀧川資言考證，楊海崢整理：《史記會注考證》卷四十四《魏世家》，上海古籍出版社，2015 年，第 2314 頁。

② ［清］雷學淇校訂：《考訂竹書紀年》卷二，潤身堂藏板，清光緒九年，第 272 頁。

竹書紀年	史記	
（今王）四年，齊人禽子之而醢其身也。 《燕世家》集解 方詩銘案：金文有《陳璋壺》，銘爲："隹主五年，奠易（陽）陳旻（得）再立事歲，孟冬戊辰，大臧戈孔陳璋内（入）伐匽（燕）亳邦之只（獲）。"所記爲齊伐燕之役，陳璋入燕都，獲此戰利品。陳夢家以"隹主五年"爲宣王之五年。①	《燕世家》：王因令章子將五都之兵，以因北地之眾，以伐燕。士卒不戰，城門不閉，燕君噲死，齊大勝，燕子之亡。②	案：因《史記》齊宣王年世誤差過大，故根據陳夢家《六國紀年》和萬國鼎《中國歷史紀年表》的考證，齊宣王五年爲公元前 314 年，即《紀年》中魏襄王五年。
徐廣曰：《紀年》於此亦説"楚景翠圍雍氏。韓宣王卒。秦助韓共敗楚屈丐。"又云："齊、宋圍煮棗。"《韓世家》集解《輯證》云："韓宣王二十一年卒，當魏襄王六年，應係於此。"③	十三年，庶長章擊楚於丹陽，虜其將屈匄，斬首八萬，又攻楚漢中，取地六百里，置漢中郡。楚圍雍氏，秦使庶長疾助韓而東攻齊。④	案：據《六國年表》秦惠文王後十三年當魏襄王七年。
《紀年》：魏襄王七年，秦王來見於蒲阪關。四月，越王使公師隅來獻乘舟，始罔及舟三百，箭五百萬，犀角象齒焉。《水經·河水注》⑤	魏哀王六年與秦會臨晉。⑥《魏世家》 魏哀王六年與秦會臨晉。⑦《六國年表》 案：魏哀王即《竹書》中襄王，亦即今王。	案：蒲阪關，一名蒲津關，在河東縣西四里。《通鑒》："宋大中祥符四年，改爲大慶關。⑧ [考證]：臨晉，今陝西同州府。⑨ 蓋二者實爲一地。

① 方詩銘、王修齡：《古本竹書紀年輯證》，《魏紀》，第 93 頁。
② [漢]司馬遷：《史記》卷三十四《燕召公世家》，第 1953 頁。
③ 方詩銘、王修齡：《古本竹書紀年輯證》，《魏紀》，第 94 頁。
④ [漢]司馬遷：《史記》卷五《秦本紀》，第 268 頁。
⑤ 方詩銘、王修齡：《古本竹書紀年輯證》，《魏紀》，第 96 頁。
⑥ [漢]司馬遷：《史記》卷四十四《魏世家》，第 2237 頁。
⑦ [漢]司馬遷：《史記》卷十五《六國年表》，第 882 頁。
⑧ [北魏]酈道元著，陳橋驛校證：《水經注校證》卷四《河水》，中華書局，2013 年，第 99 頁。
⑨ [日]瀧川資言考證，楊海崢整理：《史記會注考證》卷四十四《魏世家》，第 2316 頁。

竹書紀年	史記	
（張儀）今王九年五月卒。《張儀列傳》索隱①	秦武王二年張儀死於魏。②《秦本紀》 魏哀王十年張儀死。③《魏世家》 二年，張儀死於魏。④《六國年表》 秦武王元年儀重至魏。張儀相魏歲，卒於魏也。⑤《張儀列傳》 案：《六國年表》中秦武王元年，當哀王九年。	
《竹書紀年》：魏襄王十二年，秦公孫爰率師伐我，圍皮氏，翟章率師救皮氏圍。疾西風。《水經·汾水注》⑥	魏哀王十三年秦擊皮氏，未拔而解。⑦《六國年表》 （秦）昭王元年還擊皮氏，皮氏未降，又去。⑧《樗里子列傳》 案：《六國年表》中秦昭王元年，當哀王十三年。	案：睡虎地秦簡《大事記》記載"攻皮氏"於昭王二年。此役或延續二年，並非僅在一年之内。
《紀年》云：十三年，秦内亂，殺其太后及公子雍、公子壯。《穰侯列傳》索隱⑨	《秦本紀》：（昭王二年）庶長壯與大臣諸公子爲逆，皆誅，及惠文后皆不得良死。⑩ （昭王二年）彗星見，桑君爲亂誅。⑪《六國年表》 案：《六國年表》中秦昭王二年當哀王十四年。	

魏惠王紀年考

---

① 方詩銘、王修齡：《古本竹書紀年輯證》，《魏紀》，第 99 頁。
② ［漢］司馬遷：《史記》卷五《秦本紀》，第 269 頁。
③ ［漢］司馬遷：《史記》卷四十四《魏世家》，第 2238 頁。
④ ［漢］司馬遷：《史記》卷十五《六國年表》，第 883 頁。
⑤ ［漢］司馬遷：《史記》卷七十《張儀列傳》，第 2801 頁。
⑥ 方詩銘、王修齡：《古本竹書紀年輯證》，《魏紀》，第 101 頁。
⑦ ［漢］司馬遷：《史記》卷十五《六國年表》，第 885 頁。
⑧ ［漢］司馬遷：《史記》卷七十一《樗里子甘茂列傳》，第 2814 頁。
⑨ 方詩銘、王修齡：《古本竹書紀年輯證》，《魏紀》，第 103 頁。
⑩ ［漢］司馬遷：《史記》卷五《秦本紀》，第 270 頁。
⑪ ［漢］司馬遷：《史記》卷十五《六國年表》，第 886 頁。

以上五例中，除了第二例中《史記》比《古本竹書紀年》少一年，其餘條目中《史記》皆比《古本竹書紀年》誤多一年。上一節魏惠王“後元”的表中《史記》與《紀年》的年份基本一致，但本表年份又出現了偏差，問題可能出在魏惠王卒年上。

《史記》中魏襄王（實爲魏惠王）的卒年是公元前319年，以《六國年表》中魏惠王即位於公元前370年計算，魏惠王共執政五十二年。從《穰侯列傳》《韓世家》索隱所引《古本竹書紀年》來看，魏襄王元年是從周慎靚王四年（前317）開始的。由此推之，魏惠王實際上應卒於公元前318年，魏惠王“後元”總計十七年，與和嶠、荀勖的説法相合。因《史記》記載魏襄王（實爲魏惠王）卒年比《竹書紀年》早一年，故《史記》中魏哀王（實即魏襄王）的年世與《竹書紀年》中今王（即魏襄王）的年世又相差一年，即《史記》誤多一年。因《史記》記載魏襄王（實爲魏惠王）卒年比實際魏惠王卒年早一年，故魏惠王後元當是十七年，比《史記》所記載多一年。因此，魏惠王在位共計五十二年，魏惠王“後元”之世爲十七年。

結　論

總結以上，通過《史記》與《古本竹書紀年》關於魏惠王年世的對讀，可知魏惠王元年應當在周烈王七年，前元共計三十五年。魏惠王在位的第三十六年改元，這一年即後元元年，在周顯王三十五年。後元十七年魏惠王卒，次年魏襄王即位，這一年爲周慎靚王四年。魏惠王在位時間總計五十二年，即從公元前369年到公元前318年。

（作者單位：山東大學尼山學堂）

以自覺之"德"合乎自然之"性"

——論《莊子》"德""性"之同異

馬雨豪

摘　要:"人性論"乃是先秦思想中的一個重要命題,而《莊子》内篇中未出現一處"性"字,"性"字僅出現于外雜篇中,是一獨特的現象。故而,一些學者如徐復觀先生主張將《莊子》中的"德"與當時流行的"性"的概念相等同。而另有學者如王玉彬教授認爲,《莊子》内七篇中刻意采用"德"而不言"性",正是對時人探討"性"的路數的拒絕。此兩種觀點皆有可取之處,但都主張《莊子》不言"性",而無視了《莊子》外雜篇中出現的"性"與"德"并舉的情況。事實上,在《莊子》外雜篇中有許多對"德""性"關係的重要探討,其中,"性"與"德"既存在共同之處,即都表示一種個體本真的自然天性,也同樣存在明顯的差異,即"性"側重於強調自然的、被動的一面,而"德"側重於強調自覺的、主動的一面。正是在此異同關係的基礎上,《莊子》提出"性修反德"的總功夫論,即將性視爲人修德的基礎與目的,將德視爲人復歸本性的實現途徑,并通過"恬"與"知""交相養"來具體地助人抵達於至德的境界,最終引導天下回歸"至德之世"。通過對"德"與"性"關係的辨析,可知《莊子》之"德"的深刻内涵正在於要求個體自覺地依循自然本性而行動。

關鍵詞:《莊子》　性　德　性修反德

在《莊子》一書中,"性"字僅出現於外雜篇中,而於内七篇中無一處"性"字。對此種獨特的現象,徐復觀先生認爲:"《莊子》内七篇雖然没有'性'字,但正與《老子》相同,内七篇中的'德'字,實際便是

'性'字"①、"不僅在根本上，德與性是一個東西，并且在文字上，也常用在一個層次，而成爲可以互用的"②。這一種説法存在值得討論的地方，根據徐復觀先生的考證，"'性'字的流行，乃在戰國初期以後"，③ 據此解釋《老子》中不言性的原因，是比較充分的。但根據《史記·老子韓非列傳》記載，"周嘗爲蒙漆園吏，與梁惠王、齊宣王同時"④，可知《莊子》大約成書於戰國中後期，此時 "性" 的概念應當已經流行開來。所以，《莊子》內篇中祇言 "德" 而不言 "性"，應當有其特殊的考量，二者存在有某種不能輕易混淆的差别。在此基礎上，王玉彬教授則通過對比《莊子》與同時期流行的主張，試圖指出《莊子》之 "德" 的內涵不僅不同於當時流行的 "性"，而且是有意識地 "對前人及時人言 '性' 路數的反思與拒絶"。⑤

以上兩種觀點有其可取之處，但不全面。在許多處，《莊子》言 "德" 與 "性" 是從 "生之謂性" 的意義上來説的，皆是關於每一個體的本真的自然天性，因此有相同之處。而《莊子》言 "德"，也與同時期諸如 "性善" "性惡" 等試圖爲性確立一個價值規範的做法不同，乃是着眼於自然本性之 "真"，的確不同於流行的 "性" 的概念。但是，二位學者僅僅從內篇出發，而忽視在《莊子》外雜篇中出現的許多處 "性" 字，以及 "性" "德" 并舉的情况。

本文認爲，《莊子》內外雜篇中的 "性" 與 "德" 之間既有共同之處，也有差異之處。二者相同之處，即在於《莊子》的 "德" 與 "性" 都指每一個體的本真的自然天性，這種天性没有先在的善惡之分，祇有真僞之别。這一點與兩位學者的觀點并無二致。但是，《莊子》外雜篇中更有明確并舉 "性" 與 "德" 以凸顯二者差異的段落，説明在《莊子》的思想體系中，"德" 與 "性" 有着不可混淆的差異。這些關於 "德" 與 "性" 的書寫同樣是《莊子》人性論的重要組成部分，不僅有利於與同時期的人性論觀點作橫向比較，也有利於通過澄清 "德" 與 "性" 之間的差異，對《莊子》人性論有一更加全面、透徹的理解，因此不應被忽視。

---

① 徐復觀：《中國人性論史·先秦篇》，九州出版社，2014 年，第 336 頁。

② 徐復觀：《中國人性論史·先秦篇》，第 341 頁。

③ 徐復觀：《中國人性論史·先秦篇》，第 296 頁。

④ ［漢］司馬遷撰，［宋］裴駰集解，［唐］司馬貞索隱，［唐］張守節正義：《史記》卷六十三《老子韓非列傳第三》，中華書局，2013 年，第 2594 頁。

⑤ 王玉彬：《"德" "性" 之辨——〈莊子〉內篇不言 "性" 釋義》，《哲學研究》2017 年第 12 期，第 66 頁。

綜上，本文力圖綜合《莊子》内外雜篇，對"性"與"德"之間的異同進行梳理與對比，以進一步澄清《莊子》獨特的人性論與功夫論，爲闡明《莊子》哲學的歸宿及功夫方法提供一條新的探索路徑。

一、"德""性"之同——個體自身的本真狀態

（一）性與德都指未受干涉的本然狀態

《莊子》在外雜篇中言及"性"，主要還是依從"生之謂性"的解釋，如《庚桑楚》篇中："性者，生之質也。"① 這種生來具有的事物本性，一經擾動便會喪失："性之動，謂之爲；爲之僞，謂之失。"② "德"亦有這一層意思，并且與"性"的含義基本一致。《莊子》中有兩處同時提及"性"與"德"，分別取象水與民衆的本然狀態，以説明"性"與"德"的此種本真性：

> 水之性，不雜則清，莫動則平，鬱閉而不流，亦不能清，天德之象也。③
>
> 彼民有常性，織而衣，耕而食，是謂同德。④

不需要人爲擾動，水當流則流、當平則平；不需要人爲引導，人民就會織衣耕地自求生存。就指人的不受干擾的原初本性這一層意義而言，《莊子》的"性"與"德"并没有根本的分别。

（二）性與德都超越善惡而無普遍本質

若與同時期思想家的人性論做對比，則會發現他們多以"善惡"言性，也就是規定了性具有某種受價值規範的本質。而縱觀《莊子》文本，無一處將"善惡"與"性"或"德"并舉，而是强調性的"真"，即如其所是的本然面貌。如前文言"同德"，是從事實層面出發，描述了人民的本然生活狀態，并未對人民的此種生活方式作出刻意的價值評判。所以，有學者認爲，若説儒家是"以善（惡）論人性"，道家就是"以真（僞）論人性"⑤，或者説，"以真僞論德"，實則并未對性作一個價值規定。如《馬

①　[清]郭慶藩撰，王孝魚點校：《莊子集釋》卷八上《庚桑楚第二十三》，中華書局，2012 年第 3版，第 804 頁。

②　[清]郭慶藩撰，王孝魚點校：《莊子集釋》卷八上《庚桑楚第二十三》，第 804 頁。

③　[清]郭慶藩撰，王孝魚點校：《莊子集釋》卷六上《刻意第十五》，第 544 頁。

④　[清]郭慶藩撰，王孝魚點校：《莊子集釋》卷四中《馬蹄第九》，第 342 頁。

⑤　陳静：《"真"與道家的人性思想》，《道家文化研究》1998 年第 00 期，第 79 頁。

蹄》篇中，莊子祇描述了馬之"真性"：

> 馬，蹄可以踐霜雪，毛可以禦風寒，齕草飲水，翹足而陸。此馬之真性也。①

一旦以"善惡"來定義自然本真的性，就是在試圖建構出一種普遍的性，并且要求萬物據此外在標準來塑造自身。然而，善惡等等價值判斷都出自於個人，每個人都"隨其成心而師之"②，因此善惡的標準實則不具有普遍性。

強行以某種主觀的"善惡"標準來改造外物，導致的是對本性的戕害。比如自稱善於治馬的伯樂，按照某種善的標準來強行改造馬，實則是害馬：

> 及至伯樂，曰："我善治馬。"燒之剔之，刻之雒之，連之以羈馽，編之以皁棧，馬之死者十二三矣；飢之，渴之，馳之，驟之，整之，齊之，前有橛飾之患，而後有鞭筴之威，而馬之死者已過半矣。③

放在人身上，亦是如此。曾子、史魚等人將"仁義"這類價值取向作爲天下人的性，同樣是"殘生損性"④。王玉彬教授認爲，"'善惡'這種二元對立且非此即彼的道德意識不但無法將生命的全部價值或終極意義和盤托出，甚至還會異化爲阻礙道德意識之真實呈現的反作用力"⑤。所以，《莊子》反對以所謂"善惡"來規範、限製、殘害人民的淳樸真性，而是主張"素樸而民性得矣"⑥，人民各自順隨自身真性即可，反對"善惡"之僞。

《莊子》中的德亦是否認某種先在的價值本質：

> 自事其心者，哀樂不易施乎前，知其不可奈何而安之若命，德之至也。⑦

無情、安命，皆是要求順應萬事萬物的本然面貌，而否認人有一預設的價值追求。倘若人先在的有一善惡追求，便執着於此，不可能做到"安"。

---

① ［清］郭慶藩撰，王孝魚點校：《莊子集釋》卷四中《馬蹄第九》，第338頁。
② ［清］郭慶藩撰，王孝魚點校：《莊子集釋》卷一下《齊物論第二》，第61頁。
③ ［清］郭慶藩撰，王孝魚點校：《莊子集釋》卷四中《馬蹄第九》，第338頁。
④ ［清］郭慶藩撰，王孝魚點校：《莊子集釋》卷四上《駢拇第八》，第330頁。
⑤ 王玉彬：《"德""性"之辨——〈莊子〉內篇不言"性"釋義》，《哲學研究》2017年第12期，第68頁。
⑥ ［清］郭慶藩撰，王孝魚點校：《莊子集釋》卷四中《馬蹄第九》，第344頁。
⑦ ［清］郭慶藩撰，王孝魚點校：《莊子集釋》卷二中《人間世第四》，第161頁。

張岱年先生認爲，道家性論可以説是"無善無惡論"或"性至善論"，但究竟言之，應論定爲"性超善惡論"。①超於善惡，即不以某種先在的價值規範來定義、限制"德""性"的本真内涵，而是要求還原其完整的本然面貌。

（三）外在的價值規範遮蔽了天然的性與德

性與德并不具有某種先在的普遍的價值本質，因此每一個體的性與德，在最本然的狀態下，都是内在於自身的。而一旦所謂"聖人"治理天下，試圖用某一價值標準限定人性時，人就同時背離了自身的淳樸本質，人性發生了變化：

> 蹩躠爲仁，踶跂爲義，而天下始疑矣；澶漫爲樂，摘僻爲禮，而天下始分矣。②

這些外在的價值規範扭曲了人性的真實面貌，使得天下人不能安於自己的天性，而是去迎合外在的、世俗的價值規範。隨着時間的積累，人最終會爲了適應外在而自發地行僞。比如馬，原先順應本性自由的生活，毫不虛僞做作，可爲了反抗伯樂的拘束，如"協同進化"那般生發出與之對抗的智巧，終於背離其淳樸本性：

> 夫加之以衡扼，齊之以月題，而馬知介倪闉扼鷙曼詭銜竊轡。③

同樣，"聖人"制定仁義禮法，也導致人争相追逐仁義的虛名，致使人的樸素本性爲功利算計之心所取代，人與人的關係也變得虛僞狡詐、充斥着鬥争與掠奪，最終導致天下大亂。

> 及至聖人，屈折禮樂以匡天下之形，縣跂仁義以慰天下之心，而民乃始踶跂好知，争歸於利，不可止也。此亦聖人之過也。④

至此可以看出，《莊子》中的"性"與"德"皆指一種自然的狀態。此種狀態是萬事萬物天生本然所是的，并不能以諸如"善惡"的外在標準加以限製。可是，如果把《莊子》中的"性"與"德"僅僅理解至此，就會出現新的問題。此種本然狀態并不是穩固的，儘管人在至初時皆是同於本性，但在生命的具體開展中，本性卻會遭受遮蔽與破壞。就連馬兒都會在與伯樂的對抗中生發出虛僞之心而背離本性，更不必説作爲具有更多自

以自覺之「德」合乎自然之「性」

---

① 張岱年：《中國哲學大綱》，商務印書館，2015 年，第 317 頁。
② ［清］郭慶藩撰，王孝魚點校：《莊子集釋》卷四中《馬蹄第九》，第 344 頁。
③ ［清］郭慶藩撰，王孝魚點校：《莊子集釋》卷四中《馬蹄第九》，第 347 頁。
④ ［清］郭慶藩撰，王孝魚點校：《莊子集釋》卷四中《馬蹄第九》，第 349 頁。

我意識與智巧的人，在面對世俗的熏染時，會更容易背離自身淳樸本性，汲汲於外物從而損害本性與生命。一味地消極地從本然狀態來言"性"與"德"，祗會試圖消解人的主體性，但這實則并非《莊子》的意圖。相反，《莊子》重視人的主體性，并正是要通過發揮自身的主體性，人纔能以一股積極的力量使自身重新復歸於本性之真，保守住真性。而在人的主體性的層面來對"性"與"德"的含義加以觀察，二者的差別便凸顯了出來。

二、德性之異——自然之性與自覺之德

（一）德是對具體生命開展的積極肯定

通常而言，《莊子》會認爲，屬於本真的性都應是值得追求的、值得守護的。但在《駢拇》篇中，卻明確地指出了"性"與"德"的一處分歧：

> 駢拇枝指，出乎性哉！而侈於德。附贅縣疣，出乎形哉！而侈於性。多方乎仁義而用之者，列於五藏哉！而非道德之正也。①

"性"，本無善惡之分，是自然如其所是的，爲何卻有"駢拇枝指""侈於德"這一包含有強烈的價值判斷的說法？王夫之對此作出了較爲精到的解釋："生而有者曰性。所宜得乎天而利用者曰德。"②

人的生命不是一潭死水，而是一生生的開展過程。性，是就人之初的自然本性而言，此時生命尚未開展，未受到主體的觀照，因此無善惡好壞的價值之分；德，則是就性落入了人生命的具體展開之中而言的，關於某種"利用"，此時人已經有了對生命的自覺。"駢拇枝指"就其出於性而言是無所謂侈的，但對於生命的具體展開而言卻成了累贅，因此雖出於"性"而不稱爲"德"。當然，此處的駢拇枝指祗是一種借喻，其論述的重點落在對仁義的批判上。仁義雖出乎人性，"列於五藏"，卻不是"道德之正"③，反而妨礙了人的生命，因此是需要摒棄的。這一點將在下文進一步說明。

此處，《莊子》實則提出了兩點對於"德"的要求。其一，"德"是立足於具體的生命開展之中，是有意識的、自覺的品質。真性雖爲生命的基礎與歸宿，但并非僅僅被動地爲人所承受。人應以對生命開展的積極肯定爲考慮基準，自覺地維護本性不受染污，使生命得以依循真性開展。其二，

① ［清］郭慶藩撰，王孝魚點校：《莊子集釋》卷四上《駢拇第八》，第317頁。
② ［清］王夫之：《莊子解》，中華書局，1964年，第77頁。
③ ［清］郭慶藩撰，王孝魚點校：《莊子集釋》卷四上《駢拇第八》，第317頁。

每一個體的生命體驗都是獨特的，因此有助於每一個體生命開展的"德"也是具體的、獨特的，并不能應用某種普適的"德"的價值規範來限制個體生命的自然延展。對於每一主體，都應自覺地尊重自身與他人各自的德。此兩處便是"德"不同於"性"的積極要素，下文將依次展開陳述。

（二）德是立足本性的自覺修爲

對於物而言，在完全的自然狀態下必然是順應本性的，如前文提到的水。但水的"靜"的狀態乃是"天德"之至，可否同等稱之爲"人德"呢？有學者認爲，"從根本上說，性出自天，而德源自道。天與道兩者，究極而言，區別在於：天更多地指本然根源性，道則更多意指存在及其生化的過程性與秩序性。"① 也就是說，天生成的性"一成永成"，而道生成的德是始終處於生生變化中的。因此，"德"之於人，并不是完全的"靜"，而是包含了生生運動的自覺行爲。

從這一角度來看，駢拇枝指雖出自性，卻不利於人行走、抓取；仁義雖出於五臟，曾子、史魚卻以一己之仁義爲普遍之德，令天下人汲汲於本性所不及之物。它們雖出乎性，卻在生命的開展中反噬本真的性，阻礙了生命的自然開展。故而，人不能放任這些"侈於德"的成分對本性的遮蔽。

本性作爲人的理想狀態與歸宿，但在生命的具體開展中卻可能會發生濫用與遮蔽，這需要人自覺地保持自身處於最適合生命延展的本然的狀態。在生命開展中，人應意識到那使得自身生命順利開展的本然之性所是，自覺地摒棄對生命、對本性有害的成分，并守持自身本性不爲各種外欲所遮蔽。

值得注意的是，自覺的根本是嚴格立足於自然的。自覺絕不意味着人爲設計規則或目的，如許多人以世俗標準的"仁義"爲性，勉強自己去成爲"聖人"，實則背離了自然本性，絕非《莊子》支持的"自覺"。真正的自覺，乃是"觀於天而不助，成於德而不累"② 的"無爲"精神。要做到自覺，就要以自然真性作爲生命的歸宿并自覺守護真性而不妄爲。

（三）德是對個體獨特本性的自覺尊重

同時期的思想家如孟子，大多是在強調人性有其普遍的標準，進而制定普適的仁義禮法來規範人的行爲，讓人成爲"至善本性"下所塑造的完

---

① 趙帥鋒、郭美華：《仁義對道—德的礙阻與中斷——論〈莊子·駢拇〉對仁義的批判》，《諸子學刊》2019 年第 2 期，第 83 頁。

② ［清］郭慶藩撰，王孝魚點校：《莊子集釋》卷四下《在宥第十一》，第 405 頁。

美的聖人。而在《莊子》看來，仁義不是普遍的真性，物物各有其"正"，并不存在一個普遍適用的"正"：

> 且吾嘗試問乎女：民溼寢則腰疾偏死，鰌然乎哉？木處則惴慄恂懼，猨猴然乎哉？三者孰知正處？民食芻豢，麋鹿食薦，蝍蛆甘帶，鴟鴉耆鼠，四者孰知正味？猨猵狙以爲雌，麋與鹿交，鰌與魚游。毛嬙麗姬，人之所美也，魚見之深入，鳥見之高飛，麋鹿見之決驟。四者孰知天下之正色哉？自我觀之，仁義之端，是非之塗，樊然殽亂，吾惡能知其辯！①

萬物各自具有其生理特徵，有其獨特的喜好與厭惡。《莊子》將之類比於每一個體之"德""性"，認爲每個人都有各自的性，任何一種被制定的"共性"，實則都是個人將自己的想法強加給他人的暴力。就如《至樂》篇中的魯侯，以自己的想法來養鳥，最終祇會害死了鳥：

> 昔者海鳥止於魯郊，魯侯禦而觴之於廟，奏九韶以爲樂，具太牢以爲膳。鳥乃眩視憂悲，不敢食一臠，不敢飲一杯，三日而死。此以己養養鳥也，非以鳥養養鳥也。②

同樣的，即使是出於善意，試圖將自以爲善的仁義加諸天下人，實是踐踏了天下人的性。《莊子》要求人們不以自己的是非爲普遍的是非，而是充分尊重每一個體自身的真性，因爲每一個體的性對於自身而言都是自足的，"鷦鷯巢於深林，不過一枝；偃鼠飲河，不過滿腹"③，而任何外加的性都是一種"越俎代庖"的僭越。

所以，能夠合於德的人，一方面能自覺守持自身本性而不爲外界影響而動搖，同時也自覺地尊重他人之性，不以自身的標準來要求他人。

守持己性，就是不因爲外物影響受試圖改變己性。倘若羨慕他人之性而試圖"學性"，祇會迷失本性而終不知如何生存，如邯鄲學步之人一樣，連本來的行走方式，即自身的本性，都遺忘了，離德遠矣。

另一方面，真正的聖人不會試圖推行所謂仁義以改變個體的本性，而是讓天下人各自安於己性：

> 彼正正者，不失其性命之情。故合者不爲駢，而枝者不爲跂；長

---

① 〔清〕郭慶藩撰，王孝魚點校：《莊子集釋》卷一下《齊物論第二》，第98—99頁。
② 〔清〕郭慶藩撰，王孝魚點校：《莊子集釋》卷六下《至樂第十八》，第620頁。
③ 〔清〕郭慶藩撰，王孝魚點校：《莊子集釋》卷一上《逍遙游第一》，第27頁。

者不爲有餘，短者不爲不足。①

僅就每一個體的生命開展而言，粘合而生也未必就是"駢拇"，多生一指也未必是"枝指"，其究竟是不是病態，必須放在個體的生命開展中加以衡量，妨害了生命則"侈於德"，否則就是自足的，不必刻意視作多余或不足。然而，所謂的"仁人""聖人"總是試圖以某一普遍外在規範來塑造天下人，要求天下人都必須是五指，强行變易人性。可是，"且夫駢於拇者，決之則泣；枝於手者，齕之則啼"②，這一强行的變易帶來的卻是對個體的戕害，實則是背離了"德"的要求，是遠離真正的聖人境界的。故而有德之人，不僅守持本性，還能意識到本性對於每一個體都有其獨特之處，并且在價值上無高低之分，都應當受到尊重。

倘若天下都能夠真正做到尊重自身與他人的各自的"性"，這就是《莊子》中多次提到的"至德之世"③了。此"至德之世"，如《胠篋》中化用老子之言，"……當是時也，民結繩而用之，甘其食，美其服，樂其俗，安其居，鄰國相望，雞狗之音相聞，民至老死而不相往來"④，其中的"甘""美""樂""安"等詞，都是個體自覺地享受自然生活的體現。

至此，《莊子》提出了"性"與"德"兩重概念，二者互有重疊而側重不同，"性"重於被動的自然本質，"德"重於主動的自覺守性；"性"作爲生命開展的基本與歸宿，"德"作爲生命開展的自覺動力與自覺意識。正是在此基礎上，面對現實生命中人之於本性的背離，《莊子》立足於性，踐行以德，提出了"性修反德"的修爲功夫論。

三、德性一體——自覺地回歸自然本性

(一) 性與德在根本上是統一的

就單獨來看，性與德各有其不同側重，而從根本上而言，性與德是統一的。一言以蔽之，人生的最高追求在於自覺地回歸自然本性，并且這一

---

① ［清］郭慶藩撰，王孝魚點校：《莊子集釋》卷四上《駢拇第八》，第323—324頁。
② ［清］郭慶藩撰，王孝魚點校：《莊子集釋》卷四上《駢拇第八》，第325頁。
③ 如《馬蹄》篇中有"故至德之世，其行填填，其視顛顛""夫至德之世，同與禽獸居，族與萬物並，惡乎知君子小人哉"，見［清］郭慶藩撰，王孝魚點校：《莊子集釋》卷四上《駢拇第八》，第344頁。這一表述還可見於《胠篋》《天地》《盜跖》等篇，意義相近。
④ ［清］郭慶藩撰，王孝魚點校：《莊子集釋》卷四中《胠篋第十》，第366頁。

回歸乃是一更高層次的回歸：

性脩反德，德至同於初。①

從自然本性出發，自覺地修爲自身，并最終返歸於至德境界，而此至德境界是同於初、同於本性的。此種境界中的人的生命是與真性相同的，而不是刻意有心的有爲之"僞"，但此種回歸是自覺的、有意識的回歸，是建立在對本性有所透徹認識的基礎上的，因此雖言"同"，實則是更高層次的回歸。

"德""性"雖有差異，但祇是側重點不同，根本上都是服務於人如何開展生命的問題的。立足於性，踐行以德，方能達到至德的境界，這也正是《莊子》哲學的追求所在。

（二）個體回歸德的兩條路徑："知"與"安"

具體說來，如何回歸至德的境界？《莊子》給出了至德的一處定義："知其不可柰何而安之若命，德之至也。"② 這句話中包含了兩處要點，即"知"和"安"。此處的"知"，就是郭象所說的"明性分之適"③，即自覺地意識到性命之本然何在；"安"，即"安之若命"，也就是自覺地安於己性而不妄爲，不以巧智擾亂本性。

"知"與"安"之間的關係，在《繕性》篇中有更爲明確的討論：

古之治道者，以恬養知；知生而无以知爲也，謂之以知養恬。知與恬交相養，而和理出其性。④

"知"是就德的自覺性而言的，"恬"如同"安"，是就性的自然性而言的，二者共同指引了人抵達至德的方向，即自覺地回歸於自然的本性。

有學者認爲，"知"可進一步區分爲"物"與"道"兩個領域的知。⑤落在"物"上的知，是一種智巧之"知"，乃是《莊子》所反對的，也是真正的"知"所要摒棄的。在《莊子》看來，人的本性是自足的，但在對外物的追求中，欲望不斷被開啓，本性愈發地受到遮蔽。在漢陰丈人的寓言中，《莊子》說出"有機械者必有機事，有機事者必有機心"。⑥ 高效的

---

① ［清］郭慶藩撰，王孝魚點校：《莊子集釋》卷五上《天地第十二》，第430頁。
② ［清］郭慶藩撰，王孝魚點校：《莊子集釋》卷二中《人間世第四》，第161頁。
③ ［清］郭慶藩撰，王孝魚點校：《莊子集釋》卷一上《逍遥游第一》，第3頁。
④ ［清］郭慶藩撰，王孝魚點校：《莊子集釋》卷六上《繕性第十六》，第548頁。
⑤ 尚建飛：《性脩反德：莊子的德性理論》，《現代哲學》2015年第4期，第127頁。
⑥ ［清］郭慶藩撰，王孝魚點校：《莊子集釋》卷五上《天地第十二》，第439頁。

機械看似使人從繁重的勞動中得以解脱，卻也同時進一步開啓了人的欲望，使人越來越迷失於對外物的機巧算計中，失去了清净的本性。隨着本性的喪失、欲望的增加，此種"物知"逐漸演變成爲"争之器"①，成爲人與人之間相互鬥争的根源。并且，由於時空是變動不居的，并不存在對事物的絶對認識，因此在不同人、不同情境下對物的探求中，會形成各自不同的見解，進而如同儒墨二家，相互之間發生關於"是非"的争論。② 不論哪一派最終取得了勝利，都意味着對事物獨特的性的遮蔽與扭曲。總而言之，"物知"引向的是本性的喪失和人與人之間的争鬥，是有害於保守真性的。

與"物知"相對，通達於"道"的知，是回歸至德真性所需要的。"道知"體認的對象不是外在於人的事物，而是通於萬物的大道。由此，人能意識到事物各具一性而根本生源於道，纔會消解分别之心，不落入對個别事物的執着中，尊重萬事萬物并平等視之，從而不被欲望遮蔽真性。此外，道提供的是更爲廣闊的視野。在道的觀照下，人意識到外物認識的相對性與不確定性，從而不固執地以自己的"是"爲"是"，不將自身的主觀價值强加於外界，而是自覺順應自然本性行事，尊重萬事萬物的客觀差異而不作分别。如此，争鬥也得以平息。這正是《莊子》所推崇的知，要求人認識自身的自然本性，并學會守護與尊重萬物各自的本性，而不是落入功利算計之中，對事物產生偏執之心。

"恬"則是要求人回歸并守持自然本性，不因外物而生發妄念，側重於守静無爲。恬與知相輔相成，若是追求知而不守静，就容易落入"物知"而迷失於物；若不有"道知"，則不知當保守真性，不利於培養恬静的品質。二者需要"交相養"，如郭象所云，"知而非爲，則無害於恬；恬而自爲，則無傷於知"③，能共同服務於使人自覺地回歸自然本性的目的，有助於生命回歸至德境界。

（三）天下回歸德的政治構想：不治之治

個體層面的回歸，是建立在以"性"爲基礎，以"知"與"恬"交相養"德"的"性修反德"的功夫論上，而政治層面亦是如此。如前文所述，《莊子》反對儒家式的治理方法。不論是曾子、史魚所推行的仁義，孟

以自覺之「德」合乎自然之「性」

---

① ［清］郭慶藩撰，王孝魚點校：《莊子集釋》卷二中《人間世第四》，第141頁。
② 詳見［清］郭慶藩撰，王孝魚點校：《莊子集釋》卷一下《齊物論第二》，第61頁。
③ ［清］郭慶藩撰，王孝魚點校：《莊子集釋》卷六上《繕性第十六》，第549頁。

子性善論導向的仁政，還是荀子性惡論導向的禮治，都是依靠某種外在的、普遍的政治理念，并以此來塑造人性。此種做法試圖以單一的價值抹殺生命的多樣性，致使生命失去活力，反而進一步引發人性的下落，使人遠離淳樸本性而變得虛偽。《莊子》則要求充分尊重并守護每一個體所具備的獨特的德，推崇的不是舜的治理天下，而是泰氏的不治之治：

> 蒲衣子曰："而乃今知之乎？有虞氏不及泰氏。有虞氏，其猶藏仁以要人，亦得人矣，而未始出於非人。泰氏，其臥徐徐，其覺于于，一以己爲馬，一以己爲牛，其知情信，其德甚真，而未始入於非人。"①

舜代表的是儒家理想的君王，以仁義争取民心，受到人民擁戴，但他卻擅自劃分了仁與不仁的界限，從而憑借仁的名義討伐不仁，實則試圖推行自身單一的道德標準，擾亂天下萬物的自然本性；泰氏則超越是非之境，能做到"和之以天倪"② 的不治之治，任由天下萬物各順應其本性自由發展，最終實現的是"真"的"德"，而不是某種"善惡"。此乃是《莊子》所追求的終極政治理想，也是將"性修反德"推廣到天下後所應呈現的自然狀態，即萬物都能各自順應其性，不受妨害地自然地生活着。

四、結論

至此，本文梳理了"德"與"性"之間的異同。在《莊子》語境中，就同而言，二者都指稱個體獨有的本真狀態，都反對對自然本真的遮蔽與外界試圖強加的普遍規範。但這僅是就生命尚未展開的原初狀態而言的。而就生命是一具體的展開來看，二者又有所不同側重，"性"乃是人開展生命活動的客觀依據與歸宿，是静止的自然狀態，而"德"乃是是人之生命能夠順利開展的主觀要素，是具體的展開過程。有德之人纔能在有意識地維護生命的順利開展，在具體的生命中自覺地守護本性，并尊重萬物各自的本性，這需要人的積極性，但此種積極乃是"不助天"的、合乎自然的積極。

"德"與"性"在保全真性、抵達至德境界的功夫論中，是根本上同一的，凝練爲"性修反德"的方法。立足於性，踐行以德，并非單純被動

---

① [清]郭慶藩撰，王孝魚點校：《莊子集釋》卷三下《應帝王第七》，第293頁。
② [清]郭慶藩撰，王孝魚點校：《莊子集釋》卷一下《齊物論第二》，第114頁。

地放任自身，而是彰顯主體意識卻依循自然而行動，乃是自覺地合乎自然，是一種更高層次的回歸自然，由此人之生命纔能得以順利開展。就個體而言，當做到"知"與"恬"交相養；而就天下而言，作爲君主的聖人同樣應做到"知"與"恬"，不幹涉他人本性，而是以無爲的方式維護了天下每一個體生命的自然開展。

由此可以看出，《莊子》之哲學絕非完全消極的、放棄主體性的，而是反對人之妄爲。《莊子》之"德"的深刻含義要求人發揚自覺而合乎自然，達成對主客二體對立的調和，這正是"德""性"既有相同又有差別的關鍵所在。

（作者單位：山東大學哲學與社會發展學院）

《搜神記》人鬼婚戀故事的
"墓穴"意象解析

李連秀

摘　要：《搜神記》中人鬼婚戀故事多次出現"塚""墓"以及與之具有相似意義的"華堂""室宇""高門""府舍"等辭彙，姑且統稱之爲"墓穴"意象，以之爲核心，構成了與此緊密相聯的人鬼婚戀的"墓穴"故事，架構了鬼女與書生相戀的"墓穴"場景。"墓穴"作爲人鬼婚戀故事發生的場所，促成了以此爲核心的五種共同叙述模式，即鬼女與書生之間發生的身份懸殊、自薦枕席、不久分離、離別贈物、釋疑獲封。"墓穴"意象及場景，不僅建構了"墓穴"故事的整體架構，促成了一場人鬼殊途的愛戀，演繹了窮困書生的一場白日夢，而且反映了魏晋時期真實的社會狀况，尤其是九品中正制的政治制度、靈魂崇拜的巫風傳統、冥婚習俗和盛極一時的盗墓風氣。

關鍵詞："墓穴"意象　"墓穴"場景　叙事模式　九品中正制　靈魂崇拜

　　晋人干寶所撰《搜神記》中，有關婚戀題材的故事共四十則。其中人與異類相戀的故事有三十則。這類婚戀故事，汪龍麟師根據不同的婚戀對象，將其分爲三類：

　　第一類人神婚型，有十一則，即《河伯婿》《建康小吏》《如願》《園客》《杜蘭香》《董永》《弦超》《張璞》《蔣山祠》（三）《吳望子》《毛衣女》。該類婚戀故事，一般都是神女降臨人間，與世間男子成婚爲其表現形式，然而也有少數的神男娱悦塵俗女子的，如《吳望子》《張璞》等二則。第二類人鬼婚型，有九則，即《紫玉》《駙馬都尉》《漢談生》《崔少府墓》《汝陽鬼魅》《王道平》《河間郡男女》《賈文合》《鐘殊》，大多是人鬼長相廝守，而鬼女儼然爲世間温柔女子，也有鬼女與世間男子情緣難絶，然終因幽冥異途而乖離，其中後二則以鬼物惑人、陰森恐怖爲顯著特點。第三類人獸婚型，有十則，即《盤瓠》《女化蠶》《猳國馬化》《虞定國》《阿紫》《豬臂金鈴》《田璞》《蒼獺》《龜婦》《朱誕給使》等，前三則從神話衍變而來，但結局卻都是子孫興盛、族衆發達，同第一、二類婚戀故事有相同之處，後六則記怪物幻化爲人蠱惑世人而終顯原形。[1]

一、"墓穴"意象與"墓穴"故事

在第二類人鬼婚型故事中，反復出現一個意義相近的辭彙，即"塚"或"墓"，姑且統稱之爲"墓穴"，由此構成了此類故事獨特的"墓穴"意象。"墓穴"意象的具體所指，多數情況下爲"塚""墓"等，亦有"大宅""閣中""宅""門下""門外""舍宇""華堂""室宇""高門""府舍""門中""棺"等名稱。

"塚"，作爲名詞，本義是高而大的墳。《説文解字》："冢，高墳也。從勹，豕聲。"段注："墓之高者曰塚。"[2]《周禮·春官·冢人》："（冢人）掌公墓之地。"[3]《史記·高祖本紀》："項羽燒秦宫室，掘始皇帝冢。"[4]《山海經·西山經》："華山冢也。"郭璞注："冢者，神鬼之所舍也。"[5]《方言》："冢，秦晋之間謂之墳。"後引申爲"大社"，天子祭神的高大土壇，如《詩·大雅·緜》："迺立冢土。"毛傳："冢土，大社。"[6] 因此，"塚"即墳墓，是去世的人或者神鬼居住的地方。具體來説，《搜神記》中稱爲"冢"者有九條，《紫玉》"要重還冢""重感其言，送之還冢""此不過發冢取物""重……聞玉已死，故齋牲幣，詣冢弔唁""不爲發冢，願勿推治"；《駙馬都尉》"不見舍宇，惟有一冢""乃遣人發冢，啓柩視之"；《漢談生》"是我女袍，那得在市？此必發冢""乃視女冢，冢完如故"。

---

① 汪龍麟：《〈搜神記〉異類婚戀小説文化心理透視》，《山西大學學報》（哲學社會科學版）1993年第2期，第40頁。
② ［漢］許慎撰，［清］段玉裁注，許惟賢整理：《説文解字注》，鳳凰出版社，2018年，第758頁。
③ ［漢］鄭玄注，［唐］賈公彦疏，彭林整理：《周禮注疏》，上海古籍出版社，2010年，第817頁。
④ ［漢］司馬遷撰，［南朝宋］裴駰集解，［唐］司馬貞索隱，張守節正義：《史記》，中華書局，1963年，第376頁。
⑤ 袁珂校注：《〈山海經〉校注》（增補修訂本），巴蜀書社，1993年，第38頁。
⑥ ［漢］鄭玄箋，［唐］孔穎達正義，朱傑人整理：《毛詩注疏》，上海古籍出版社，2013年，第1417頁。

"墓"，《説文解字》："墓，丘也。從土，莫聲。"段注："丘自其高言，墓自其平言，渾言之則曰丘墓也。墓之言規模也。"① 《周禮·春官·墓大夫》："墓大夫，掌凡邦墓之地域。"② 《禮記·曲禮上》："適墓不登壟。"鄭玄注："壟，冢也。墓，塋域。"③ 《古詩十九首》之《去者日以疏》："古墓犂爲田，松柏摧爲薪。"④ 《廣雅》："墓，封冢也。"可見，"塚"與"墓"意同，皆爲墳墓或者墓穴。《搜神記》中稱爲"墓"者五條，《紫玉》"重哭泣哀慟，具牲幣，往吊於墓前""玉魂從墓出""重走脱，至玉墓所訴之"；《崔少府墓》"家西三十裏，有崔少府墓""知崔是亡人而入其墓"。

此外，《駙馬都尉》"比見一大宅""度趨入閣中""獨居此宅""度詣門下求飧""即遣青衣送出門外""不見舍宇"，有"大宅""閣中""宅""門下""門外""舍宇"之稱。《漢談生》："生隨之去，入華堂，室宇器物不凡。""華堂""室宇"亦代指"墓穴"。《崔少府墓》"忽見道北一里許，高門……門中一鈴下唱"有"高門""府舍""門中"之稱，儘管這些稱謂沒有直接寫爲"塚"或者"墓"，然而就文中所叙之事來看，這些稱謂無疑都是它的代名詞，或者可以統稱之爲"墓穴"意象。這些具有代表意義的意象在故事中反復出現，并且對於故事的建構與發展起到了重要作用（見下文論述），因而將它們統稱爲"墓穴"意象。

在《搜神記》中，所有與"墓穴"意象相關的故事，姑且統稱爲"墓穴"故事。《搜神記》中有四則，即《紫玉》（又名《夫差小女》）、《駙馬都尉》（又名《秦閔王女》《辛道度》）、《漢談生》（又名《睢陽王女》）、《崔少府墓》（又名《盧充幽婚》）。此外，在魏晉六朝志怪類故事中，還有《搜神後記》中《干寶父妾》（棺木裏同寝生活）、《甄異傳》中《秦樹》（塚墓求婚同寝）、《續玄怪録》中《竇玉妻》（墓裏成婚）、《宣室志》中《鄭德懋鬼婚》（墓裏成婚）、《玄怪録》中《曹惠》（鬼域裏成婚），等等。"墓穴"意象所構成的"墓穴"場景，是男女主人公婚戀的場所，相遇、成婚、結合、離別都在此發生。它們不僅爲人鬼的自由結合提供了便利，而且反映了當時社會的風貌。它并非完全出於文人的虚構，而是當時民間

---

① ［漢］許慎撰，［清］段玉裁注，許惟賢整理：《説文解字注》，第 1203 頁。

② ［漢］鄭玄注，［唐］賈公彦疏，彭林整理：《周禮注疏》，第 823 頁。

③ ［漢］鄭玄注，［唐］孔穎達疏，《十三經注疏》整理委員會整理：《禮記正義》，北京大學出版社，1999 年，第 78 頁。

④ 隋樹森集釋：《古詩十九首集釋》，中華書局，2018 年，第 41 頁。

傳説的一種文學渲染，是由人的死亡、婚葬、招魂、祭祀等觀念衍生出的虛幻的文學現象，人們相信鬼神的存在，由"寬於行而求於鬼，怠於禮而篤於祭"的風氣所致，如魯迅先生所言："蓋當時以爲幽明雖殊途，而人鬼乃皆實有，故其敘述異事，與記載人間常事，自視固無誠妄之別矣。"①

二、以"墓穴"意象爲核心的敘述模式

《搜神記》有《紫玉》《駙馬都尉》《漢談生》和《崔少府墓》② 等四則"墓穴"故事，皆因"墓穴"意象的選擇與"墓穴"場景的設置，而促成人鬼相戀故事的發生、發展。簡而言之，"墓穴"場景的設置與存在，它們是男女主人公，即高門鬼女與窮困書生相遇的機緣、舉行婚禮的場所，又是臨別贈物所出之地，更是書生與鬼女家眷相認而由此得到身份的承認與發迹的源頭。以"墓穴"意象爲核心，這些故事出現了大致相同的五種敘述模式。

第一，婚戀雙方身份懸殊。女子爲鬼，也是出身高貴的王侯小姐，且花容月貌、姿態迷人、年輕未婚。男子多爲世間之人且多爲出身卑微的書生。《紫玉》中的紫玉爲"吳王夫差小女""年十八，才貌俱美"的美麗王女，韓重爲"童子""年十九，有道術""學於齊、魯之間"的年輕書生；《駙馬都尉》中女主人公爲"（秦妃）我女大聖"的"亡來已二十三年"的"秦閔王女"，而辛道度爲"游學至雍州城""詣門下求飱"的書生；《漢談生》的女主人公爲"年可十五六，姿顏服飾，天下無雙"睢陽王女，而談生則是"年四十，無婦""若貧不能自偕活者"的鰥夫書生；《崔少府墓》女主人公是"妝嚴"、居高門、府舍的少府之女，"爲君索小女婚"與盧充少小有婚約，年齡應該與他相仿或者更小，而範陽盧充是"年二十""衣惡""出宅西獵戲"的年輕書生。因此，出身高貴鬼女與低賤的書生的婚配是這四則故事的共同敘述模式。

第二，婚配方式多爲鬼女自薦枕席的冥婚。沒有鬼女對感情的執着和主動索婚，就沒有人鬼的結合和書生後來的發迹：《紫玉》中紫玉與韓重"女悅之，私交信問，許爲之妻"，雙方是相戀的情人，因韓重父母向吳王

① 魯迅：《六朝之鬼神志怪書》（上），《中國小説史略》，鳳凰出版社，2010 年，第 28 頁。
② 此四則故事所引原文引自《搜神記》。［晋］干寶撰，汪紹楹校注：《搜神記》，中華書局，1979年，第 200—205 頁。

求親，而"王怒，不與女"導致紫玉"結氣死"，韓重"哭泣哀慟"感動了紫玉，纔有了"魂從墓出""要重還冢""與之飲宴，留三日三夜，盡夫婦之禮"的婚配和歡愉，如果不是紫玉主動出現，這段愛戀就會成爲"然今一別，永無後期"陰陽永隔；《駙馬都尉》中的秦王女與辛道度本不相識，因辛道度游學并"詣門下求飱"，纔有了二人的相遇，秦女因"出聘曹國，不幸無夫而亡"的獨居寂寞、感情疏離甚久，故"今日君來，願爲夫婦"主動與辛道度結合；《漢談生》中的睢陽王女與談生亦本不相熟，是女子在半夜"來就生爲夫婦"主動與談生結合；《崔少府墓》盧充獵戲誤入崔少府墓，少府主動說出盧充與少府之女有婚約，於是"時爲三日，給食"，表面上崔少府促成婚配，實際上也是鬼女主動結合。總之，這些年輕未婚的鬼女對愛情都有一種熾熱的追求，懷着少女的幽怨而死，於是主動尋找世間男子進行婚配，重情重義，并且不會在得到滿足後做出傷害男子的舉動。

第三，人鬼戀的冥婚，在"墓穴"中舉行婚禮，且不久分離。《紫玉》中紫玉還魂向韓重傾訴衷腸，歌罷，便"要重還冢"，而韓重"感其言，送之還塚"，"玉與之飲宴，留三日三夜，盡夫婦之禮"，二人在"墓穴"中舉行婚禮，做了夫婦，三日後分開，仍依依不捨；《駙馬都尉》中辛道度游學因"比見一大宅，有青衣女子在門"而到門下求飱，"趨入閣中"便有了"秦女於西榻而坐。度稱姓名，叙起居。既畢，命東榻而坐，即治飲饌"的相遇，最後有了"今日君來，願爲夫婦"的喜結連理，其中"大宅""閣中"即爲墳墓，辛"未逾數步，不見舍宇，惟有一塚"，二人飲酒、結合也都是在秦女的"墓穴"之中；《漢談生》"夜半，有女子年可十五六，姿顏服飾，天下無雙，來就生爲夫婦"。二人結合後的兩年時間雖然一直住在人間，但臨別時談生所見的"華堂，室宇器物不凡"，實際爲睢陽王女的之墓，所贈"珠袍"實爲王女的陪葬；《崔少府墓》盧充因狩獵迷路，所見的"高門，瓦屋四周，有如府舍""知崔是亡人而入其墓"，"高門""瓦舍"亦爲崔少府女兒之墓，與少府女的婚禮和三日結合都在此。因此，這種人鬼戀的冥婚，女子都爲未婚鬼女，婚禮和結合都在"墓穴"中進行，臨別贈物都是鬼女的陪葬品。這就使得"墓穴"這個辭彙反復出現，成爲人鬼結識的契機和結合的場所。

第四，人鬼結合後臨別時都有贈物，這既是雙方愛情的信物，也是揭示鬼女身份的憑證，更是男子因此發迹的機緣。《紫玉》中的紫玉"臨出，取徑寸明珠以送重"，贈明珠一顆，韓重憑珠向吳王説明二人之事，雖然文中并未提及韓重得到吳王優待的情況，但是憑藉王女之夫的身份和"有道術""學於齊、魯之間"的才學，韓重的發迹必是預料中事；《駙馬都尉》中秦女"取金枕一枚，與度爲信"，後辛道度於市賣金枕，而被秦妃發現、證實後，認定"此是我真女壻也，遂封度爲駙馬都尉，賜金帛車馬，令還本國"，辛道度便由游學書生成了駙馬都尉，得金帛車馬，榮耀歸秦；《漢談生》中睢陽王女"以一珠袍與之"，贈給談生以珠袍來撫養幼子，談生賣珠於市"得錢千萬"，此珠卻被睢陽王家買去，睢陽王由此知曉緣由并證實後，"即召談生，復賜遺之，以爲女婿，表其兒爲郎中"，厚賞談生，封其子爲郎中令；《崔少府墓》中盧充入少府拜見主人之前即獲贈一襲新衣，臨別時得少府"復致衣一襲，被褥自副"，離別後的第四年，得到"兒、鋺及詩"，即三歲的兒子、金碗和少府之女的情詩，後盧充入市賣鋺，又有了崔氏姨母認親，"兒遂成令器，歷郡守二千石。子孫冠蓋，相承至今"。以此，擁有賢子、高爵和繁盛的家族。總之，臨別贈物這一舉動，顯示了鬼女對書生不捨的愛戀，也使書生有了與鬼女家眷相識的機會和平步青雲、子孫昌盛和家族旺盛的機緣。

第五，鬼女的家人見到書生所持鬼女贈物後，共同的反應是懷疑該物品爲書生盜墓所得，然後查驗墓葬，纔確認二人關係，最終封賞書生。《紫玉》中吳王見到韓重攜紫玉明珠"大怒"，認爲"此不過發塚取物，托以鬼神！"懷疑此爲韓重盜墓所得，卻假托神助，并將其關押，後來得到紫玉魂魄"不爲發冢，願勿推治"的解釋後，纔相信了韓重；《駙馬都尉》中秦妃見到辛道度所售金枕，雖"悲泣不能自勝"異常悲傷，"然尚疑耳"依舊心存狐疑，在"遣人發冢，啓柩視之，原葬悉在，唯不見枕"的證實後，方纔承認"真女婿也"，并封賞頗豐；《漢談生》中睢陽王見到談生所售珠袍，亦堅信"此必發冢"并對談生進行拷問，後來"乃視女冢，冢完如故"，纔承認了他女婿的身份；《崔少府墓》崔氏姨母對於盧充的金碗，也是經歷了姨母兒子的詢問和姨母的確認之後，纔進行了厚賞。

這四則故事的共同模式，葉慶炳先生總結爲自薦、相好、分離的"愛情三部曲"，鬼女與書生出身的懸殊、臨別的贈物以及鬼女家人對書生從懷疑到確認的曲折，顯示了作者對故事架構的巧思。

三、"墓穴"場景對故事的建構作用

共同的敘事模式之下，最具神韻的一筆，是"墓穴"場景的設置，"墓穴"是作者承載思想、思考的載體和筆鋒自由運作的緣由。"墓穴"意象和場景在這些故事中反復出現和重筆描摹，對於故事的建構具有非常重要的作用，基本可以概括爲如下幾個方面。

"墓穴"是鬼女的家。這些鬼女，本來是出身士族的高門大户家的小姐，他們是：吴王之女紫玉、秦閔王女、睢陽王女、少府之女，出身高貴、容顏姣好、尚未婚配。然而，出於種種原因，她們生前并没有得到令人滿意的愛情和婚姻生活，於此皆有深深的遺憾。因此即便死後爲鬼，她們依然没有放棄對於美好愛情的嚮往與追求。由此可見，"墓穴"不僅僅是她們作爲鬼女的住處，而且也成爲他們與伴侶相戀的地方。在這裏，她們得以與書生自由相戀并結合，并且在短暫的三日歡愉（睢陽王女爲兩年）書生離開後，她們依然有自己安定的棲身之所。這便使這些自由追求愛情的女性，擺脱了世俗間婚戀在居所上對男性或者夫家的依賴，由此也在精神上獲得了更多的自由。

"墓穴"促成了鬼女與書生的結合。無論書生因何緣由進入墓穴，鬼女的自薦枕席結成夫婦，實現了高門貴女與貧賤書生的自由結合，這種自由在人世間是難以實現的。然而在"墓穴"中，雙方的愛戀却可以順利實現，思慕得以自由滿足。在"墓穴"所構造的空間裏，没有世間政治、婚姻等制度的約束，没有家族繁重的使命，更没有男女長期而艱辛的尋覓、愛恨離合的糾纏與禮教的繁縟，一切因緣際會皆已注定、一切婚配都已順理成章，而由此得來的幸福既難能可貴又倍感輕鬆。

"墓穴"爲臨别相贈之物的源頭。臨别時的贈物，是鬼女給予書生的厚愛，它們實際爲鬼女的陪葬品，而它也必然出自墓穴。因而，這些贈物既是二人相戀、相惜的定情信物，也是書生持贈物而與鬼女家眷相認的機緣，更是二人愛情與姻緣得到現實家族和社會認可的重要憑證。没有這樣的"墓穴"作爲承載信物的場所和所出之源，鬼女與書生的感情便失去了憑藉和依托，故事的情節也難以豐富和精彩，整體的架構也將會變得平淡無奇。

"墓穴"堅定了書生對鬼女的信任與鍾情。初入"墓穴"，書生多爲鬼女的容顏和華麗的屋宇所傾倒，并且由此經歷了一場刻骨銘心的愛戀與極爲滿意的婚姻。然而，離别後，書生恍悟於"墓穴"中所發生的一切，雖

初有驚恐，卻并未因此而懊悔，反而用心守護信物。如《紫玉》中紫玉"歌畢，獻欷流涕。要重還冢"，韓重始有"死生異路"的驚恐，後"重感其言，送之還冢"并在墓穴中盡夫婦之禮；《駙馬都尉》辛道度"比見一大宅"，三日夫妻離別後纔"不見舍宇，惟有一冢"，雖有"荒忙出走"的驚慌，但終究還是承認了這段感情。

因而，鬼女與書生相戀的"墓穴"，退卻了原有的神秘隱秘、陰森恐怖、凄凉零落、悲凉寂寥的色彩，反而成爲温暖的洞房般的美好所在，由此成爲刻畫書生微妙心理變化的巧筆。因此，"墓穴"意象的巧用和"墓穴"場景的架構，爲這些人鬼婚戀的故事增加了奇妙和浪漫的色彩，并且演繹了一場在真實的社會情形下基本難以實現的愛戀，滿足了書生的白日夢式的想往。以此論之，"墓穴"意象就有了不可忽視的重要價值和意義。

四、與"墓穴"場景相對應的社會現實

"墓穴"場景的設置，在故事的架構中起到了重要。與此同時，也寄托了作者對當時社會文化的深切認知。或者説，"墓穴"這個聽上去陰森恐怖的辭彙和場景，清楚、透徹而有力地詮釋了作者對於當時社會和人生的深刻思考。

首先，"墓穴"反映了一些當時的社會制度，如政治、婚姻制度。清王夫之《俟解》："世之所謂鬼神之狀者，髣髴乎人之狀。所謂鬼神之情者，推之以凡近之情。"[1] "墓穴故事"中出現的男女婚戀都是世間政治制度和婚姻制度的文學性表現。自魏晉以來，"九品中正制"的政治制度形成了森嚴的社會等級，"上品無寒門，下品無世族"，甚至士族"視寒素之子輕若僕隸，易如草芥"[2]。許多下層的富有才華的士人失去了進身之階。士族門閥制度下門當户對的婚姻制度，極力維護門第的莊嚴性和血統的純正性，士庶族不通婚。但是"墓穴故事"中的這些出生社會下層、身份低賤的書生卻實現了與王侯之女的結合，并因贈物獲得了王侯貴族在身份上的承認，獲得了與豪門氏族攀附的機會，最終得到高官、厚賞、子女，實現了平步青雲、家財萬貫和子孫繁盛的夢想。比如《紫玉》中紫玉，本與韓重郎才女貌、情投意合，祇因私定終身，婚事得不到父親吳王允准，遂"結氣死，

① ［清］王夫之：《俟解》，泰東圖書局，1922 年，第 15 頁。
② ［宋］李昉等輯：《文苑英華》卷七百六十《寒素言命》，中華書局，1966 年，第 3987 頁。

葬閶門之外”絕望而死；《駙馬都尉》中秦閔王女“出聘曹國，不幸無夫而亡”，因戰爭而守寡二十三年。因此，因家長的干涉或戰爭的影響，本該在王侯府邸完成的喜事，卻祇能在“墓穴”中實現。“墓穴”場景的出現，實際是對不合理的婚姻制度和封建門庭制度的極大諷刺。

其次，反映了當時社會上盛行的在古老的巫文化影響下的靈魂崇拜觀念。當時巫人把世界分爲兩個世界，即生的世界和死後的世界，活人居住在陽間，死人生活在陰間，二者都有自己的管理和統治秩序，陰間祇是陽間生活的一種延續，死人也有自己的生活和思想。干寶在《搜神記·序》中説明自己乃是以秉筆實録的寫史方法撰著《搜神記》，爲表明自己的鬼神觀，還記録了幾則駁斥無鬼論的故事，如《搜神記》卷十六《阮瞻》《黑衣客》，鬼客造訪和嘲弄了認爲無鬼論的阮瞻、吳興都督施續及其門生，結果阮瞻“默然，意色太惡。歲餘，病卒”，吳興都督即被鬼取命，另如《搜神記》卷一《劉根招鬼》身爲太守的史祈。而干寶創作《搜神記》的宗旨，即爲“發明神道之不誣”①，他還明確指出：“鬼神者，其禍福發揚之驗於世者也……然則天地鬼神，與我并生者也。氣分則性異，域別則形殊，莫能相兼也。生者主陽，死者主陰，性之所托，各安其生。太陰之中，怪物存焉。”干寶認爲鬼神真實存在的，是人在世間禍福的一種反照，并對此篤信不疑。干寶“性好陰陽術數，嘗感於其父婢死而再生，及其兄氣絶復蘇，自言見天神事，乃撰《搜神記》二十卷”②。正是作者依聞實録精神，使得《搜神記》在收録了許多虛妄怪誕故事的同時，也保存了大量的遠古和當世民俗中的巫鬼現象。因此，四則故事的女子雖已死後爲鬼，但在生前未實現的愛情願望，還會繼續追求，於是所有的婚戀和歡愉皆在“墓穴”中得以滿足。活人在陽間居住府邸，死後就住在墳墓，且她們所居之“塚”大多寬敞而豪華的“大宅”“閤中”“舍宇”（《駙馬都尉》）“華堂，室宇器物不凡”（《漢談生》）“高門，瓦屋四周，有如府舍”（《崔少府墓》），儼然是人間侯門公府在陰間的再現，這些“墓穴”的特點，正好與侯府小姐的身份相配，也是古老的靈魂崇拜下的巫風和鬼神觀念的產物。

另外，魏晉六朝《搜神後記》的作品，如棺木裏同寢生活的《干寶父妾》、塚墓求婚同寢的《秦樹》（《甄異傳》）、墓裏成婚的《寶玉妻》（《續

---

① ［晋］干寶撰，汪紹楹校注：《搜神記·序》，第 1 頁。
② 魯迅：《中國小説史略》，第 30 頁。

玄怪録》)、《鄭德懋鬼婚》（《宣室志》)、《曹惠》（《玄怪録》）等等，也都是這種觀念下出現的志怪故事。由此可見，這種古老漫長的鬼神崇拜觀念和習俗，在社會動亂的魏晉時代，不但没有消亡，反而影響愈加廣泛和深刻。

再次，反映了自漢代以來長盛不衰的冥婚習俗。"墓穴"場景的出現是祖先和靈魂崇拜下形成的冥婚習俗的産物。冥婚"最主要的是靈魂崇拜在人們思想意識的根深蒂固"①。或者是爲了避免"没有完成生殖義務的人生是不完善、不正常的人生，……死後……也不能做一個'正常'的鬼"②，這是它得以延續的深厚心理基礎。而"自周代制'遷葬''嫁殤'禁律到民國二千多年間，冥婚之風長盛不衰，無論庶民百姓還是帝王大夫，均尚此俗"③。人鬼并存的觀念，數千年而不絶。其類型，日本學者繁原央認爲有"'慰靈·解冤型'與'幽婚·立嗣型'。前者爲死女爲求男子而化怪物，男子死後行冥婚以慰死女之靈。後者或是死女前來男子處，或是男子前往死女處，他們雖有特別關係（也有婚姻關係者），但不久倆人又各奔東西。相別時，男子得贈禮品。正是通過禮品，男子得知女家"④。顯然，四則"墓穴"故事屬於第二種類型，鬼女向書生自薦枕席、墳墓中舉行婚禮、婚配後分離、臨別贈物，男子由此獲得與鬼女家眷相識的機緣。通過冥婚鬼女們實現了愛情願望，靈魂得到安寧。而出身寒門的男子則實現了一個對士族身份的嚮往，對愛情的憧憬，對美好未來的追求。安靜的墓室、温柔多情的新娘和傾心的愛戀，確實是一個世外桃源，没有社會的動亂不堪、荒野墳墓的陰森恐怖以及人世間的爾虞我詐，文人們的白日夢終於得到了一種象徵性的滿足。這類故事雖然有虚幻的成分，但"它歷史地折射了這一時期國民的獨特文化心態，即希圖在神的佑助下獲取財富、長壽和興盛的家族，而又不失卻暫時的輕鬆與風流"⑤。因而，此類故事於民間百姓和士大夫之間，口耳相傳，綿延不絶。

① 景聖琪:《異域人間:〈搜神記〉的鬼文化》,《長江大學學報》(社會科學版)2008 年第 3 期,第 28 頁。
② 張銘遠:《生殖崇拜與死亡抗拒 中國民間信仰的功能與模式》,中國華僑出版公司,1991 年,第 258、259 頁。
③ 賴亞生:《神秘的鬼魂世界——中國鬼文化探秘》,人民中國出版社,1993 年,第 264 頁。
④ [日]繁原央撰,白庚勝譯:《中國冥婚故事的兩種類型》,《民間文學論壇》1996 年第 2 期,第 68 頁。
⑤ 汪龍麟:《〈搜神記〉異類婚戀小説文化心理透視》,第 40 頁。

最後，或爲盜墓風氣下的盜墓賊自我解説的辯詞。女方臨別贈物、引發了開墓驗棺，這一情節是當時真實社會狀況。魏晋六朝乃亂世之秋，“白骨露於野，千裏無雞鳴”是其真實寫照。西漢以來厚葬之風盛行，而亂世之人迫於生計，以盜墓售賣陪葬品爲生計。《搜神記》第三七〇則：“漢末，關中大亂，發前漢宫人家。”“墓穴故事”中的窮困書生，生活貧窮、地位低下，有盜墓的嫌疑，又持有墓中隨葬品，王青先生認爲此類故事很可能有“如夫差所説的‘發墓盜冢，假托鬼神’之嫌疑”①。而無論是真的“發塚”，還是相贈，這些物品都確實是王女棺木裏的陪葬品，“墓穴”是故事的發生地和物品所出地，反映了當時濃厚的盜墓風氣。

總之，與“墓穴”相對應的真實社會，寒門庶族被等級制度緊緊地壓在社會底層而没有仕宦晋升的出路，傾心相戀的男女被門第差異生生拆散。於是作者在冥婚、巫風的外衣下，建構了一場窮困書生與貴族鬼女相戀的“墓穴白日夢”。

魏晋時期人鬼婚戀題材的故事衆多，而尤以干寶《搜神記》爲精，而該書中婚戀題材的故事可以分爲多種類型。通過分析以《紫玉》《駙馬都尉》《漢談生》和《崔少府墓》四則爲代表的人鬼婚戀故事，基本理清了人鬼婚型故事的内容，體會到當時極其複雜的社會狀況。在這四則故事中，以“墓穴”所概括的“塚”“墓”等，構建起故事的場景與架構，形成了以“墓穴”意象爲核心的“墓穴故事”，不僅使故事情節在曲折往復中層層推進，而且促成了叙述上大致相同的五種模式。與此同時，也透射出當時社會的種種現實。因此，由“墓穴”意象的選擇和場景的設置，在人鬼婚戀故事中起到了至關重要的作用。

（作者單位：山東師範大學齊魯文化研究院）

---

① 王青：《魏晋南北朝的盜墓之風與人鬼婚故事的産生》，《魏晋南北朝時期的佛教信仰與神話》，中國社會科學出版社，2001 年，第 258—272 頁。

明晦交雜：論《唐類函》的體例及編纂思想①

楊　溢

　　摘　要： 明代"類書山人"俞安期對唐代四大類書等文獻典籍進行重新編排，歷十年乃成《唐類函》。作爲一部以唐代爲斷限的大型類書彙編，《唐類函》有明顯的復古思想，在體例上處處彰顯《藝文類聚》的突出地位。但其實際編纂過程中并未對唐代之後的文獻完全捨棄，雖凡例、序跋等均未提及，《唐類函》對材料的處理上還明顯受到《太平御覽》的影響。在繼承前代類書的基礎上，俞安期在部類設置和材料編排上獨具匠心，反映了他對晚明社會生活和知識體系的認識及其類書編纂觀。

　　關鍵詞：《唐類函》　俞安期　《藝文類聚》　《太平御覽》

　　明嘉靖、萬曆時期，出版業空前繁榮。類書山人俞安期厭棄舉業且嗜好古學，順應時勢活躍於出版業，於萬曆二十一年（1593）左右着手編纂《唐類函》②。《唐類函》以彙編《藝文類聚》《初學記》《北堂書鈔》《白氏六帖》爲主，兼取《通典》《歲華紀麗》等書，歷十年乃成 200 卷，又分 43 部。③ 該書首刻於萬曆三十一年，一經上市，風靡一時。焦竑《詩雋類

---

　　① 基金項目：國家社會科學基金重大項目：中國古代類書叙録、整理與研究［批準號：19ZDA245］；博士研究生拔尖創新人才培養項目：晚明類書的文獻學考察——以《四庫全書總目》著録諸類書爲中心［批準號：2021CXB015］。

　　② 俞安期（1550—?），字羨長，吳江人。作爲晚明時期頗具影響力的山人出版家，編刻了《唐類函》《詩雋類函》《啓雋類函》《類苑瓊英》等類書著作，其中《唐類函》最爲著名。

　　③《唐類函》分 43 部爲：天、歲時、地、帝王、后妃、儲宮、帝戚、設官、封爵、政術、禮儀、樂、文學、武功、邊塞、人、釋、道、靈異、方術、巧藝、京邑、州郡、居處、火、珍寶、布帛、儀飾、服器、器物、舟、車、食物、五穀、藥菜、果、花、草、木、鳥、獸、鱗介、蟲豸。一般認爲，《唐類函》分 43 部，但明萬曆三十一年刻四十六卷重修本《唐類函》，將"藥菜部"拆分爲"藥部"和"菜蔬部"，合計 44 部。本文使用的是明萬曆三十一年俞安期自刻本。

函序》稱"羨長《唐類函》一書，已高紙價"①，更留下了中國古代出版史上一則打擊盜版圖書的趣聞軼事，使得時人多贊其智。② 入清，大型官修類書《淵鑒類函》正是以《唐類函》爲藍本編纂而成，康熙評價"類書從無善本，惟《唐類函》略稱瞻備，宜推其體例，漱潤增華"③。即可看出《唐類函》自問世以後得到的高度認可。今人劉葉秋更是對歷代類書進行總結，將《唐類函》視爲常用的十三部類書之一，與明代《永樂大典》并稱。④

這樣一部上承唐代四大類書，下啓《淵鑒類函》的大型綜合性類書，既爲類書史的發展做出了貢獻，也是晚明出版業研究的重要材料，理應引起重視。然而迄今爲止，學界對《唐類函》的研究多附着於對俞安期和《淵鑒類函》的研究之中，專門研究尚未得見。⑤ 有鑒於此，本文試從以下三個方面探尋《唐類函》的編纂特點，以供晚明類書研究者之參考。

一、體例彰明：以《藝文類聚》爲尊

《唐類函》凡例第一條云："稱'唐類函'者，凡類書自唐人所撰，則删其重複，收而彙爲一函云。"既解釋了《唐類函》書名的由來，也指出彙編範圍正是以唐人所編諸類書爲主。這種尊唐的思想，主要與明代文壇的復古運動有關，由書前李維楨序"李獻吉先生勸人勿讀唐以後書⋯⋯羨長用獻吉法⋯⋯粹然一歸於大雅，讀之耳目若新，咽吻滋爽，恒恐其盡，以視唐後人書，驍騎三千，足敵羸卒十萬"，可知俞安期的編纂以唐前爲斷，正是受到七子派的影響。李夢陽作爲前七子的領袖，《明史》本傳記載其"獨譏其萎弱，倡言文必秦漢、詩必盛唐，非是者弗

---

① ［明］俞安期撰：《詩雋類函》卷首，明萬曆三十七年自刻本。

② 吳騫《桃溪客語》："俞安期輯《唐類函》初成，嘗載百十部以出，中道被掠，他物稱是，追捕久無所獲。安期乃復印數百部，以紅字目録印書側，鬻之。未幾，盜書亦出，以無紅字詰之，遂首伏，人多其智。"

③ ［清］張英等纂：《淵鑒類函》第一册卷首，中國書店，1985 年。

④ 劉葉秋：《類書簡説》，上海古籍出版社，1980 年，第 60 頁。

⑤ 如何朝暉《山人與出版：俞安期生平、著述與刻書活動考》（《古典文獻研究》2012 年第 1 期）、李佳《俞安期及其詩歌研究》（暨南大學碩士論文，2020 年）、戴建國《〈淵鑒類函〉研究》（華東師範大學博士論文，2009 年）第五章、涂娟《明代類書考論》（江西師範大學碩士論文，2012 年），均是將俞安期、《淵鑒類函》作爲主要的研究對象，而《唐類函》置於一個附著性的研究地位。專門性的研究有拙作《〈唐類函〉成書及其價值考述》（《新國學》2022 年第 1 期）。

道"①，以復古來求新，在明代文壇産生了巨大的影響，勢必也影響到與文壇息息相關的編書刻書行業。同時，俞安期又與復古運動的後期領袖王世貞交好②，王世貞《藝苑巵言》稱："李獻吉勸人勿讀唐以後文，吾始甚狹之，今乃信其然耳。"③ 尊唐復古的觀念正是俞安期遴選唐代類書彙爲一編的思想基礎。

《唐類函》既是以唐代四大類書爲主，其中又以《藝文類聚》爲尊，大抵在於《藝文類聚》是此四書中體制最周最全者④。《凡例》稱：

> 《類聚》居前，不復加删，删者，删其後三書也，大都《書鈔》删多於《初學記》，《白帖》删多於《書鈔》，至若《類聚》略而三書詳，則取三書所詳，足《類聚》之闕。

> 率以《藝文類聚》爲主，以三書條列其未備者補之，無有提綱偶對，而其下分注也。茅孝若見之，以爲前人摘取偶對，亦良苦心，若書各爲篇，以次臚列，以存其偶對，尤便初學，余方領之。

俞安期正是以《藝文類聚》爲主，而將《初學記》《北堂書鈔》《白帖》三書作爲《藝文類聚》的補充，意在取三書來補此書之闕。俞安期甚至在編纂之初，并不考慮將《初學記》中的事對納入彙編範圍，直到友人茅孝若提出"前人摘取偶對，亦良苦心""尤便初學"的建議後，纔對《初學記》中的事對進行整理，并予以分篇。由此，筆者推測，按照俞安期最初的構想，《唐類函》應是直接承襲《藝文類聚》事前文後的編排方式，祇是爲了處理《初學記》中的事對，故將體例調整爲類目之下又分四篇，如地部下"地"目，分"地一《藝文類聚》""地二《初學記》""地三《北堂書鈔》""地四《白帖》"獨立成四篇，篇後又附與"地"相

---

① ［清］張廷玉等撰：《明史》卷二八六，中華書局，1974 年，第 7348 頁。

② 俞安期曾以長律一百五十韻投謁，王世貞贊其"字字心源，綜合古今"，從此俞安期聞名於士林之間。

③ ［明］王世貞：《藝苑巵言》卷一，鳳凰出版社，2009 年，第 24 頁。

④ 《北堂書鈔》雖有 174 卷（今存 160 卷）的宏富篇幅，但俞安期在編纂《唐類函》之時，并無善本可供參考。《凡例》："《北堂書鈔》初無刻本，刻本自海虞陳錫玄始，以鈔本遺誤不可讀，乃悉陳諸書，校付梓工，凡無書可校者補以他書。……又陳本有'續補'諸條，其事實可采用者稍存焉。余偶得善本，參以諸書，對勘相符，稍有端委者俱照原本，其不可曉會者始依陳本。"即俞安期并未將陳禹謨刻本視爲善本，後雖偶得一"善本"，但也舛誤頗多。周心慧影印《北堂書鈔》序："明人俞安期稱看到一個舊抄本，纂入《唐類函》本，亦多訛誤。"

關的詩文，即贊、啓、論、文。① 從整體構架上看，《唐類函》將詩文附於類目最末，基本遵循了《藝文類聚》事前文後、事文合璧的編纂形式。凡《藝文類聚》材料充足，"《藝文類聚》"篇均居於首，正是彰顯其尊崇地位。

從具體的編纂方法看，除類書與類書之間必要的承襲，《唐類函》對《藝文類聚》中參見法的繼承尤爲值得注意。參見法運用於類書的編纂，《藝文類聚》屬於首創。按潘樹廣先生所言，所謂參見法，即"當某項資料與兩個類目都有關係時，編者根據關係的遠近，在其中一個類目下略引該項資料，并於其下以注語指引讀者參閱另一類目下的詳細資料"②。除卻直接繼承《藝文類聚》本身所包含的參見形式，俞安期更是盡力將其他部類篇目貫通，多以"詳……"的形式發揮其參見功能。其具體呈現形式又可以細分爲以下兩種：

（一）詳異部異目類

《唐類函》卷一百七十五車部"車三《北堂書鈔》"篇：敝車腞馬。《説苑》云：趙簡子乘敝車腞馬，衣殺羊裘。詳裘。

《唐類函》卷一百六十九服飾部二"裘三《北堂書鈔》"篇：溫輕。《説苑》曰：趙簡子乘弊車瘦馬，衣殺羊裘，其宰進諫曰：車新則安，馬肥則往來疾，狐白之裘溫且輕。

（二）詳同部異目類

《唐類函》卷一百九武功部二"料敵《白帖》"篇：見可知難。詳謀策。

《唐類函》卷一百九武功部二"謀策一《北堂書鈔》"篇：武之善經。《左傳》：隋武子曰：見可而進，知難而退，軍之善政也。兼弱攻昧，武之善經也。

一方面，俞安期在彙編之時，注意到不同部類之間的聯繫，如車部車目與服飾部裘目下對於《説苑》的引用，因其類目性質不同，故對材

---

① 但多數情況下，因其中一書不載此類目，或因一書中相關材料較少，依照原四大類書各成四篇的情況并不多見。或是不足四篇，如帝戚部外戚目，僅有"外戚《白帖》"一篇；或是合并成篇，如帝王部帝誕目，分"帝誕一《藝文類聚》《初學記》雜采成篇""帝誕二《北堂書鈔》"二篇；或是立《通典》《歲華紀麗》成篇，如設官部太師目分"太師一《杜氏通典》""太師二《初學記》""太師三《白帖》"三篇。

② 潘樹廣：《〈藝文類聚〉概説》，《辭書研究》1980 年第 1 期，第 169 頁。

料的處理有詳略之分，即以"詳裘"的形式將隸屬於不同部類之間的兩目貫通，使讀者得以互參。另一方面，參見法在《唐類函》中的運用又以詳同部異目類爲多，如以上料敵類下的"見可知難"可詳參謀策類下所引《左傳》之文。大抵同部之下內容相關，更有可能起到相互補充的作用。一般來說，因指向的都是部下小類，且小類之下又多分爲四篇，故需讀者仔細辨識。

二、含明隱迹：對《太平御覽》的承襲

前文已述，《唐類函》有明顯的復古尊唐思想，其取材也以唐代爲限，但據筆者查閱，《唐類函》卻在很大程度上受到了北宋類書《太平御覽》的影響。雖書中序跋、凡例等均未提及，但二者之間的因襲關係仍在《唐類函》對材料的處理與編排上隱約可見，不容無視。

凡例雖稱對《藝文類聚》"不復加删"，但據查考，其子目之下關於"《藝文類聚》"篇的材料中卻大量出現了逕引《太平御覽》的情況。此處以天部"雪一《藝文類聚》"篇爲例：

《藝文類聚》卷二天部《雪》目：《漢書·蘇武傳》曰："單于幽武，置大窖中，絕不與飲食，天雨雪，武臥齧雪，與旃毛并咽之，數日不死，匈奴以爲神。"①

《唐類函》卷四天部"雪一《藝文類聚》"篇："《漢書·蘇武傳》曰：單于幽武，置大窖中，絕不與飲食，天雨雪，武臥齧雪，與旃毛并咽之，數日不死，匈奴以爲神。又曰：漢女有居東海養姑，姑女讒之姑，竟請太守訴殺之，五月下雪。"

二者對比可知，《唐類函》以"又曰"的方式插補材料，雖前面冠以"蘇武傳"的出處，但補充材料并非出自《蘇武傳》，而是《漢書·于定國傳》，如此顯然不夠嚴謹。《漢書·于定國傳》原載："東海有孝婦，少寡，亡子，養姑甚謹……其後姑自經死，姑女告史：'婦殺我母。'太守竟論殺孝婦。郡中枯旱三年。"② 比對可知，"五月下雪"的説法在《漢書》中并未出現，而《太平御覽》天部卻有"《漢書》曰：漢女者，居東海，養姑。

---

① ［唐］歐陽詢撰，汪紹楹校：《藝文類聚》卷二，上海古籍出版社，1982年，第22頁。
② ［漢］班固撰，［唐］顏師古注：《漢書》卷七一，中華書局，1962年，第3041頁。

姑女讒之於姑，姑經太守訴而殺之，五月下雪"①。與《唐類函》所補如出一轍，可見俞安期在處理材料之時，雖未在《凡例》中提及，但必定參考了《太平御覽》，繼而纔出現這種情況。

這種迻引《太平御覽》的情況并非偶然，從各個部類之下都可得見。譬如樂部琴目，《唐類函》在"琴一《藝文類聚》"篇中所增補的材料，全部可以在《太平御覽》樂部"琴"目中找到，且首尾一致。其中即便夾雜了些許異文，也多似傳抄之誤，并不影響文意。② 最爲直接的證據，即《唐類函》"琴一《藝文類聚》"篇共引《世說》三條，正是綜合《太平御覽》中的《世說》二條以及《藝文類聚》一條而成。列舉如下：

《唐類函》卷九十九樂部"琴一《藝文類聚》"篇：《世說》曰：晋戴顒字仲若。父逵高尚不仕。顒年十六遭憂，不忍傳父之琴，與兄勃各造新弄。勃五部，顒十五部。又製長弄一部，并傳於世。又曰：會稽賀思令善彈琴，常夜在月中坐，臨風鳴弦。忽有一人，形貌甚偉，著械有慘色，在中庭稱善。便與共語。自云是嵇中散，謂賀云："卿手下極快，但放古法未備。"因授以廣陵散，賀遂傳之，於今不絕。又曰：會稽有防風鬼，屢見城邑，常跂雷門上，腳垂至地，晋橫陽令賀韜義鼓琴，防風聞琴聲，在賀中庭舞。

《藝文類聚》卷四十四樂部"琴"目：《世說》曰：會稽有防風鬼，屢見城邑，常跂雷門上，腳垂至地，晋橫陽令賀韜善鼓琴，防風聞琴聲，在賀中庭舞。

《太平御覽》卷五百七十九樂部十七"琴"目：《世說》曰：晋戴顒字仲若。父逵高尚不仕。顒年十六遭憂，不忍傳父之琴，與兄勃各造新弄。勃五部，顒十五部。又製長弄一部，并傳於世。《世說》又曰：會稽賀思令善彈琴，常夜在月中坐，臨風鳴弦。忽有一人，形貌甚偉，著械有慘色，在中庭稱善，便與共語，自云是嵇中散，謂賀云："卿手下極快，但於古法未備。"因授以《廣陵散》，遂傳之，於今不絕。

將三書進行比對，可知《唐類函》迻引《太平御覽》以補《藝文類

---

① ［宋］李昉等撰：《太平御覽》卷二，中華書局，1960 年，第 58 頁。
② 如下文所列舉三書《琴》目之對比，《太平御覽》有"卿手下極快，但於古法未備"，《唐類函》將"於"作"放"，正是傳抄中的訛誤。

《聚》之不足。且進一步考察可知，此種情況在全書中比比皆是，如《唐類函》五穀部"穀一《藝文類聚》"引《周官》兩條、天部"風一《藝文類聚》"引《風俗通》兩條，皆是綜合《藝文類聚》和《太平御覽》而成。凡在"《藝文類聚》"篇有所補充，幾乎均可見於《太平御覽》，二者關聯之緊密可見一斑。

同時，俞安期對材料徵引的排列順序也進行了調整，同以《琴》目爲例，原《藝文類聚》琴目之下以《周官》居首，後接《毛詩》《禮記》《左傳》《列子》《吕氏春秋》《莊子》諸書，而《唐類函》則增加《白虎通》并調整至最首，《毛詩》《禮記》《左傳》又移至桓譚《新論》之後。本是將《藝文類聚》編入，卻將原著録順序進行較大程度地改動，這與《太平御覽》同樣有密不可分的關係。現將《唐類函》"琴一《藝文類聚》"篇徵引順序羅列如下：

《白虎通》、桓譚《新論》、《廣雅》《風俗通》《周官》《毛詩》《禮記》《左傳》、蔡邕《月令章句》、《韓詩外傳》《列子》《莊子》《孫卿子》《吕氏春秋》《説苑》、劉向《别録》、《史記》、華嶠《漢書》、《東觀漢記》《後漢書》《晋書》《晋中興書》、沈約《宋書》、蕭子顯《齊書》、《十二國史》、《孫登别傳》、《江表傳》、《蔡琰别傳》、《列仙傳》、《馬明生别傳》、《文士傳》《世説》《語林》《搜神記》《幽明録》《樂府解題》、阮籍《樂論》、揚雄《琴清英》。

《唐類函》將《白虎通》、桓譚《新論》、《廣雅》、《風俗通》四書置首，旨在溯本清源，解釋琴的由來及發展。首引《白虎通》"琴者，禁也"是爲釋名，《新論》言神農氏削桐爲琴、後引《廣雅》描述神農之琴"長三尺六寸六分，上有五弦"以討論琴的初現與原貌，《風俗通》稱"君子所常御"則是上升到琴所賦予的文化或精神品格，層層遞進，將琴的屬性與特點概括其中。這種做法最早應見於《太平御覽》，李廷允將《御覽》的編纂目的總結爲"備天地萬物之理，政教法度之原，理亂廢興之由，道德性命之奧"①，故而《太平御覽》十分注重所録類目的源流，正如周生傑所說，《太平御覽》"在引用材料時，并非如同前代類書一般僅僅是材料的堆砌，而是試圖追根溯源，展現一個發展線索"②。《唐類函》在重新編排

① 宋蜀刻本《太平御覽》卷首蒲氏序，日本宫内省書陵部藏。
② 周生傑：《〈太平御覽〉研究》，巴蜀書社，2008年第1版，第380頁。

《藝文類聚》材料的基礎上，正是重在體現這種源流關係，并在"釋名"之後，也如《太平御覽》以經史子集或是經子史集的排序方式對所引材料進行歸類，如"琴一《藝文類聚》"篇中：《周官》至《韓詩外傳》屬經；《列子》至《説苑》屬"子"；劉向《別録》至《十二國史》屬"史"；《孫登別傳》至揚雄《琴清英》屬"集"。

以上旨在證明《太平御覽》與《唐類函》之間不可否認的承襲關係，可進而推測，凡例所言"茲於急切恒用者稍爲采補""或有提綱偶對而無分注者，輒私有增入"，其"采補""增入"的來源正是《太平御覽》。即便是俞安期作爲復古派之"羽翼"①，號稱彙集唐人所撰之書的《唐類函》的編纂仍是參考了《太平御覽》，甚至出現徑自轉引原文的情況，從中正透露出《太平御覽》對明代類書編纂巨大而不可忽視的影響。

三、匠心獨具：部類設置與材料編排

《唐類函》的成書歷經十年，書前申時行序稱"羨長蓋窮日夜之力，更再寒暑而成是編"，則俞安期在編纂之時應是頗費心力，而非在繼承前代類書的基礎上簡單進行彙編工作，其整體結構的編纂、類目的設立、内容的取舍以及編排方式都是編者之匠心所在。

從整體的部類設置上看，誠然，《藝文類聚》《太平御覽》是《唐類函》的重要藍本，三部類書均以"天地人事物"的排列順序安排部類，但三書編纂的時代背景不同，故《唐類函》在部類的設置和順序的安排上必定有所調整。現將三書之部類按順序羅列置於下表：

表 1　　　　　《藝文類聚》《太平御覽》《唐類函》部類對照

	《藝文類聚》	《太平御覽》	《唐類函》
天	天、歲時	天、時序	天、歲時
地	地、州、郡、山、水	地	地
人	符命、帝王、后妃、儲宮、人	皇王、偏霸、皇親、州郡、居處、封建、職官、兵、人事、逸民、宗親	帝王、后妃、儲宮、帝戚

---

① 龔顯宗在其《明七子派詩文及其評論之研究》一書中將俞安期列入後七子派的"其他"成員，即所謂"羽翼"人物。見龔顯宗：《明七子派詩文及其評論之研究》，花木蘭文化出版社，2007年，第65頁。

	《藝文類聚》	《太平御覽》	《唐類函》
事	禮、樂、職官、封爵、治政、刑法、雜文、武、軍器	禮儀、樂、文、學、治道、刑法、釋、道、儀式	設官、封爵、政術、禮儀、樂、文、學、武功、邊塞、人、釋、道
物	居處、產業、衣冠、儀飾、服飾、舟車、食物、雜器物、巧藝、方術、内典、靈異、火、藥香草、寶玉、百穀、布帛、果、木、鳥、獸、鱗介、蟲豸、祥瑞、災異	服章、服用、方術、疾病、工藝、器物、雜物、舟、車、奉使、四夷、珍寶、布帛、資產、百穀、飲食、火、休征、咎征、神鬼、妖異、獸、羽族、鱗介、蟲豸、木、竹、果、菜茹、香、藥、百卉	靈異、方術、巧藝、京邑、州郡、居處、產業、火、珍寶、布帛、儀飾、服飾、器物、舟、車、食物、五穀、藥菜、果草、木、鳥、獸、鱗介、蟲豸

由表1可知，《藝文類聚》對“天地人事物”的排列最爲清晰，後面二書雖總體上仍依照此規律，但已經出現了明顯的混雜現象，如《太平御覽》中的州郡、居處、封建、職官、兵部位於皇親部之後、人事部之前，而州郡歸於“地”；封建、職官、兵部歸於“事”；居處歸於“物”似更爲合適。鞏本棟先生對此排序做出了解釋：天子以下所居依其地方大小稱“州郡”；君王及君王以下所居稱“居處”；分封諸侯以輔佐則有“封建”部；設官分職以治天下有“職官部”；要保國安民又有“兵部”。故《太平御覽》已經并未完全嚴格遵守“天地人事物”的劃分界限，而是更注重“君王以儒家禮義道德等核心思想觀念治理國家，統馭臣民，形成一個上下有序、内外有別的嚴密的社會結構”①，以此“提升到封建時代的哲學高度”②。

《唐類函》在此基礎上變本加厲，如“人部”，位於邊塞部之後、釋部之前，“人”與“事”之間的界限已經完全消解。又如州郡部移動至京邑部之後、居處部之前，“地”“人”“事”之間又產生了矛盾。這種矛盾的產生同樣是爲了架構一個類似於《太平御覽》的社會結構，以展示自身獨

---

① 參見鞏本棟：《〈太平御覽〉的分類及其文化意義》，《中國高校社會科學》2016年第2期，第140頁。

② 語出《〈太平御覽〉研究》，原文稱：“這一時期類書部類劃分混亂，雖然也遵循天地人事物的類分體系，但還比較模糊，沒有把部類劃分問題提升到封建時代的哲學高度，而對這一問題從哲學問題來看待的，祇能是《御覽》了。”《〈太平御覽〉研究》，第345頁。

有的邏輯與思想。

其邏輯與思想表現在：有天地，而後有萬物，故先設"天部""歲時部""地部"。"人之超然萬物之上，而最爲天下貴也。人，下長萬物，上參天地。"① 又"帝王之事，不過奉天治民"②，帝王是人中之尊，奉天命管轄人事，故地部下首設"帝王部"。"后妃""儲宫""帝戚"是皇親國戚，是帝王緊密接觸的人群，所以緊隨其後。帝王爲治理天下，設官分職，則有"設官部"；分封諸侯，維護統治，有"封爵部"；君主、大臣有其治政之道，則有"政術部"。"故作樂崇德，殷鑒上帝，合禮樂之化，設内外之教，而天下順也。"以禮樂制度教化百姓，則設"禮部""樂部"。文德與武功，文治與武事是品評人才的兩大方面，故有"文學部""武功部"。武將駐守邊塞以衛國，故後設"邊塞部"。

由帝王部至邊塞部，基本構成了一個封建社會的管理系統與秩序，然而平民百姓仍占大多數，故設"人部"。除上述部類所體現的儒家思想之外，還有道家、釋家，則有"釋部""道部"。子不語怪力亂神，"靈異部""方術部"與釋道相關，故累隨其後。古代職業大致可以分爲士農工商，醫卜占相，後者對應方術部，前者對應"巧藝部"。人們的所處環境，以帝王爲先，帝王居住於京邑，設"京邑部"；帝王以下所居依其地方大小稱州、稱郡、稱縣、稱邑等，因而有"州郡部"；由君王及君王以下所居住的宫室、屋宅，又設"居處部"。天、地、人、事的設部如上，"火""珍寶""布帛""儀飾""服飾""器物""舟""車""食物""五穀""藥菜""果""草""木""鳥""獸""鱗介""蟲豸"諸部，則是物情，與人類社會息息相關，故置於末。由此可見，《唐類函》的部類編排次序反映了編者俞安期在彼時的社會環境下所持有的自然與社會的邏輯秩序。

俞安期在彙編之時也對材料進行了處理，此處以卷四天部"雪"目爲例，與《藝文類聚》進行對照，對其編排情況總結分類：

（一）剪裁

《藝文類聚》雪目

《毛詩》曰：北風其涼，雨雪其雰。又曰：今我來斯，雨雪霏霏。

---

① ［漢］董仲舒：《春秋繁露》，中華書局，2012 年，第 324 頁。

② ［宋］吕祖謙：《東萊書説種》，《吕祖謙全集》第 3 册，浙江古籍出版社，2008 年，第 27 頁。

又曰：上天同雲，雨雪雰雰。又曰：雨雪瀌瀌，見晛日消。晛，日氣也。

《唐類函》"雪一《藝文類聚》"篇

《毛詩》曰：雨雪瀌瀌，見晛日消。晛，日氣也。

《藝文類聚》引《毛詩》四條來釋雪，俞安期徑刪其前三條。若將這四條材料加以對比，可以發現前三者都限於描寫雪的狀態：雨雪其雰，是大雪漫天飄零之狀；雨雪霏霏，摻雜了征夫歸鄉之時的悲涼之情，形容大雪紛紛；雨雪雰雰，是指雨雪墜落之時的紛紛揚揚。從本質上看，三者在釋雪上並無差別。而最後一條材料，不僅以"雨雪瀌瀌"指出雪花飄落之態，更進一步說明了雪的性質，即"見晛日消"，太陽照射下便會消融。由此可見，俞安期在裁剪材料之時並非任意，而是旨在刪其重複，保證材料的簡潔性。這種情況在《唐類函》中十分常見，例如天部風目，刪去原《藝文類聚》引《毛詩》"終風且曀，終日而風爲終風"；禮儀部婚姻目，刪除原《藝文類聚》引《禮記》"仲春之月，玄鳥至，至之日，以太牢祠高禖，玄鳥，燕也，燕以來巢，室於嫁娶之家，媒氏以爲候也"等，均是此等情況。

（二）增補

《藝文類聚》雪目

《左氏傳》曰：楚子次於乾谿，雨雪，王皮冠，秦復陶秦所遺羽衣也。翠被豹舄，執鞭以出。

《唐類函》"雪一《藝文類聚》"篇

《左氏傳》曰：楚子次於乾谿，雨雪，王皮冠，秦復陶秦所遺羽衣也。翠被豹舄，執鞭以出。又曰：平地尺爲大雪，雪有七尺雪。

引《左氏傳》釋雪，俞安期增補了一條新材料。原有"楚子次於乾谿，雨雪，王皮冠"，這裏指下雪時，楚王戴上了皮帽。增補了"平地尺爲大雪"，解釋何爲大雪，平地雪深一尺即爲大雪。前者是指下雪之時人的行爲變化，後者則解釋了與雪相關的概念：大雪、七尺雪，則增補自有其意義所在。

（三）補注

《藝文類聚》雪目

《韓詩外傳》曰：凡草木花多五出，雪花獨六出，雪花曰霙，雪雲曰同雲。

《唐類函》"雪一《藝文類聚》"篇

《韓詩外傳》曰：凡草木花多五出，雪花獨六出，雪花曰霙，雪雲曰同雲。同謂雲陰與天同爲一體。又曰：自上而下曰雨雪。

或因原材料的語詞晦澀難懂，俞安期徵引他書加以注解，此處釋"同雲"，參引《初學記》釋"同雲"："《詩》云：'上天同雲，雨雪雰雰。'同謂雲陰與天同爲一色也。"① 即降雪之前，天雲一色，似爲一體。

（四）補正

《藝文類聚》雪目

《晋諸公贊》曰：東嬴王滕於常山屯營，時大積雪，常山門前方數丈融液，滕怪而掘之，得玉馬，高尺餘。

《唐類函》"雪一《藝文類聚》"篇

《晋書》曰：東嬴王滕於常山屯營，時大積雪，常山門前方數丈融液，滕怪而掘之，得玉馬，高尺餘。

《藝文類聚》雪目

孫康家貧，常映雪讀書，清介，交游不雜。

《唐類函》"雪一《藝文類聚》"篇

《宋齊語》曰：孫康家貧，常映雪讀書，清介，交游不雜。

或因原材料的出處有誤，俞安期加以補正，如司馬騰雪地掘玉馬一事的出處應爲《晋書》，又如原載孫康之事出處不詳，後經補出處爲《宋齊語》。俞安期的補正，應是從《太平御覽》中借鑒而來，《太平御覽》卷十二天部雪目有："《宋齊語》曰：孫康家貧，常映雪讀書。"又有："《晋書》又曰：東瀛公騰（公姓司馬，名騰）伐石勒，於常山屯營。時天大雪。有一處方數丈，融液，怪而掘之，得一玉馬高尺許，以爲晋家之瑞。"②

（五）改訂

《藝文類聚》雪目

《史記》曰：東郭先生衣敝，履不完。行雪中，履有上無下，足盡踐地。

《唐類函》"雪一《藝文類聚》"篇

① ［唐］徐堅：《初學記》，中華書局，1962 年第 1 版，第 27 頁。
② ［宋］李昉等撰：《太平御覽》，第 58 頁。

《史記》曰：東郭先生久待公車，貧寒，衣敝，履不完。行雪中，
履有上無下，足盡踐地。

俞安期也對材料中的語句進行修訂，如在原《藝文類聚》基礎上增"久待
公車，貧寒"六字至"東郭先生"之後。而《史記》原載："東郭先生久
待詔公車，貧困饑寒，衣敝，履不完。行雪中，履有上無下，足盡踐
地。"① 對比可知，《唐類函》對《藝文類聚》的不詳備之處進行了改動，
以期更爲完整。

同時，俞安期直接刪除了《藝文類聚》雪目之下關於《高士傳》《莊
子》《洛神賦》的材料。刪《莊子》和《洛神賦》，大抵在於其中所指稱的
"雪"并非雪本身，而是喻體。原《藝文類聚》中有："《莊子》曰：藐姑
射山，有神人居焉，肌膚若冰雪。《洛神賦》曰：飄飄兮若流風之回雪。"②
"肌膚若冰雪"，指姑射山上的神人肌膚宛如冰雪潤白剔透；"飄飄兮若流
風之回雪"，則是指洛神身影浮動飄忽似風旋雪。二者的重點都在於作爲本
體的肌膚、身影，而非雪，故刪之。由以上五種校勘情況及其調換材料順
序的做法，可知俞安期在彙編《唐類函》之時，有其獨到的編纂匠心和類
書觀。

結　語

綜而言之，俞安期編纂《唐類函》，一方面或明或暗地對前代經典類書
《藝文類聚》《太平御覽》等進行改易與借鑒，另一方面更能在纂修之中融
入自己的思想與見解，在某種程度上反映了晚明時期的社會風潮及其自身
的類書編纂觀。《四庫全書總目》稱其"寥寥數條，掛一漏萬，體例皆爲
未善，且顛倒補綴，訛舛亦多"③，實則是站在一個對明代類書總體貶斥的
視角上進行批評，若深入考察《唐類函》部類與材料的編纂，可以明顯看
到編者俞安期的匠心所在。《唐類函》的問世，不僅是對文壇七子派復古之
風的回應與趨同，更是對唐代之前的文獻資料的梳理與整合，爲類書史的
發展做出了突出貢獻，以至於成爲後世《淵鑒類函》的重要藍本。而對
《唐類函》於前代類書之承襲情況的挖掘，正透露出，即便是聲稱彙編前代

---

① ［漢］司馬遷撰：《史記》，中華書局，1982年，第3208頁。
② ［唐］歐陽詢撰，汪紹楹校：《藝文類聚》，第23頁。
③ ［清］永瑢等：《四庫全書總目》，中華書局，1965年，第1173頁。

之書，其中也蘊含着編者十餘年的心力，其編纂的價值不應忽視，更應從彼時的社會背景和編者本人出發，追尋其中蘊含的編纂思想。基於此，晚明類書的研究或許可以打開一個新視角，不僅是《唐類函》，《太平御覽》對後世類書編纂的影響也可以從更多明代類書身上找到端倪。

（作者單位：浙江大學）

《鶴林玉露》"虛實"語法觀探究

朱　羿

摘　要：本文采用原型範疇理論指導下的認知語言學分析，對《鶴林玉露》中"虛實"的詞類劃分語法觀進行研究，揭示出"虛實"的詞類劃分語法觀實際上是人類思維中"實體"與"活動"兩組概念在語言中的具體反映，并進一步從語言實例中確認該思維模式留下的痕迹。

關鍵詞：《鶴林玉露》　原型範疇理論　虛實

《鶴林玉露》中涉及到許多語法現象①，也提到了一些概念，這背後滲透着羅氏的語法觀念，其中"虛實"的詞類分析方法值得我們進一步剖析闡釋。這種分類方法并非羅大經首創，它早在春秋戰國時期已現雛形，而"虛""實"作爲一組概念名稱，最早見於宋代周煇《清波雜志》卷七："東坡教諸子作文……或虛字多，實字少。"② 然而各家對"虛""實"的分類不盡相同。比如：

> 詞與詩不同，詞之句語有二字、三字、四字，至六字、七、八字者，若堆疊實字，讀且不通，況付之雪兒乎？合用虛字呼喚，單字如"正""但""任""甚"之類，兩字如"莫是""還又""那堪"之類……此等虛字，却要用之得其所。若使盡用虛字，句語又俗，雖不質實恐不無掩卷之誚。（［宋］張炎《詞源·虛字》）③
>
> 構文之道，不過實字虛字兩端，實字其體骨，而虛字其性情也。

---

① "語法"本身具有兩類含義，一是指向語言中客觀存在的由小的音義結合體組成大的音義結合體所依據的規律（認識客體），二是指向人們，尤其是語法學家（認識主體）對這種語言客觀規律的認識（認識結果）。這裏的"語法觀"采用的是第二種含義。

② ［宋］周煇撰，劉永翔、許丹整理：《清波雜志》卷七《坡教作文》，大象出版社，2019年，第78頁。

③ 唐圭璋編：《詞話叢編·詞源·虛字》，中華書局，2005年，第259頁。

蓋文以代言，取肖神理，抗墜之際，軒輊異情，虛字一乖，判于燕越，柳柳州所由發哂于杜溫夫者邪！且夫一字之失，一句爲之蹉跎；一句之誤，通篇爲之梗塞。討論可闕如乎！（［清］劉淇《助字辨略·自序》）①

　　當其言事言理，事理實處，自有本字寫之；其隨本字而運以長短疾徐、死活、輕重之聲，此無從以實字見也，則有虛字託之，而其聲如聞，其意自見。故虛字者，所以傳其聲，聲傳而情見焉。（［清］袁仁林《虛字説·虛字總説》）②

上述學者都注意到了虛字在語言運用中的輔助作用，所謂"語言襯貼"③，他們認爲雖然虛字本身没有實際意義，但是使用虛字能使文氣貫通，更好地表情達意。這樣的觀點在進一步發展之後便與現代漢語言學中虛詞的科學定義有了相通之處："實詞能在……句法結構中充任主要成分（主語、謂語、述語、中心語），虛詞則不能。"④

　　然而羅大經持有的是另一種分類意見。《甲編》卷三"生成吹噓"一條云：

　　杜陵詩云："桑麻深雨露，燕雀半生成。"後山詩云："輟耕扶日月，起廢極吹噓。"或謂虛實不類。殊不知"生"爲"造"，"成"爲"化"，"吹"爲"陰"，"噓"爲"陽"，氣勢力量，與"日月"字正相配也。⑤

此處羅氏所謂"虛""實"，顯然均屬於現代漢語言學裏的實詞範疇——即使我們從詞語的意義上看，羅氏所舉的例子也是實義詞語。⑥那麼，區分羅氏所言之"虛""實"，以及探究其背後的原因，便成爲無法繞過的研究課題。

　　大致同時代的魏慶之在《詩人玉屑》中也有過相關的論述。卷三"眼

---

　　① ［清］劉淇著，章錫琛校注：《助字辨略·自序》，中華書局，1954年，第1頁。
　　② ［清］袁仁林著，解惠全注：《虛字説·虛字總説》，中華書局，1989年，第128頁。
　　③ ［清］袁仁林著，解惠全注：《虛字説·序》，中華書局，1989年，第11頁。
　　④ 北京大學中文系現代漢語教研室編：《現代漢語（增訂本）》，商務印書館，2012年，第276、277、279頁。
　　⑤ ［宋］羅大經撰，孫雪霄點校：《鶴林玉露》甲編卷三《生成吹噓》，上海古籍出版社，2012年，第27頁。
　　⑥ 在現代漢語中，"詞類是詞根據詞的語法功能，即根據詞在句法結構中的作用所分出的類別……但是從意義上看，每一類詞也都有共同之處……詞的意義由於不便操作，祇能作爲參考。"（北京大學中文系現代漢語教研室編《現代漢語（增訂本）》，第277頁）

用實字”條中，“夜潮人到郭，春霧鳥啼山”“旅愁春入越，鄉夢夜歸秦”“野渡波搖月，寒城雨曀鐘”“半夜臙因風捲去，五更春被角吹來”① 諸句中的“人”“鳥”“春”“夜”“波”“雨”“風”“角”都是普通名詞，被稱爲“實字”。而“首用虛字”條“無風雲出塞，不夜月臨關”“無人花色慘，多雨鳥聲寒”“以吾爲世舊，憐爾繼家風”“出關逢落葉，傍水見寒花”“但將酩酊酬佳節，不用登臨怨落暉”② 諸句中的“無”“不”（“不夜”）“以”“憐”“出”“傍”是動詞，“多”是形容詞，“但”“不”（“不用”）是副詞，都被稱爲“虛字”。

又如清代王懋竑《讀書記疑》卷十一所載：

> 《莊子·養生主》：“官知止而神欲行。”“知”“欲”皆虛字。向注非是。向謂專所司察而後動，謂之官智；縱手放意，無心而得，謂之神欲。③

“向注”把“官知”“神欲”理解爲名詞短語，王氏謂“非是”，應爲“虛字”短語，這表明了“虛字”非名詞。進一步地，我們結合“知”“欲”的具體情況來考察，便會發現“虛字”祇能是動詞。

由此可以認定，羅大經此處所言之“虛”當是動詞，“實”當是名詞。然而更重要的問題是，爲什麼羅氏等人會做出這樣的區分？“虛”和“實”究竟代表着動詞與名詞的什麼性質特點？羅氏在《鶴林玉露》中沒有給出進一步的闡述。然而，“從哲學上來說，一個事物的特性將會在內外兩個方面表現或反映出來……從外部來說，一個事物的特性，一定會在跟其他事物的聯繫、接觸上表現或反映出來”。④ 既然我們無法從羅氏本人的思想着手，不妨暫且擱置內部方面，將目光投向《鶴林玉露》外部。

陸九淵説：“字之指歸又有虛實，虛字則但當論字義，實字則當論所指之實。”⑤ 明代無名氏《對類》曰：“蓋字之有形體者爲實，字無形體者爲虛。”⑥ 這兩種解釋都認爲有客觀存在的形體爲“實”，反之爲“虛”。事實上，這種標準內藴的“空間性是名詞的基本屬性”觀念，與現代語言學的

---

① [宋]魏慶之著，王仲聞點校：《詩人玉屑》卷三，中華書局，2007年，第108頁。
② [宋]魏慶之著，王仲聞點校：《詩人玉屑》卷三，中華書局，2007年，第111頁。
③ 鄭奠、麥梅翹編：《古漢語語法學資料彙編》，中華書局，1964年，第95—96頁。
④ 陸儉明著：《現代漢語語法研究教程》，北京大學出版社，2019年，第87—88頁。
⑤ [宋]陸九淵著：《象山先生全集》卷二，鳳凰出版社據明嘉靖三十九年刊本影印，2018年，第116—117頁。
⑥ 轉引自宋桔著：《〈語言自邇集〉的漢語語法研究》，復旦大學出版社，2015年，第118頁。

觀點不謀而合。現代學者認爲，名詞與動詞是語言中的兩個基本詞類，其他詞類都是從兩者中分化産生的，名詞的空間性特徵最强，動詞的時間性特徵最强。① Taylor 提出，名詞的典型性特徵應排列爲：

離散的、有形的、佔有三維空間的實體＞非空間領域的實體＞集體實體＞抽象實體②

這是由於人們認知中典型的客觀實體往往呈離散狀態，具有明確且固定的邊界，比如電腦、書籍等，而具體名詞的功能便是指稱這些實體，因而其典型性特徵最强，其他名詞的典型性特徵程度如上依次遞减；動詞描述的是動作或事件的展開，必然與時間密切相關，時間本身又看不見、摸不着，感知難度大，再加上這種展開僅僅是依附於某種客觀實在的主體的過程，其本身并非實在的主體，因而具備了某種抽象性，也即"虚"的意味。

根據原型範疇理論，即使是非典型的名詞，比如上文提到的"春""夜"："春"指稱一段時間内的物候總特徵，"夜"指天黑的一段時間。它們指稱的物件屬於抽象實體，不具備客觀形體（與上文古人給出的兩個定義相矛盾），相對呈現連續性，在抽象程度上難以和"出""傍"等動詞比較高下，也仍然與典型的名詞有較大的相似性，因而明顯區别於典型的動詞。非典型名詞與典型名詞的相似性一方面體現在其空間性相較于時間性更强，另一方面也很可能與其語法特徵——比如常常作主語、賓語而較少作謂語——有關：當然，這兩個方面本身也是相互影響的。因此羅大經等人會認爲這些名詞衹是一個"好的名詞"即符合認知完形的典型的名詞的弱化形式，於是把對典型名詞的"實"感轉移到這些非典型名詞上，依然認爲它們是"實"字。用孤立比較的方法無法解决的問題，在引入認知語言學理論後就被置於綜合的視野下得到了圓融的解釋。

此外，我們還可以從語言的某些形式特徵上看到名詞之"實"與動詞之"虚"所留下的痕跡。③ Hopper & Thompson 指出，漢語的名詞與動詞在實際話語中的語用功能是不對稱的，比如名用的動詞説出"一個被視爲實

---

① 張伯江：《詞類活用的功能解釋》，《中國語文》1994 年第 5 期，第 342 頁。

② 劉國輝：《名詞與動詞的認知問題以及轉换效用》，《外語教學》2004 年第 5 期，第 37 頁。

③ 儘管本節以"這本書的出版"爲例説明名詞、動詞與實、虚之間的關係，但并無意討論關於它的這種傳統解釋思路是否真正解决了"名詞＋的＋動詞"結構引發的問題本身，而衹是借此從實際的語言表達上佐證認知語言學對羅氏這種觀念的解釋，同説明這種觀念具有普遍性（古代、現代都存在），也即從語法事實上肯定羅氏的虚實分類法有其合理性和認知上的動因。

體的活動"，而動用的名詞"袛是説出一個與某實體有關的活動"。① 因此，名用的動詞仍然保留着部分動詞性。最典型的例子就是曾引發中國語法學界大討論的一個短語：

　　這本書的出版

在這個短語中，"出版"究竟是名詞還是動詞？一方面，我們可以用它造出一句完整的話，如：

　　這本書的出版讓我們倍感振奮。

在整個句子中，"這本書的出版"處於主語的位置，而且不能受"不""没"的修飾，因此是名詞性結構。按照布隆菲爾德（Bloomfield）的"向心結構"理論，"出版"也應該是一個名詞，而且它不能再帶時體成分以及賓語、補語的現象也可以從語言事實上佐證這一點②，這便是名用的動詞"被視爲實體"的一面。然而從另一方面來看，漢語中也存在這樣的句子：

　　這本書的不出版讓我們異常失望。

"出版"仍然可以受"不"的修飾，這又説明它并不是一個純粹的名詞，仍然保留着部分動詞性，體現了名用的動詞從根本上仍然是説出"一個活動"的一面。

　　相反地，動用的名詞由於"不再説出一個實體"，便全無名詞性。這表現在動用的名詞後可以加上"了、着、過"等時體標記以及數詞—動量詞短語，喪失了名詞的典型特徵，例如：

　　小明三天裏肝了五篇論文。

　　咱們腿兒着去超市。

　　小李難得大款一回，我們就給他個面子吧。

但是，又由於動用的名詞説出的這個活動"與某實體有關"，上述句子如果用一般的形式表達，將成爲：

---

　　① 沈家煊：《漢語裏的名詞和動詞》，《漢藏語學報》2007 年第 1 期，第 34 頁。

　　② 陸儉明指出："這種看法是靠不住的。作爲某一類詞裏的某個具體的詞，它當然會具有它所屬詞類的各種語法功能，但當它進入某個具體的語法位置後，我們没有理由再要求它具有它所屬詞類的所有語法功能。"（參看陸儉明著：《現代漢語語法研究教程》，北京大學出版社，2019 年，第 221—222 頁）我們認爲陸氏給出的理由作爲普遍原則是完全成立的，就本節所探討的問題來看，我們正是在嘗試從認知語言學的角度説明爲什麽動詞進入"名詞＋的＋動詞"結構之後喪失了一部分語法功能，從而變得接近名詞的詞類範疇。另外，這種現象也與漢語語法本身的特點有關（比如詞的形態變化不豐富），李臨定指出，現代漢語語法中"類和類之間的界限常常是模糊的，轉化、游移領域需要重視，成爲分析研究的一個不可忽視的方面"。（參看李臨定著：《漢語基礎語法》，商務印書館，2019 年，第 10 頁。）

小明三天裏以傷肝的方式寫了五篇論文。

咱們用腿走著去超市。

小李難得當大款付一回錢，我們就給他個面子吧。

顯然，這些“實體”仍然暗含在人們的認知中，在這裏表現爲用於表示活動的動詞需要與用於表示實體的名詞組合。

根本説來，這種不對稱現象正是動詞與名詞的虛實差別造成的。Lakoff & Johnson 指出“人們用本體隱喻來理解事件、動作、活動和狀態。通過隱喻，事件和動作被理解爲實體”。[1] 人們的思維處理具體的東西總是比處理抽象的東西更容易，所以動詞所陳述的活動需要經過轉化，被視作具體的某種實體後，人們纔能指稱、計量它，因此“這本書的出版”中的“出版”不能僅僅以“虛”的動詞身份爲人理解，而必然表現出某些名詞的典型特徵，成爲認知中的“實體”，這也就是動詞名用的過程。由於這種思維規律，人們也無法把一個名詞所指稱的具體的實體本身轉化爲抽象的動作來看待——動作無法以孤立存在而不涉及任何實體的方式被理解——因而實體根本不能以任何方式被“説出”即表現在句法結構上。人們衹是通過聯想啓動并“説出”與實體相關的動作。實體雖然沒有被“説出”，但是仍然存留在我們的認知當中，這便充分説明了“實”的名詞在認知上的確不能將自己本身轉化爲“虛”的動詞。這就是名詞動用的本質。[2]

通過對這兩種現象的分析，我們認識到語言裏表現出來的名詞動詞轉化不對稱的現象，正是人們對名詞和動詞虛實不同的認知反映，是語言表達受制於人類思維特點的結果。

（作者單位：山東大學尼山學堂）

---

[1]　沈家煊：《漢語裏的名詞和動詞》，《漢藏語學報》2007 年第 1 期，第 34 頁。

[2]　即便如此，名詞動用的例子也顯著少於動詞名用，據王東梅（2010）的統計，現代漢語裏動詞名用的實例是名詞動用實例的 57 倍。

試析陽明學的學脈源流①

——以《明儒學案》爲中心

樊兵策

摘　要：王陽明和陸九淵作爲宋明儒學主要代表人物，後世合稱爲陸王心學。廣義上，陸王心學是理學的一部分。進而言之，陽明學是在程朱理學的啓蒙下，繼承了宋儒所建構的經典體系，并融通了佛道修證工夫，進而通過自得自悟的方式，尤其對朱子學加以深刻地反思、批判而逐步形成的。所以王陽明本人既有程朱理學的根底，又有心學立場，而陽明後學則過多強調了心學立場，遮蔽了陽明思想的諸多面向。這一點在《明儒學案》中尤爲典型，本文以此爲主要參考文獻研究了陽明學的宗旨源流，梳理了陽明前的儒學背景及陽明學形成的過程，重點考察了姚江學案中的陽明學師承淵源。對於陽明後學分爲五大流派，并梳理出了其傳承譜系，正是由於陽明後學過於偏向心學，偏離陽明原本的教法而導致陽明學衰落。只有鉤沉作者未發之意蘊，纔能發現陽明學的全貌。

關鍵詞：陽明學　明儒學案　源流

王陽明是宋明以來除朱熹以外影響最大的大儒，直到今天也仍被官方尊崇。關於研究陽明學進入理路歷來有多種，較爲直接的文獻有《傳習録》，而《明儒學案》則奠定了另外一種方式。該書是黄宗羲總結明朝儒學的學術著作，在某種角度而言，介於陽明後學的流弊，更多想維護陽明儒家正統。這在當時有積極意義，今天則另當別論。他在凡例和自序中都有對陽明學的概括，序跋中涉及陽明學術脈絡的衹有仇兆鼈一篇相對全面，

① 本文係國家社科基金重大項目"創造性轉化與創新性發展視野下的中華生命智慧研究"（批准號：22ZDA082）的專題研究成果。

在自序中説："諸先生不肯以朦朧精神冒人糟粕，雖淺深詳略之不同，要不可謂無見於道者也。余於是分其宗旨，別其源流，與同門姜定庵、董無休操其大要，以著於篇，聽學者從而自擇。"[①] 所以梁啓超先生認爲《明儒學案》是一部史書，兼有學術史和思想史的意義。因爲本書放眼於整個有明一代，所以在記事上不可能像《王陽明全集》《王陽明年譜》那樣詳細而周全，有意忽略了陽明與程朱、佛道的關聯。陽明學固然是全書的重心，但是强烈的心學立場也使得他遮蔽王學所應有的全貌。歷史的距離感很容易使人看到問題癥結。通過下面分析《明儒學案》，順著黃宗羲所建構的思路，我們可以窺見他所理解的陽明學源流。

《明儒學案》的版本有多種，主要有三個版本和傳刻系統，分別是康熙紫筠齋本、乾隆二老閣本、道光莫晉刻本。本文所依據的是中華書局沈芝盈點校本，沈先生以二老閣版一八八二年馮全垓印本爲底本，校以紫筠齋版一七三五年印本，及一九三六年《四部備要》據莫刻排印本整理而成，在衆多版本之中相對比較完善。在不同版本之間的目錄排序，可以看出不同版本對陽明學師承淵源不同的價值取向。所以值得筆者注意的是全書九卷的名稱和排列問題，反映出對明代儒學南北之爭和理學心學之爭。如何安排南北大儒的出場名次成了焦點，如南方儒學代表人物，江西吳與弼的《崇仁學案》、廣東《白沙學案》，北方儒學代表人物，山西薛瑄《河東學案》，陝西王疏《三元學案》，紫筠齋本先北後南，二老閣、莫刻本先南後北，沈芝盈點校采取了後兩者的目錄編排。從黃宗羲著述的本義推測，也許是先南後北，但從陽明學術生發脈絡看，應該是先北後南，即先是明太祖欽定的作爲官學的程朱學，然後是陽明等針對理學弊端作出反動的儒學建構。陽明生於官宦之家，父親是狀元及第，從小接受了正統仕途的教育，服膺程朱之學，因格竹子而不得法，刺激他思考儒學轉型，影響了明朝儒學中後期的發展方向。

目錄反映了文本的結構與內容。所謂案者，按也。其實既有考據，也有義理辭章，比較完整地展現了學術的發展源流，這一點有利於察識出陽明學前後發展的脈絡。《明儒學案》共六十二卷，共收錄了兩百一十多個明代儒者的傳記。整個學案由黃宗羲案序、儒者傳略、儒者著述如書信、語

---

① 黃宗羲：《明儒學案》，中華書局，2008 年，第 8 頁。

錄組織而成，陳祖武先生稱之爲三段式結構①。除去序言、發凡，《師說》一篇算是正文的開始，第一個就是方孝孺。方氏當時是天下文宗，因不滿朱棣篡位被誅九族，連弟子門生也無一倖免，造成中國歷史上少有的誅十族之慘案。這可以看出黃宗羲的著作旨意，彰顯師道。重視師道傳承，這是宋明道統意識的延續。書中儒學各派基本上是黃宗羲所命名，如陽明前的崇仁在江西，河東在山西，白沙在廣東，三元在陝西，姚江在浙江。分量最重的王門學案浙中，江右在江西，南中在南京，楚中指湖南湖北，北方則主要指河南山東；最後是閩粵，指廣東福建。朱熹是福建人，因此閩粵在明代依然是朱子學重鎮。所以王學在閩地傳播不多。②

一、陽明前的明儒學術

明朝開國，太祖朱元璋收拾蒙元殘局，重振科舉取士制度，欽定程朱理學著作爲官方教科書，奠定了有明一代學術格局。陽明前的明儒學術及代表人物，在明代草創之初無不是以研究發揚宋儒學問爲宗旨，其主要的文本依據就是四書。黃宗羲在全書卷首以"師說"的名目，共列十人，方正學孝孺、曹月川端、薛敬軒瑄、吳康齋與弼、陳剩夫真晟、周小泉蕙、陳白沙獻章、陳克庵選、羅一峰倫、蔡虛齋清。然而，卷一卻是從崇仁學案一、聘君吳康齋先生與弼開始；而師說的方正學孝孺卻放在了後面的卷四十三諸儒學案上方孝孺，并且與趙謙并列一卷。爲什麼這樣編排次序呢？

仇兆鰲之序開篇即說："孔、孟之學，至宋儒而大顯。明初得宋儒之傳者，南有方正學先生首倡浙東，北有薛敬軒先生奮起山右，一則接踵金華，一則嗣響月川，其學皆原本程、朱者也。獨天台經靖難之餘，淵源遂絕。自康齋振鐸於崇仁，陽明築壇於舜水，其斯道絕而複續之機乎！"③ 其實，仇兆鰲認爲明儒直接從孔孟與宋儒而來，中間沒有漢儒、唐儒、元儒。尤其着重提出明朝初年，宋儒的傳承南方有浙東方孝孺，但其被滅十族，斷了浙東後學活路。實際上，自"靖難之變"朱棣"篡位"，京都從南京遷往北京，官方依然以程朱爲圭臬。明朝文運開始回轉，以前衹是短暫的元明過度。南方儒學，直到崇仁吳康齋而漸複生氣，所以黃宗羲列爲《明儒

---

① 陳祖武：《中國學案史》，東方出版中心，2008 年，第 119 頁。
② 參見朱鴻林：《明儒學案選講》，三聯書店，2012 年，第 22 頁。
③ 黃宗羲：《明儒學案》，中華書局，2008 年，第 5 頁。

學案》第一人。吴康齋是陳白沙之師。而白沙與陽明爲友，有師道上的啓發；白沙另外一同門婁諒，對陽明更是有師恩，黄宗羲説："姚江之學，先生爲發端也。"前四卷爲崇仁學案，足見其分量；白沙學案兩卷，河東學案兩卷，三元學案一卷。漸次至卷十姚江學案。

從陽明的思想形式與進路上看，其基本繼承了程朱理學所建構的經典體系與主要命題。譬如朱熹終生致力於四書集注，并主要以《大學》《中庸》爲材料建立起自己的思想體系。而陽明之學正是産生、發展於程朱理學籠罩的思想環境之中，其具體内容與整體框架亦是借由四書特别是《大學》所提供的思想材料與範疇出發，從而構建自己的思想體系。正如錢德洪所説："吾師陽明先生，平時論學，未嘗立一言，惟揭《大學》宗旨，以指示人心。"① 因此，陽明通過恢復《大學》古本的方式來建立自己的思想根基。又如，程朱特别重視《大學》中的格物致知問題。正是由於對《大學》中格物致知等概念的創造性詮釋，使得格致理論成爲新儒學認識論、工夫論和政治理論的核心與基礎。同樣，格物致知問題亦構成了貫穿陽明學思想體系的綫索與核心。陽明心學正是由對格物問題的思考與領悟開其端，又以"致良知"爲最後定論，其他諸如"心即理""知行合一""尊德性""誠意"等重要理論與觀念，皆可與其格致論相互勾連，并最終統一於"致良知"之學。②

二、姚江學案記述的陽明學淵源

根據姚江學案的陽明生平及講學材料，可以概括幾個方面。第一，他没有避諱陽明的靈異傳説，比如處胎十四個月、其母夢神人送子、異僧指點道破其名。第二，黄宗羲有意忽略了王陽明溺道學佛的經歷，除了實在無法避免，就一筆帶過。第三，極力維護陽明的儒學正統。

黄宗羲輯録了一則陽明十八歲拜謁婁一齋的事，云"慨然以聖人可學而至"。③ 這一句話蓋過了陽明很多經歷，學道學佛，五溺三變統統不講，而直接發奮做世間第一等學問、第一等人。婁諒以宋儒格物之學，謂"聖人必可學而至"，使陽明堅定由格物而學而成聖的信心，後遂與親友子弟一

---

① 黄宗羲：《明儒學案》，中華書局，2008 年，第 126 頁。

② 參見方瑶：《陽明學成立與發展的朱子理學思想淵源》，《廈門大學學報》（哲學社會科學版）2017 年第 5 期。

③ 黄宗羲：《明儒學案》，中華書局，2008 年，第 10 頁。

同講析經義，廣讀諸經子史，走上了讀書窮理的路子。弘治十一年（1498），陽明因讀朱熹上宋光宗疏，見內有"居敬持志，爲讀書之本，循序致精，爲讀書之法"之言，遂於格物之法又有所領悟，後悔此前涉獵雖廣，卻未能循序以進，宜無所得，於是又按照朱熹的方法循序讀書，"思得漸漬洽浹"，但"物理吾心終若判而爲二也"。①由此可知，朱子學中的格物問題構成了陽明早年思想發展的核心。陽明晚年與弟子論及格物問題之重要性與"龍場悟道"相提并論，由此可見這一事件在陽明思想發展中的地位。

毫無疑問，婁一齋是陽明學的啓蒙者，使其思想有了質的飛躍。陽明有首詩非常典型能說明他的這一轉變：大道即人心，萬古未嘗改。長生在求仁，金丹非外待。繆矣三十年，於今吾始悔。②而黃宗羲自始至終没用一首詩，這跟他認爲衛道意識有關。陽明從小體弱多病，修習道家工夫，所以有"長生在求仁"的詩句。學做聖人使陽明得到了另一種意義上的"長生之法"，其實就是如何使人生不朽——立德、立功、立言。婁一齋是吳康齋弟子，黃宗羲列"崇仁學案"爲第一，這是重要因素。王陽明詩集與語錄，都提及全真派張伯端的《悟真篇》，這首小詩足以旁證陽明自道家成仙之道轉向儒家成聖之道。如果這一次學做聖人是順境之悟，那麼龍場悟道就是逆境之悟。經過貶謫龍場驛，陽明參透生死，獲得了自我的內在超越。綜合這兩次悟境，第一次可算作開悟，第二次就是徹悟。龍場悟道之後，陽明還靜坐澄心，致中以和，繼續保任。經過平定寧王之亂，陽明內心力開始發用，"專提致良知三字。默不假坐，心不待澄，不習不慮，出自自由天則。"③孔夫子"七十而從心所欲不逾矩"，黃宗羲描述的這個修爲堪比孔子七十所悟。從心所欲，收放自如。不過，陽明當時面對多方而來的贊譽，仍感歎"破山中賊易，破心中賊難"。到此階段，陽明人生格局基本初成規模。

黃宗羲總結陽明的學問"始氾濫於詞章，繼而遍考亭之書"④，這就接上了著名的格竹子公案。因爲陽明有家學淵源，在明朝程朱之學取士的籠罩裏，他小時候肯定對程朱之學下了功夫，特別朱子，格竹子是學朱發展

---

① 王守仁：《王陽明全集》卷三十三，《年譜一》，上海古籍出版社，1992年，第1224頁。

② 參見秦家懿：《王陽明》，三聯書店，2011年。此詩原收錄在《王陽明全書》。

③ 黃宗羲：《明儒學案》，中華書局，2008年，第181頁。

④ 黃宗羲：《明儒學案》，中華書局，2008年，第100頁。

到極致的表現。黃宗羲在《傳習録》開篇評點徐愛之問説："天理人欲四字是朱王合印處。"① 二程之學，陽明各有側重。《與馬子莘》寫道："明道云'吾學雖有所受，然天理二字卻是自家體認出來。'良知即是天理，體認者，實有諸己之謂耳！"針對此言，黃宗羲下了一判斷："此是先生的派明道處。"可見，陽明之學源於程明道。

陽明以良知比天理，但天理和良知詞源、詞義都不同。良知一詞出於孟子，陽明賦予其的詞義。天理一詞出自《禮經》，理字的最早出處見於《易經》有"窮理盡性，以至於命"，宋儒賦予其哲學本體地位。陽明在《答陸原静》中論述了他的本體觀："性無不善，故無不良。良知即是未發之中，即是廓然大公，寂然不動之本體，人之所同具也。但不能昏蔽於物欲，故需學以去昏蔽。然於良知之本體，初不能加損於毫末也。"② "寂然不動"本出自《繫傳》，用來形容本體；"昏蔽於物欲，學以去之"有禪宗的方法意味。接着陽明又説："理，無動者也。常知常存，常於主理。即不睹不聞無思無爲之謂也。不睹不聞，無思無爲，非槁木死灰之謂也。睹聞思爲一於理，而未嘗有所睹聞思爲，即是動而未嘗動也。所謂動亦定，静亦定，體用一原者也。""動亦定，静亦定"即出自程明道《定性書》，可見陽明學與明道確有淵源。

黃宗羲不掩飾陽明學中的神秘性或宗教性成分，在陽明討論體用關係上表現尤甚。如黃以方問："不睹不聞是説本體，戒慎恐懼是説工夫否？曰：須信得本體原是不睹不聞的，亦原是戒慎恐懼的，戒慎恐懼不曾在不睹不聞上加得些子。見得真時，便謂戒慎恐懼是本體，不睹不聞是工夫，亦得。"③ 黃宗羲點評道："此非玄語。《中庸》使天下人齋明盛服以承祭祀，又是誰使他？衹爲今人解《中庸》鬼神二字，是造化之鬼神，所以信先生語不及。而巧者又於此播弄神通，入玄妙觀去。"④ 陽明又接着説："良知在夜氣發的，方是本體，以其無物欲之雜也。學者要使事物紛擾之時常如夜氣一般，就是通乎晝夜之道而知。"⑤ 良知、夜氣具是承接孟子而來，夜氣此處比喻良知的發用，與天地晝夜功能相感通。總體而言，黃宗

---

① 黃宗羲：《明儒學案》,中華書局,2008 年,第 109 頁。
② 黃宗羲：《明儒學案》,中華書局,2008 年,第 104 頁。
③ 黃宗羲：《明儒學案》,中華書局,2008 年,第 113 頁。
④ 黃宗羲：《明儒學案》,中華書局,2008 年,第 115 頁。
⑤ 黃宗羲：《明儒學案》,中華書局,2008 年,第 116 頁。

義對神秘主義還是保持距離的，避免"播弄神通"。

宋儒的工夫論吸收了道家、禪宗的方法，陽明也繼承了這一傳統。陽明早年學道家內丹術，自然少不了静坐，龍場內省而悟道。不過，他覺得静坐容易引起好静厭動等弊病，即不提倡也不反對。所以陽明學弟子中，對陽明的教法分歧很大。自從江右平定寧王之亂，陽明很強調事上功夫。陽明有一比喻論證非常貼切："僕近時與朋友論學，惟説立誠二字。殺人須就咽喉上着刀，吾人爲學當從心髓入微處用力，自然篤實光輝，雖私欲之萌，真是紅爐點雪，天下之大本立矣。若就標末粧綴比擬，凡平日所謂學問思辨者，適足以爲長傲遂非之資，自以爲進於高明光大，而不知陷於狠戾險嫉，亦誠可哀也已。"① 這種語言很似禪宗，有殺人刀，亦有活人劍。《與宗賢》中説："凡人言語正到快意時，便截然能忍默得；意氣正到發揚時，便翕然能收斂得；憤怒嗜欲正到騰沸時，便廓然能消化得。此非天下之大勇不能也。然見得良知親切時，其工夫又自不難。"②

宋明諸儒大多有出入佛老的經歷，三教合一宋明以來的發展趨勢。但在表述上有各自不同。陽明也經常三教合論，做法上有比宋儒更加有開放性。《答陸原静》一文論及了很多關鍵問題。例如"不思善，不思惡，時認本來面目，此佛氏爲未識本來面目者設此方便。本來面目，即吾聖門所謂良知。今既認得良知明白，即已不消如此説矣。隨物而格，是致知之功，即佛氏之常惺惺，亦是常存他本來面目耳。體段功夫大略相似，但佛氏有個自私自利之心，所以便有不同。"③ 這一段，直接把良知等同"本來面目"，宋儒并不直接這樣表述，雖然也做類似工夫，明面上還是排斥佛老。陽明有三教合一統而爲"道"的觀念，并且批判一般俗儒妄分彼此："道，一而已。仁者見仁，知者見知。釋氏之所以爲釋，老氏之所以爲老，百姓日用而不知，皆是道也，寧有二乎？今古學術之誠僞邪正，何啻碔砆美玉，有眩惑終身而不能辨者，正以此道之無二，而其變動不拘，充塞無間，縱橫顛倒皆可推之而通。世之儒者各就其一偏之見，而又飾之以比擬倣像之功，文之以章句假借之訓，其爲習熟既足以自信，而條目又足以自安，此其所以誑己誑人，終身没溺而不悟焉耳。"④ 儘管孔夫子提倡"志於道"，

---

① 黄宗羲：《明儒學案》，中華書局，2008 年，第 102 頁。
② 黄宗羲：《明儒學案》，中華書局，2008 年，第 108 頁。
③ 黄宗羲：《明儒學案》，中華書局，2008 年，第 105 頁。
④ 黄宗羲：《明儒學案》，中華書局，2008 年，第 105 頁。

曾子揭示"大學之道"，但這種"道通為一"的表述并非儒家慣有的思維方式，也可能來自莊子。陽明宣導恢復古本《大學》，反對朱子版本。這也是他追溯大本大源，與宋儒不同之處。根據柳存仁先生研究，佛教對陽明學主要有五個方面的影響，離開佛學陽明思想將大為減色："王學之包融佛教者有其事多方，固不止修持功夫一端。抉其大而可尋者，竊以為實有（一）明覺自然義；（二）無所住義；（三）無善無惡義；（四）萬物一體義及（五）破生死義。五者皆佛也。然王陽明思想中如去此五事，則不惟其思想之光芒大為減色，即其體系亦將受影響。"①

陽明對佛道二教的弊端也毫不客氣地批判："佛氏不著相，其實著相；吾儒著相，其實不著相。佛怕父子累，卻逃了父子；怕君臣累，卻逃了君臣；怕夫婦累，卻逃了夫婦，都是著相，便須逃避。吾儒有個父子，還他以仁；有個君臣，還他以義；有個夫婦，還他以別，何曾著父子君臣夫婦的相？"② 黃宗羲評說："先生於佛氏一言而內外夾攻，更無剩義。"又，辨析三教差異："仙家說到虛，聖人豈能虛上加得一毫實？佛氏說到無，聖人豈能無上加得一毫有？但仙家說虛，從養生上來；佛氏說無，從出離生死上來，卻於本體上加卻這些子意思在，便不是虛無的本色，便於本體有障礙。聖人祇是還他良知的本色，便不著些子意在。良知之虛，便是天之太虛，良知之無，便是太虛之無形。日月風雷，山川民物，凡有象貌形色，皆在太虛無形中發用流行，未嘗作得天的障礙。聖人祇是順其良知之發用，天地萬物俱在我良知發用流行中，何嘗又有一物超於良知之外，能作得障礙？"③ 黃宗羲評曰："是辨三教異同大頭腦處，可見惟吾儒方擔得虛無二字起，二氏不與也。"此處可看出陽明三教和合的思想，黃宗羲的點評極為精到。

與陽明有師友關係的道家人物還有兩人，許璋和王文轅，輯錄在姚江學案，不過所占篇幅不及陽明三分之一。黃宗羲這樣描述："陽明養病洞中，惟先生與司輿數人，相對危坐，忘言冥契。陽明自江右歸越，每訪先生，菜羹麥飯，信宿不厭"④。許璋深諳道家之學，與陽明有師生之誼，有說是陽明塾師。他曾授予陽明兵法，并且指點陽明要在政治上別站錯隊。

---

① 柳存仁:《和風堂文集》(中冊),上海古籍出版社,1991 年,第 900 頁。
② 黃宗羲:《明儒學案》,中華書局,2008 年,第 113 頁。
③ 黃宗羲:《明儒學案》,中華書局,2008 年,第 116 頁。
④ 黃宗羲:《明儒學案》,中華書局,2008 年,第 101 頁。

他死後，陽明爲其墓碑題字：處士許璋之墓。處士就是隱居不仕的高人。王文轅，字司輿，號黃轝子，也有道家作略，算是陽明的學術知音。陽明養病洞中，他和許璋一起探望。王文轅死後，陽明開始傳授講良知之學，遭人譏諷，他喟歎道：“安得起王司輿於九原乎”？陳來在論及王陽明的精神世界也説道：“他始終爲道家的自然情趣所吸引，對道教懷有特殊的關懷和情感，他的内心生活中始終具有神秘主義的一面”①。綜上所述，可見陽明受佛道二教影響之深，既有認同也有批判，總體上偏向求同存異。與宋儒對佛道二教的態度之所以不同，與修習佛道的不同經歷密切相關。此外，還與衛道意識、門派意識相關，更要是陽明具備立功、立德、立言的人生大格局。

黃宗羲認爲，綜合陽明平生所悟所講，“致良知”最具代表性。這一點，也和其師劉宗周一致，所以在姚江學案的第四篇即是劉宗周的《陽明傳信録》，其中劉宗周説“先生教人吃緊處在去人欲存天理，進之以知行合一之説，其要歸於致良知。雖累千百言，不出此三言爲轉注”②。之所以如此歸納，就是標榜學術宗旨，避免支離繁瑣之病，使學人容易接受。陽明學後人也就這幾方面進行發揮，有重良知本體者，有重功夫踐履者，有調和折中者等等。其實，陽明所説的“致良知”，語義非常靈活，就如同孔子論“仁”，禪宗講如何是佛，良知有時是本體，有時是功夫，有時發用，體相用三者都具足，萬變不離其宗，也有重心性輕實踐的傾向。陽明後學發展至末流，導致“聖人滿街走，賢人多如狗”的局面，被斥爲“王學誤國”。

三、陽明學的五大流派與傳承譜系

陽明後學衆多，黃宗羲稱陽明學爲王門，王門後學專列王門學案，共計二十卷，在《明儒學案》全本所占比例最大，也是黃宗羲的學術重心。凡是及門弟子或登堂入室者，都堪稱王門龍象，故能忝列門牆。可見那時學風地域門户觀念很深。他以地理位置分爲浙中王門、江右王門、南中王門、北方王門、粤閩王門五大派别。雖然泰州學派的王艮爲王陽明直接教授的弟子，但黃宗羲并不認爲這一派屬王門，而是更遠一步的餘脈别枝。

---

① 陳來：《有無之境——王陽明哲學的精神》，北京大學出版社，2006 年，第 3 頁。
② 黃宗羲：《明儒學案》，中華書局，2008 年，第 119 頁。

還有一特例，即止修學案李材，以學術特色"止修"名之，這在學案中也是非常特殊的一位，祇有一例。李材在輩分上屬王門再傳弟子，在順序編排上卻在泰州學派的前面，可見其學術宗旨比泰州學派更近陽明學。李材是黃宗羲特別在卷首《師說》列出的明儒二十四宗師之一。所載王門學案共計五派，正記了六十六人，加上附屬記載有一人，共計六十七人。

浙中王門學案分爲四卷，共計門人弟子十四人。學案一歸爲四人：徐愛、蔡宗兗、朱節、錢德洪。其標準似乎是入門受業較早，王陽明也較爲認可。譬如徐愛，被稱爲陽明早期弟子中最傑出者，所以在《明儒學案·姚江學案·傳習録》第一首先是徐愛。徐愛關心的都是儒家基本問題，單刀直入，平易樸實，可惜英年早逝，譽爲與顏子同德同壽。學案二僅列一人，即王畿，王龍溪。王龍溪的風格就有些迂闊，玄虛。學案三有季本、黃綰兩人。學案四列八人：董澐（附子穀）、陸澄、顧應祥、黃宗明、張元沖、程文德、徐用檢。此卷在浙中王門學案中人數最多。學案五列四人：萬表、王宗沐、張元忭、胡瀚。

江右王門學案占了九卷，是王門學案中分量最重，不光是陽明在此卓錫講學時間比較久，這裏也是他事功發迹之地，即平定寧王叛亂。江右弟子部分應是當時官宦幕僚，相對忠於陽明教法。另外，此地自唐以來是禪宗重鎮，禪風興盛，經過陽明激蕩，易入其門下。根據此九卷所載，共計及門弟子二十七人。此地王門弟子人才輩出，才俊最多。江右門人還有一個顯著特點，就是除專事學問或講學之外，大多身居要職，有功名謚號，也可以看做是陽明弟子中"官黨"，無官職的冠以處士之名。從稱呼上分析，黃宗羲特別敬重、禮遇江右一派王門，事實上他也把江右一派作爲真正繼承陽明學嫡傳之地。個中緣由，筆者認爲是江右多踐履功夫，不似浙東空談心性。學案一、文莊鄒東廓先生守益，即鄒守益。案二、文莊歐陽南野先生德，即歐陽德。案三分列兩人貞襄聶雙江先生豹，文恭羅念庵先生洪先。即聶豹、羅洪先。二人旨趣相近，可歸爲陽明學歸寂一派。學案四總列十一人，在江右學案中所占人數最多。如：處士劉兩峰先生文敏（劉文敏）、同知劉獅泉先生邦采（劉邦采）、禦史劉三五先生陽（劉陽）、縣令劉梅源先生曉（劉曉）、員外劉晴川先生魁（劉魁）、主事黃洛村先生弘綱（黃弘綱）、主事何善山先生廷仁（何廷仁）、郎中陳明水先生九川（陳九川）、太常魏水洲先生良弼（魏良弼）、解元魏師伊先生良政（魏良政）、處士魏藥湖先生良器（魏良器）。案五單列一人：太常王塘南先生時槐，即王時槐。案六并列四人：文潔鄧定宇先生以贊（鄧以贊）、參政陳蒙山先生嘉謨（陳嘉謨）、征君劉瀘瀟先生元卿（劉元卿）、督學萬思默先生廷言（萬廷言）。案七獨記一人，憲使胡廬山先生直，即胡直。案八共計兩人：忠介鄒南皋先生元標（鄒元標）、給諫羅匡湖先生大紘（羅大紘）。案九共入選三人：中丞宋望之先生儀望（宋儀望）、征君鄧潜穀先生元錫（鄧元錫）、征君章本清先生潢（章潢）、僉事馮慕岡先生應京（馮應京）。

南中學案四卷，共入選十二人。學案一所記人數最多，共計五人：黃省曾、周沖、朱得之、周怡、薛應旂、薛甲。案二兩人：唐順之、唐鶴征。案三兩人：徐階、楊豫孫。案四兩人蔣信、冀元亨。

北方王門一卷，共收錄七人：穆孔暉、張後覺、孟秋、尤時熙、孟化鯉、楊東明、南大吉。因爲地理位置關係，所傳弟子較少。再者，北方比鄰京都，還是程朱理學的官方實力範圍；也有河東薛瑄教化影響，北方人崇尚篤實的學風。

最後，粵閩王門一卷，僅兩人：薛侃、周坦。雖然同屬南方，自是陽明教化不及。如前文所述，可能福建爲朱子學大本營，王學實難大行。

前面談到黃宗羲在卷首置《師說》一篇，着重提出明儒宗師級人物。前十位，包括王守仁，是陽明之前的師輩；陽明後，還有十四位師級，其中過半是陽明法脈，尤其以鄒東廓守益、王龍溪畿、羅念庵洪先、張陽和元忭爲代表。黃宗羲眼光苛刻，既然特別列出這四人，肯定造詣超群纔具備資格。王龍溪畿、張陽和元忭屬於浙東王門，鄒東廓守益、羅念庵洪先屬於江右王門。王龍溪天泉證道，陽明也首肯了。但"四句教"多數人認可爲陽明晚年所說，黃宗羲就是揪住刨根問底，總懷疑是龍溪所爲。他在《師說》寫道："愚按：四句教法，考之陽明集中，并不經見。其說乃出於龍溪。"① 并且，在《傳習錄》中還特別引用薛侃所記，下斷語說："先生之言自是端的，與天泉證道之說迥異。"這種懷疑黃宗羲說的是有根有據，以龍溪之根性，揣測聖意，臆造師說不是沒有可能。如同大乘宗徒，以"如是我聞"作佛經藏。并且，批評四句教"猥犯支離，滋學者之惑。黃宗羲甚至不客氣地說："祇把良知做佛性看，懸空期個悟，終成玩弄光景，雖謂之操戈入室可也。"② 相反，黃宗羲對鄒東郭就特別頌揚，因爲鄒對於

---

① 黃宗羲：《明儒學案》，中華書局，2008 年，沈芝盈點校，第 22 頁。
② 黃宗羲：《明儒學案》，中華書局，2008 年，沈芝盈點校，第 119 頁。

師門宗旨"致良知"斤斤以身體之，不流入倡狂一路。故稱之"有功於師門"。《姚江學案·傳習錄》最後一篇是王畿所記的天泉證道記，形式上和禪宗語錄沒有不同。蕺山學案是《明儒學案》最後一家，包括他所形成的梨洲學派，都屬陽明學餘緒。黄宗羲個人以陽明爲明儒正宗，但是王夫之、顧炎武，包括東渡扶桑的朱舜水都不以爲然。

結　論

陽明學是在程朱理學的啓蒙下，繼承了宋儒所建構的經典體系，并融通了佛道修證工夫，進而通過自得自悟的方式，尤其對朱子學加以深刻的反思、批判而逐步形成的。所以王陽明本人既有程朱理學的根底，又有心學立場。而陽明後學則過多強調了心學的一面，逐漸傾向道德主體意識的修煉，弱化了客觀的實踐工夫。從《明儒學案》看陽明的師承關係，僅儒家而言，遠宗宋儒程朱理學，尤其二程，對於朱子并非一概對立。這一方面是源自家學與官學；即使他學陸九淵，也不是一味否定格物窮理與對經典的研讀。對於早期明儒他有所繼承，吳康齋一脈對陽明影響甚巨。陳白沙、婁一齋都介於師友之間。對於方外之人，學佛修道的傳承，幾乎看不到。這跟黄宗羲學術立場有關，爲匡正陽明後學的流弊，反對異端思想，在當時有積極意義。今天爲重新發揚陽明學，一是還原整全的陽明，二是延續陽明學在當代的生命力，以開放的心態涵化古今中西的學問。在學案中，還是可以發現陽明師承佛道的蛛絲馬迹，只有許璋、王文轅，也算得上是王陽明師輩，有些道家作風。毋庸諱言，陽明的"格物"與"致良知"來自孟子及程朱學派，而工夫論則取自佛道，尤其道教全真教內丹與佛教參禪方法，最後三教歸"道"，行成了他內聖外王的宏大格局。所以，陽明學不僅簡單歸爲心學，陽明本人志在成聖成賢，所謂立德，立功，立言。他對於三教相互融通，特別注重事功實踐，在致良知之外強調"知行合一"。雖然陸王并稱心學，但實際上二者差別很大。宋代理學復興醇儒之學，最大特點是排斥佛老，尤其禪學。但以陽明代表的明儒整體上消化得更爲純熟，既有對前人的繼承，也有自己融合時代精神新的創造，所以能集大成。陽明後學流弊很大，要麼過分禪學化，例如王龍溪，要麼走向倡狂怪誕之流，如李贄。隨著明清易鼎，時代學術重心轉移，陽明學漸漸走向衰落。

（作者單位：四川大學哲學系）

周廣業《孟子異本考》考略

尹冠樺

摘　要：《孟子異本考》是清代學者周廣業所撰《孟子四考》中的第二考，是研究《孟子》異文的著作。所謂異本，即不同的文本。周廣業將所見經史子集諸典籍中稱引保存的《孟子》異文和不同版本《孟子》中的異文，按《孟子》七篇順序逐章考訂，輯録成《異本考》。文章簡述《異本考》版本情况、著述緣起和編纂體例，分析研究《異本考》彙集大量異文、注解疑難字詞、推求異文產生原因及附文保留文獻資料等四方面的成就，發掘其科學全面的考釋方法、不同形式的案語運用、系統的《孟子》版本體系呈現及嚴謹求實的著述態度等特點。

關鍵詞：文獻學史　清代《孟子》學　《孟子四考》　《孟子異本考》

《孟子四考》，清周廣業撰。《孟子異本考》一卷，爲四考中的第二考。周廣業（1730—1798），清代學者、藏書家，字勤圃，號耕厓，浙江海寧人，北宋周敦頤後裔，乾隆四十八年（1783）舉人。富藏書，書室名曰"聽雨樓""省吾廬""種松書塾"等，生平深於經學，善於論史，長於考訂。曾參與《四庫全書》的修撰工作，深諳目録之學，後主講安徽廣德復初書院。著作頗豐，有《孟子四考》《經史避名彙考》《讀易纂言》《讀相臺五經隨筆》《季漢官爵考》《石經紀略》《目治偶鈔》《四部寓眼録》《蓬廬詩文鈔》等，并纂修《廣德州志》《兩浙地志録》等。

《孟子四考》，寫定於乾隆四十六年（1781），刊於乾隆六十年（1795），共四卷，包括《孟子逸文考》《孟子異本考》《孟子古注考》《孟子出處時地考》。周廣業博采經史子集諸書中稱引《孟子》而不在《孟子》七篇之内的文字爲《逸文考》；輯録《孟子》異文爲《異本考》；搜集古注，如劉熙、綦毋邃等人注解，爲《古注考》；考孟子之人及與《孟子》

一書相關涉的問題，爲《出處時地考》。每考各一卷，卷前有序，説明此考的緣由。清學者朱珪極力稱贊周廣業"博學嗜古，兼綜諸家。於孟氏之學，致力尤邃"，言其所撰《孟子四考》一書，"後之學者，欲於孟氏之學有所津逮焉，舍是書何以哉？"給予《孟子四考》極高的評價。① 周廣業《孟子四考》是《孟子》學史上不應被忽視的一部著作，目前在一些研究清代《孟子》學史的論著中，對於《孟子四考》的探究較爲簡略。② 現以書中卷二《孟子異本考》（以下簡稱"《異本考》"）爲研究对象，探究《異本考》的版本情況、著述緣起、編纂體例，分析其中異文條目以考究《異本考》的考異成就、考異特點，從而綜合評述其影響。

一、《孟子異本考》簡述

（一）版本概況

《異本考》一卷，現存有稿本和印本。現存稿本分別藏於國家圖書館、上海圖書館和天一閣，藏於國圖的稿本經清代翁方綱校勘。現存印本有兩種，一爲清乾隆六十年海寧周氏省吾廬刻《孟子四考》本，國家圖書館、北京大學圖書館、清華大學圖書館、中國科學院圖書館、天津圖書館、上海圖書館、復旦大學圖書館、南京圖書館、浙江圖書館、南昌大學圖書館均有藏。此刊本收入《續修四庫全書》，書題辭葉鈐有"唐西朱氏結一廬校藏經籍記""吳興劉氏嘉業堂藏書印""劉承幹字貞一號翰怡"三方藏書印。另一種爲《皇清經解續編·孟子四考》本，有光緒刻本和光緒石印本。就《孟子四考》全書來説，兩種版本内容大致相同，《皇清經解續編》本

---

① ［清］周廣業撰：《孟子四考》，大興朱珪題辭，《續修四庫全書》第158册，上海古籍出版社，1996年，第67頁。以下凡所引《孟子四考》原文、引文、朱珪題辭等，均出自此版本，後不再出注。

② 周廣業《孟子四考》問世後，受到當時學界很高的評價。然而目前學界對於周廣業《孟子四考》鮮有系統研究。部分學術史論著中有所提及，如梁啓超《中國近三百年學術史》（商務印書館，2011年）將其歸爲"清代學者整理舊學之總成績（三）"中的"孟子年表"條目下。董洪利《孟子研究》（江蘇古籍出版社，1997年）將其歸爲關於孟子生平事迹的考證著作。李暢然《清代〈孟子〉學史大綱》（北京大學出版社，2011年）將其歸爲乾隆後期普通的偏考據的著作，并説明此書是清代偏考據的《孟子》學著作中引用率最高的四部著作之一。王雪梅《清代考據孟學的演變與成就》（《青島大學師範學院學報》2008年第1期），將其歸爲雜論雜考的孟學著作。另有少量論著設立專題章節進行論述。如趙慶偉《清代孟學研究》（華中師範大學博士學位論文，2002年），作者認爲此書是清代孟子經注輯佚以及版本考辨方面價值較高的著作。劉瑾輝《清代〈孟子〉學研究》（社會科學文獻出版社，2007年）在"清代《孟子》之考據"一章中專設一節"《孟子四考》：明審詳實之作"，評價《孟子四考》持論允當等。

祇收正文，未收正文前的朱珪題辭、吴省欽《孟子四考序》、周廣業《孟子四考叙》和正文後的朱珪《書孟子四考後》及周廣業的跋。本文對《異本考》的相關研究以《續修四庫全書》所收的乾隆刻本爲研究對象。

（二）著述緣起

周廣業在《孟子四考叙》中對"異本"作了説明，在他"探討經史、涉獵子流"之時，將其中與《孟子》内篇文字錯出者視爲異本。朱珪在乾隆五十五年（1790）爲《孟子四考》所作的題辭中，也指出《異本考》是周廣業"刺取諸家所引，以較今本異同，又有宋、足利諸本參訂之"① 而撰成。

關於《異本考》的著述動機，周廣業在《異本序》中有所交代。其幼時始習五經、《論》《孟》，深知唯《易》與《孟子》二書未經秦火，可推詳古本。而《孟子》一書，雖有趙岐《章句》，但久混雜於子書之中，且非有名家師授傳述，見其古本實屬不易。周廣業在輯録《孟子》逸文時，見各書徵引字句有所不同，是諸家所見文本不一，且即使是集注本也有古本、今本及外國本之别，因此欲探究異本，詳加勘訂。

此外，周廣業在《序》中追述《孟子》文本的源流以説明研究異本的必要性。從可考最古舊本即西漢河間獻王得自百姓的善本，到東漢的秘閣本，再到民間流傳的通行本，再到後人的注解、發揮，《孟子》文本在流傳過程中不免出現文字錯訛等情況。漢晉世遠，部分文本在流傳過程中或失傳、或字體難辨。到了唐代，唐人鈔録文本時又出現"齒爲邠""期爲耆""悦旁從心""智下加日"等字形變化的現象。到了宋代《孟子》纔開始有官方版本出現，但是宋槧在清代時也很難得見。諸多需要解決的問題使得考究異本變得十分重要，因此，周廣業"以汲古閣注疏本爲主，參考宋本、石經，條録漢晉以來訖於唐宋凡有睽異，悉著於篇"②，乃成《異本考》以探究諸異本。

（三）編纂體例

《異本考》卷前有《異本序》以述源流，言現狀，明動機。正文之前附有一篇周廣業關於《孟子》文本字數等問題的論述，正文之後附有一篇

周廣業《孟子異本考》考略

---

① ［清］周廣業撰：《孟子四考》，大興朱珪題辭，《續修四庫全書》第158册，上海古籍出版社，1996年，第67頁。

② ［清］周廣業撰：《孟子四考》卷二《異本考·序》，《續修四庫全書》第158册，上海古籍出版社，1996年，第78頁。

周廣業對戴侗《六書故》的評價。正文依照《孟子》七篇順序著録，每篇各分上下，逐章按經文順序輯録其他典籍和不同版本《孟子》中所引與今本《孟子》經文相異的句子，并標注援引作者及書名。如需要對某一條異文作説明時，則後加案語。所加案語一般分爲兩種情况，一種是"○案"，主要徵引他書，分析異同，或加以簡短的解釋説明，文中以此類案語爲多。一種是"廣業案"，主要是周廣業對諸家注疏、解釋等進行考辨，陳述己見。

周廣業考證異文時，引書廣博，從先秦典籍到清代著作，廣羅經史子集各部文獻資料。《異本考》中涉及的《孟子》相關版本，周廣業則以汲古閣注疏本爲主，并參考宋本、足利本、宋高宗御書石經、明正德本、明嘉靖本、金本（明永懷堂本）等版本。對於彙集文獻時遇到改竄太過、援引舛謬之處，則采取將其附加在各章節之後的方法。附文共有三十條。

此外，周廣業在編寫過程中針對全書體例問題隨文進行必要説明。如："凡言古本及宋、足利、金、注疏等本，俱詳《古注》（筆者案：《古注》指《孟子四考·古注考》）。""是考所列各書，本皆連'孟子曰'，今并省去，以免煩複。其引《孟》文而不明言所出者，必注以別之。"①

二、《孟子異本考》的成就

周廣業《異本考》共輯録四百五十九條異文，并對異文中的疑難詞句進行精審地考證注解，在廣博地徵引相關研究資料和前人舊説的基礎上，審慎地提出自己的見解，遇到難以判斷之處則存疑待考，這也體現了其科學謹慎的治學態度。同時，周廣業仔細地推求了異文産生的原因。《異本考》中，除四百五十九條異文之外，周廣業詳加判別，對三十條非異文的情况采取附文形式放在每章之後，保留了珍貴的文獻資料。

（一）彙集大量《孟子》異文

周廣業《孟子異本考》保存了一百五十三章内四百五十九條異文，這些異文具有較高的校勘價值，對研究《孟子》文本提供了重要的參考文獻。此外，這些異文還具有極其重要的文字學、詞彙學、文獻學等方面的價值。

先秦典籍，流傳數千年，多所散亂。有的早已亡逸，有的錯亂不堪，後世學者通過不斷校勘，努力恢復其原始面貌。張舜徽先生説："校書首貴

① ［清］周廣業撰：《孟子四考》卷二《異本考》，《續修四庫全書》第 158 册，第 80 頁。

廣羅異本，其次莫若采相類之書以比勘其異同。"① 其言"相類之書"即包
括其他典籍中保存的異文。

《孟子》一書雖未遭秦火，且入經時間較晚，文本訛奪散亂情況沒有其
他經籍嚴重，但經過二千餘年的傳抄流衍，其中文本錯訛也在所不少。周
廣業《異本考》中輯録了豐富的異文，通過比勘《異本考》中的異文材
料，有利於完善所引文獻的今傳文本，對於進一步研究理解文獻提供了備
查資料。而且《異本考》中還輯録了古抄本、古寫本、石經等不同材料的
内容，裏面出現的異文，有利於窺見漢魏到唐宋的異體字等用字情況，文
中考證異文時引用了大量的字書、韻書，對於探究文字字形演變發展有一
定意義。從異文材料中也能感受歷代用詞習慣的演變，對於研究古代詞彙
名稱的變化、詞義的變遷具有重要價值。輯録的衆多異文有利於保存原始
文獻風貌，而且《異本考》中徵引的書證和注解，對於理解校補傳世文獻
材料提供了極其豐富且寶貴的參考資料。

（二）注解疑難字詞句

《異本考》對於《孟子》文本中的疑難詞句以及考證過程中涉及的部
分詞句進行了詳細地考辨與注解，使我們不僅對更加通暢準確地理解《孟
子》相關文句的含義有了可資參考的依據，而且能夠更加清晰地理清其考
證思路，對於字義、字形、地名等方面的深入認識都有較大助益。

1. 明訓詁

《異本考》中對有爭議或疑難的字詞進行了訓詁，以明其含義。

周廣業在進行訓詁之時，先對各家觀點進行梳理，再提出自己認爲正
確的解釋。《孟子·公孫丑上》："孔子曰：'德之流行，速於置郵而傳
命。'"②，對於"置"的意思大部分注家解釋爲"驛站"。"《南軒孟子説》：
'置，驛也。郵，馹也。驛、馹似無甚分别。'《禮部增韻》：'馬遞曰置，
步遞曰郵。'《漢·烏孫傳》：'有便宜，因騎置以聞。'師古曰：'即今鋪置
也。'《黃霸傳》：'郵亭鄉官。'師古曰：'行書舍，傳送文書所止處，如今
驛館。'"周廣業見《通志堂經解》中有元人《四書辨疑》，其中有關於
"置郵"這一條的討論，《四書辨疑》云《玉篇》《廣韻》中"置"訓爲
"安置、設立"，并分析了《漢書》和《禮部增韻》中的訓釋并不恰當，認

---

① 張舜徽：《廣校讎略》，中華書局，1963 年，第 88 頁。
② 楊伯峻：《孟子譯注》，中華書局，1960 年，第 57 頁。

爲"置止是置設。郵乃傳舍。驛，郵也。言德之流行，速於置設郵遞，以傳朝廷之命"。周廣業認爲此説和《吕氏春秋》"德之速，疾乎以郵傳命"相合，有一定道理，而且《後漢書·郭泰傳》"郵置之役"注：《説文》：郵，境上傳書舍也。此外，《風俗通》："漢改郵爲置。置者，度其遠近之間置之也。"由此可知，孟子所處的周代有郵無置，漢代才將作爲"驛站"的"郵"改爲"置"，這是時代變遷造成詞義的變化，因此周廣業認爲"作置設解極得"。① 通過此例，也可見周廣業推求字義有理有據，取捨自有論斷。

2. 補注釋

《異本考》中"挾太山以趨北海"一條，周廣業引用了閻若璩《四書釋地》中"泰山北海"條下的資料："《禹貢》：'海岱惟青州。'蘇秦説齊宣王曰：'齊南有太山，北有渤海。'《孟子》蓋齊境内之地設譬也。"② 通過補充此段資料，對"太山""北海"加以注釋説明，有助於理解孟子爲何選取這兩種意象，因這兩地位於齊國境内，爲會話者所熟知，這樣補充注釋更有利於讀者疏通文意，加深理解。

3. 辨字形

對於不同的字，因字形相近而導致異文，周廣業在《異本考》中通過分辨字形或分析形近音異等方法，以正其誤。"放勳曰"一條中，關於"曰""日"二字的考辨，周廣業發現在《易·大畜九三》中，虞翻作"日閑輿衛"，王弼作"曰閑輿衛"。《禮部增韻》質韻：日又作曰，引《易》及《孟》爲證。但是周廣業認爲"曰字上畫不滿，與日異"，因此二者不能混同③。

4. 考地名

《後漢書·袁紹傳》："象敖終受有鼻之封"④，李賢注中有《孟子》異文"封諸有鼻"一條，通行本《孟子》作"封之有庳"。李賢注文中又云："鼻國在永州營道縣北，今猶謂之鼻亭。"周廣業考此地名，諸書有作"有

---

① ［清］周廣業撰：《孟子四考》卷二《異本考》，《續修四庫全書》第 158 册。

② 此句周廣業所引與閻若璩《四書釋地》原文略有出入，清乾隆八年眷西堂刻本作"《禹貢》：'海岱惟青州。'故蘇秦説齊宣王：'齊南有太山，北有渤海。'……以知'挾太山以趨北海'皆取齊境内之地設譬耳。"周廣業引文多有與原文相出入者，一般不影響其考證，不再出注。

③ ［清］周廣業撰：《孟子四考》卷二《異本考》，《續修四庫全書》第 158 册。

④ ［南朝宋］范曄撰，［唐］李賢等注：《後漢書》卷七十四下《袁紹劉表列傳第六十四下》，中華書局，1965 年，第 2413 頁。

鼻""有卑""有庳"三種情況。《漢書·昌邑王傳》、袁宏《後漢紀》、《魏志·諸王傳》、劉表《遺袁譚書》、應邵《漢書·宣帝紀注》、《帝王世紀》《水經注》作"有鼻";《漢書·鄒陽傳》作"有卑",服虔曰:"音界予之界。"《漢紀》《史記集解》作"有庳"。對於此種情況,周廣業引《孟子雜記》說,《雜記》云:"庳、鼻、庳、界古文通用。顏師古曰:'有庳在零陵,鼻亭是也。'而《國名紀》作有庳,注云《孟子》作有鼻,蓋別本《孟子》也。"①

（三）仔細推求異文產生原因

自《孟子》成書以來,衆多典籍中多有徵引《孟子》文句來抒發己意或彙編成資料,《孟子異本考》主要是輯錄這些典籍中所引用的《孟子》文句與今本《孟子》經文不同之處,將這些異文彙輯成篇,并注明出處。但是《異本考》并非單純的羅列異文,周廣業還在異文後附加案語仔細推求產生異文的原因。

1. 因訛誤造成異文

在古書繕寫、傳抄、刊刻的過程中,難免出現文字訛誤的情況,因而也就產生了大量異文。

"鄒與魯鬨"一條中,"鬨"字是"鬨"字因訛誤而造成的異文。其實,許慎《說文解字》中早已明確說明了二字所屬部類的區別。"鬥,兩士相對,兵仗在後,象鬥之形。"②"門,聞也。從二户。象形。"③《說文》對"鬨"的解釋是"鬬也,從鬥共聲"④。并且引用《孟子》經文"鄒與魯鬨"。可見,"鬥""門"本是具有明顯區別的兩個部首。周廣業經考證發現從顧野王《玉篇·鬥部》始云:今作門同。後《廣韻》《韻會》《禮部韻略》《押韻釋疑》均因襲此誤。到了《禮部增韻》纔根據《說文》糾正此訛誤,謂"《孟子》'鄒與魯鬨'當從鬥,《廣韻》通作門者,非是"。因此,周廣業得出"今當依宋本作鬨爲是,石經亦訛作鬨"的結論。⑤

2. 因避諱造成異文

古書在歷代流傳過程中會出現因避諱而產生的異文。《異本考》中主要

① ［清］周廣業撰:《孟子四考》卷二《異本考》,《續修四庫全書》第 158 册。
② ［漢］許慎撰,［宋］徐鉉校定:《説文解字》,中華書局,2013 年,第 58 頁。
③ ［漢］許慎撰,［宋］徐鉉校定:《説文解字》,第 248 頁。
④ ［漢］許慎撰,［宋］徐鉉校定:《説文解字》,第 58 頁。
⑤ ［清］周廣業撰:《孟子四考》卷二《異本考》,《續修四庫全書》第 158 册。

涉及宋高宗御書石經中避宋諱的情況。如"威公之於管仲"的"威"字是避宋欽宗趙桓的諱，這裏是"桓"改"威"的情況，此外，周廣業例舉了"桓"字因避諱方法不同而産生不同異文情況，如"惟遭宋桓司馬於季桓子"一句中采用"桓"字闕筆的避諱方式。宋諱主要涉及範圍從宋太祖的祖父趙敬至宋欽宗。另外還有因沿用唐本而避唐諱的情況，如"有小民之事"一條，改"民"爲"人"，避唐太宗李世民之諱。①

《異本考》中周廣業對兩條出自石經的避諱異文判斷錯誤。"主司城正子"一條下"案：此避英宗諱"，"證於色"一條下"案：此避英宗嫌諱"。② 此兩處皆應爲避宋仁宗趙禎之諱，周廣業案語中誤爲避英宗趙曙的諱。而查閱周廣業編撰的關於避諱問題的著作《經史避名彙考》，發現這兩條異文正是在"仁宗"條下③，可見周廣業在此書中已改正了這兩處錯誤。周廣業編著的《經史避名彙考》四十六卷，全書分十六門，所采史料截至明末，綜覽歷代避諱之事。周廣業叙述撰寫此書的動機時説"初謂今昔本異，及詳核之，皆由當日避諱之故"④。由此可知研究經史避名是周廣業從探討異本中生發出的一個課題，陳垣在《史諱舉例·序》中評價此書道："嘉慶間，海寧周廣業，曾費三十年之歲月。爲避諱史料之搜集，著《經史避名彙考》四十六卷，可謂集避諱之大成矣。"⑤《經史避名彙考》始於乾隆二十七年，成書於乾隆後期，周廣業去世半年前仍在校訂，終未刊刻，僅有鈔本存世。而《異本考》在此之前已經定稿并刊行。因此《異本考》中有所疏忽，後改正過來也是有可能的。

3. 因通借造成異文

通借，一般是指用讀音相同或相近的字借以代替本字表示的詞。如通行本《孟子·梁惠王下》"羽旄之美"，《文選注》、陳祥道《禮書》、金本中均爲"羽毛之美"，周廣業因"《禹貢·荊州貢》：羽毛。《史記·夏本紀》作羽旄"從而判斷"蓋二字古通"。再如"吾他日未嘗學問"，宋本作"佗"字。此二字周廣業考證"《逢蒙》章'尹公之他'，《左傳》作'尹公之佗'，是二字古通用。《九經字樣》：他，《説文》作佗，音拖。今《經

---

① ［清］周廣業撰：《孟子四考》卷二《異本考》，《續修四庫全書》第158冊。
② ［清］周廣業撰：《孟子四考》卷二《異本考》，《續修四庫全書》第158冊。
③ ［清］周廣業撰，徐傅武、胡真校點：《經史避名彙考》，上海古籍出版社，2015年，第569頁。
④ ［清］周廣業撰，徐傅武、胡真校點：《經史避名彙考》，自叙，第1頁。
⑤ 陳垣：《史諱舉例》，中華書局，2016年，第1頁。

典》相承作佗，音駝；作他，音拖"。①

4. 因脫衍造成異文

脫衍包括脫文和衍文，一般是古書在傳抄、排版、刻版時漏掉文字或者混入多餘文字而造成的，也有後人出於某種目的擅自删節或補入的情況。

今本《孟子·梁惠王下》"惟君所行也"，石經此句作"惟君所也"，因爲石經文與今文同，即石經此句應該也是"惟君所行也"，因此周廣業判斷"行"字當屬於脫漏。這是脫漏造成異文的情況。"政不足與閒也"一條，今本《孟子·離婁上》作"政不足閒也"，周廣業指出宋本多"與"字。此條屬由於衍文造成了異文。②

5. 因書法結體造成異文

此種情況比較特殊，一般在書法創作中出現，爲了文字結體美觀，具有藝術美感，而對文字結構進行靈活處理。這也是異體字産生的一個重要途徑。

《孟子·滕文公下》有"則有饋其兄生鵝者"③ 一句。張鎰《孟子音義》：鵝，與"鵞"同。可見《音義》所見文本爲"則有饋其兄生鵞者"。周廣業徵引《韻會》中"鵝"字注：《集韻》亦作鵞，《孟子》有饋其兄生鵝者，又作鵞。後又引歐陽詢《三十六法》對此異文情況作了解釋，《三十六法》曰："鵝之爲鵞、爲鵞，以其字難結體，故互換爲之，亦借換也。"④

（四）附文保留文獻資料

周廣業在編纂《異本考》時，對搜羅的各種異本中的異文資料進行了判斷，對於是今本《孟子》異文的内容按章節分條列出，對於將經文内容竄改過當、援引訛謬等非真正異文的情況并未一味摒棄，而是隨文附在每章之後，用以備考。這也展現了周廣業嚴謹科學的治學方法。附文共有三十條，非真正異文的情況主要分爲以下幾種，在這裏作簡單説明，以明其例。

1. 約取、删潤《孟子》文字者非異文

古人所引用的《孟子》文字有不同，有時并非根據別本《孟子》，對

① ［清］周廣業撰：《孟子四考》卷二《異本考》，《續修四庫全書》第 158 册。
② ［清］周廣業撰：《孟子四考》卷二《異本考》，《續修四庫全書》第 158 册。
③ 楊伯峻：《孟子譯註》，中華書局，1960 年，第 159 頁。
④ ［清］周廣業撰：《孟子四考》卷二《異本考》，《續修四庫全書》第 158 册。

於這種情況形成的不同文字不屬於周廣業所定義的異文。如《史記·魏世家》有一段引文：“鄒衍、淳于髡、孟軻皆至梁。梁惠王曰：‘寡人不佞，兵三折於外，太子虜，上將死，國以空虛，以羞先君宗廟社稷，寡人甚醜之。叟不遠千里，辱幸至□邑之廷，將何以利吾國？’孟軻曰：‘君不可以言利若是。夫君欲利則大夫欲利，大夫欲利則庶人欲利，上下爭利，國則危矣。爲人君，仁義而已矣，何以利爲！’”① 周廣業判斷此與《孟子列傳》中“梁惠王問何以利吾國”均是約舉《孟子》文句，不足爲異本。

此外，周廣業在附文中還指出了前人判斷失當之處，如將此類原本不應是異文的句子收入佚句的情況，因此存在附文之中。如《意林》中有“虐政殺人，何異刃耶”。這一條《繹史》《經義考》以此及“敬老愛幼，推心於民，天下運掌中也”等條入佚句。但是《意林》中所引《孟子》皆與今文不同，實際上是刪潤《孟子》內篇文字而來，并非別有版本。《繹史》《經義考》判斷有誤。

2. 援引訛謬者非異文

前人引用《孟子》文句時出現錯誤，比如誤注文爲正文，引用人名、地名時出現以此爲彼的情況等。這是錯誤的引文，因此也不屬於異文。

如《初學記》中所引“孟子曰：‘兼金，好金也。’”這句話并非出自《孟子》經文，而是趙岐爲《孟子·公孫丑下》中“前日於齊，王餽兼金一百而不受”一句所作的注，趙岐注：“兼金，好金也，其價兼倍於常者，故謂之兼金。”② 因此《初學記》中這句話就是誤注爲正文的典型例子，非爲異文。人名有誤的例子如《孟子·盡心下》中有“孔子曰：‘過我門而不入我室，我不憾焉者，其惟鄉原乎’”③，而《揚子法言》中則引爲“孟子疾過我門而不入我室”，此處是誤孔子爲孟子。柳宗元《與太學諸生書》中引“孟軻館齊，從者竊履”一句，此處則是誤“滕”爲“齊”，乃是地名之誤。

3. 竄改原文者非異文

竄改原文過當，如將《孟子》經文中兩章合爲一章或將《孟子》與其

---

① ［漢］司馬遷撰，［南朝宋］裴駰集解，［唐］司馬貞索隱，［唐］張守節正義：《史記》卷四十四《魏世家第十四》，中華書局，1982 年，第 1847 頁。

② ［漢］趙岐注，［宋］孫奭疏，廖明春、劉佑平整理，錢遜審定：《孟子注疏》，《十三經注疏整理本》，北京大學出版社，2000 年，第 129 頁。

③ 楊伯峻：《孟子譯註》，中華書局，1960 年，第 341 頁。

他書的內容雜糅到一起，這種改動失去了經文原貌，也不屬於異文的範疇。

將《孟子》經文兩章合爲一章的情況，如："《後漢書》陳蕃《諫獵疏》曰：齊景公欲觀於海，放乎琅邪。晏子爲陳百姓惡聞旌旗輿馬之音，舉首嚬眉之感，景公爲之不行。"① 此段文字將《孟子·梁惠王下》第一章與第四章中的文字改造合并爲一段。《孟子》與他書雜糅情況，如："蘇潁濱《孟子解》：惟上知與下愚不移，故有性善，有性不善。"② 這是誤將《論語》與《孟子》合在一起。《論語·陽貨》："子曰：'惟上知與下愚不移。'"③《孟子·告子上》："或曰：'有性善，有性不善；是故以堯爲君而有象；以瞽瞍爲父而有舜；以紂爲兄之子，且以爲君，而有微子啓、王子比干。'"④

以上是附文中三類主要保存的非異本的情況，其他不一一舉出。

三、《孟子異本考》的特點

（一）考釋方法科學全面

1. 校勘方法

周廣業在《異本考》中運用了對校法和他校法進行了文本的校勘。

對校法就是用同書的祖本或別本對讀，也稱爲"死校"。此法是爲了校異同，而不辨是非，周廣業在《異本考》中提到自己摹錄宋高宗御書石經文本，然後向友人梁履繩借搨本與宋版詳校的經歷，這就是進行了對校的工作。此外，這種情況在文中也可得見。如《孟子·公孫丑下》"今日弔"一句，周廣業通過對勘宋本、注疏本、塾本集注發現，宋本、注疏本"日"均作"以"，塾本集注作"日"。

他校法，就是以其他書中有關文字校本書。"凡其書有采自前人者，可以前人之書校之，有爲後人所引用者，可以後人之書校之，其史料有爲同時之書所并載者，可以同時之書校之。此等校法，範圍較廣，用力較勞，而有時非此不能證明其訛誤。"⑤ 以其他書中引用《孟子》文字與通行本《孟子》相校，即爲他校法。《異本考》所列條目是周廣業搜集的《孟子》

---

① ［清］周廣業撰：《孟子四考》卷二《異本考》，《續修四庫全書》第158册，第81頁。
② ［清］周廣業撰：《孟子四考》卷二《異本考》，《續修四庫全書》第158册，第93頁。
③ 楊伯峻：《論語譯注》，中華書局，1980年，第181頁。
④ 楊伯峻：《孟子譯注》，第258—259頁。
⑤ 陳垣：《校勘學釋例》，中華書局，2016年，第137頁。

異文，其另用他書中所引文字來校此異文，也可視作他校法。如周廣業輯錄《晋書·刑法志》王肅疏文中《孟子》異文爲"殺一不辜而取天下者，仁者不爲也"，另又用《繹史》引《三國志注》校勘王疏此條文字，"'取'作'得'，無上'者'字"。①

2. 考異方法

周廣業對於《異本考》中需要考證的文字運用了嚴謹科學的考異方法。

書證法，即通過文獻異說之間的比勘來考訂異文，參取衆書，而取其所長。周廣業在考證"逢蒙"和"逢蒙"之時，查考了《禮部增韻》《刊繆正俗》（案：即顏師古《匡謬正俗》）《押韻釋疑》《隸釋》《漢書》《編古命氏》《左傳》《莊子》《淮南子》《孟子音義》等十餘部書和石刻碑文材料，有理有據，考證嚴謹。

理證法，通過常理予以推斷，許多問題并無確鑿的證據材料還原真相，但是通過常理可以判斷其真僞虛實，但運用此方法完全判定結論要求極高。如北宋舊本中有"比天之所與我者"，朱子檢所有舊官本經文及注皆作"比"，通行本皆作"此"，然朱子謂"但作比字，於義爲短"，應從今本作"此"，宋代金履祥在《孟子集注考證》中提及此事，并認爲"但尋其義理作'此'字無疑"，周廣業附加案語認爲"舊官本蓋五代時馮道所定宋刊監本，用之'此'字，與上下文亦無甚關照當，是'皆'字傳寫脫下半耳"。②

存異法，雖文有所竄，但爲不使之泯滅，節存備覽。如出自《白氏六帖》的"則是以四十里爲陷阱"一條異文，周廣業下案："《白帖》節潤《孟》文與《意林》略同。姑錄數條備考。"③

文獻記載真僞并存，虛實相混，《異本考》中輯錄的諸多異文也需要加以考證判斷，從而爲我所用。周廣業運用對校、他校的校勘方法，書證、理證、存異等考異方法進行異文考證，辨僞證實，從中可見其深厚的學術能力以及科學審慎的治學態度。

（二）運用不同形式的案語

周廣業在《異本考》當中運用了兩種加案語的方式。一種情況是直接

---

① ［清］周廣業撰：《孟子四考》卷二《異本考》，《續修四庫全書》第158册。
② ［清］周廣業撰：《孟子四考》卷二《異本考》，《續修四庫全書》第158册。
③ ［清］周廣業撰：《孟子四考》卷二《異本考》，《續修四庫全書》第158册。

加"案"或"〇案",文中大部分情況下使用這類案語。此類案語簡潔明瞭,一般是在該條異文下需要作簡短的解釋、説明、補充或判斷的時候運用。具體形式如下:

畫爾於苗。《音義》云:"或作苗,誤。"〇案:《儀禮·士相見禮》:在野則曰艸茅之臣。鄭注古文"茅"作"苗"。則非誤。①

另一種情況是使用"廣業案",《異本考》中共有十五條"廣業案"。一般是周廣業對一個問題有所創見,從而詳細論證,闡述己意。如上文"明訓詁"中對"置"字的解釋,周廣業認爲是"置設"而非"驛站",便加"廣業案"進行論述。

(三)引書宏富,文獻詳實

《異本考》中輯録異文的典籍,即所説的異本,有上百種,校勘考證異文時所引用的書籍亦有百種之多,周廣業廣稽博搜,徵引文獻宏富詳實,彙集了大量文獻資料。《孟子異本考》中有經書及其注解之書,如《尚書》《詩經》《儀禮》《周禮正義》《左傳》《爾雅注》等,其中,《孟子》類有《孟子手音》《孟子音義》《孟子雜記》《孟子集注考證》等;字書、韻書類,如《説文解字》《説文解字繫傳》《古今韻會》《增修禮部韻略》《玉篇》《廣韻》《集韻》《隸釋》《六書故》等;史書及其注解之書,如《史記》《史記索隱》《史記集解》《漢書》《後漢書》《晉書》《吕氏春秋》等;諸子類,如《莊子》《列子》《管子》《淮南子》《孔叢子》《抱樸子》等;類書,如《太平御覽》《册府元龜》《藝文類聚》《初學記》等;文集類有《文苑英華》《昭明文選》《唐文粹》《宏明集》等;筆記類,如《世説新語》《困學紀聞》《容齋隨筆》等不一一舉出。總之,經史子集無所不包,其中有一些材料在傳世著作中比較少見,而周廣業輯録下來,保存了文獻的原始風貌,這些資料使得《孟子異本考》具有校勘、輯佚等重要的文獻學價值。

周廣業引書縱向分佈極廣,上自先秦典籍,下至同時代人的觀點,在周廣業考證異文之時,引用了同時代友人如俞思謙、丁杰等人的想法。這種不拘泥於古今的學術觀,促進了思想的交流和學術的進步。

(四)呈現出系統的《孟子》版本體系

周廣業在《孟子異本考》中運用了豐富的《孟子》版本輯録異文,儘

---

① [清]周廣業撰:《孟子四考》卷二《異本考》,《續修四庫全書》第158册,第86頁。

可能搜集可見的各種版本，進行校對比勘，可謂詳實精審。而且其成書過程也頗爲不易，整本《孟子四考》付梓之前經過六七次修改，其中所引用或者提到的《孟子》的版本，最終爲我們呈現出較爲完整系統的《孟子》版本體系，有利於我們今後進一步梳理《孟子》版本的淵源遞嬗情況。

周廣業在《異本序》中說："宋祥符五年，孫奭等撰《音義》二卷，七年正月上新印《孟子》及《音義》，自是始有板本，但宋槧今不易得。因以汲古閣注疏本爲主，參考宋本、石經。"①《異本考》中所用的《孟子》版本在《古注考》中有詳細的解釋："趙注今與《正義》并行者，明監本、毛氏汲古閣本皆不盡原文。何氏所稱斧季影鈔宋本既不可得，訪求積年，幸先後得數善本。一爲改注汲古閣本，所改悉照宋槧，中稱有宋本、小字宋本、廖本，極其精審。後有'西堂圖書'，意爲方氏家藏也。一爲日本山井鼎所輯《七經孟子考文》及物觀等《補遺》，亦即汲古注疏而用古本、足利本逐一核對，條列異同。"②《吳兔床日記》記載了此二書均爲周廣業從鮑廷博處所借進行校訂。③ 關於宋元版本，文中提及岳氏塾本，一般又稱爲元岳氏荆溪家塾刻本，簡稱岳本；另有廖本，即世綵堂本，南宋廖瑩中私家刻本。明代的諸注本，有正德本、嘉靖本、萬曆本、崇禎本、永懷堂本。

此外，文中又有外國本，如高麗本。此處爲朱子《集注》所載，周廣業提出："《玉海·朝貢門》載淳化四年始賜高麗板本九經，祥符九年又賜九經及諸子，嘉佑八年英宗即位，以九經及《正義》《孟子》賜夏國，則外國不應有別本。"④

除了抄本和刻本，還有石刻材料，《異本考》所載石經爲宋高宗御書石經。周廣業詳細記錄了高宗御書石經的情況。"今在杭州府學東西廊壁中，紹興年所摹勒也。《易》《詩》《書》《春秋左傳》《論語》《禮記》《中庸》等篇皆楷書，《孟子》兼用行書。朱子修白鹿書院奏請石經本即此也。《孟子》刻石在東廊南衹存第三、四、六、七、八、九、十五、十六、十七、十九、二十一、共十一片，蓋原有二十二片而今亡其半矣。文多漫闕，向就石摩得錄之，繼從梁君履繩借搨本與宋板本詳校，大率相同，但多避諱

① ［清］周廣業撰：《孟子四考》卷二《异本考·序》，《續修四庫全書》第158冊，第78頁。
② ［清］周廣業撰：《孟子四考》卷三《古注考》，《續修四庫全書》第158冊，第103頁。
③ ［清］吳騫著，張昊蘇、楊洪升整理：《吳兔床日記》，鳳凰出版社，2015年，第15頁。
④ ［清］周廣業撰：《孟子四考》卷一《逸文考》，《續修四庫全書》第158冊，第75頁。

字耳。"①并將趙希弁《讀書附志》、曾宏父《石刻鋪叙》、晁公武《石經考異》、方中履《古今釋疑》、王應麟《玉海》、薛應旂《浙江通志》對石經《孟子》的記載悉録於後。

諸多版本的呈現，讓我們對《孟子》存世版本有了一個大致的瞭解，對於我們研究《孟子》版本系統大有裨益，《孟子古注考》中仍有部分版本著録，如孔本、韓本等。

（五）嚴謹求實的著述態度

1. 不囿於前人舊説，自有判斷

《後漢書·楊賜傳》：松等曰："昔文王之囿百里，人以爲小；齊宣五里，人以爲大。"《後漢書》注引《孟子》："齊宣王問曰：'文王之囿方七十里，人猶以爲小；寡人之囿方四十里，人猶以爲大。何也?'"②在考證"齊宣王五里"時，宋人王楙在《野客叢書》中説道"僕觀《世説》舉樂松之語云：'齊五十里。'乃知非'五里'也。當時史文於'五'字下脱一'十'字。蓋七十里近於百里，四十里近於五十里。樂松舉其大綱耳"。王楙在這裏舉《世説新語》中樂松之語證明"五里"應爲"五十里"之誤，而周廣業并未一昧相信并沿襲王楙之説，他發現了更早的史料袁宏《後漢紀》中引用樂松之語"宣王囿五十里，民以爲大；文王百里，民以爲小"，因此他采用了《後漢紀》之説，并指出了王楙之失。"廣業案：《後書》誤脱'十'字，觀袁《紀》自明，不待《世説》也。"③

2. 多聞闕疑，不妄下論斷

周廣業考證史實時，多聞闕疑。周廣業考證《史記》中"梁惠王謀欲攻趙，孟子稱大王去邠"④一句是否是孟子與梁惠王的對話時，多方考查與此事件相關的文獻記載。詳細記録各文獻中有關魏國攻伐趙國年代的不同説法，根據《竹書紀年》的記載，當時孟子還未到梁，與孟子和梁惠王對話的事件無法相合，因此存疑待考。之後又查閲文獻材料，發現劉書《新論》一段有關《孟子》的逸文正與《史記》所言相合，并推測《新

---

① ［清］周廣業撰：《孟子四考》卷二《異本考》，《續修四庫全書》第158册，第80頁。

② ［南朝宋］范曄撰，［唐］李賢等注：《後漢書》卷五十四《楊震列傳第四十四》，中華書局，1965年，第1783頁。

③ ［清］周廣業撰：《孟子四考》卷二《異本考》，《續修四庫全書》第158册。

④ ［漢］司馬遷撰，［南朝宋］裴駰集解，［唐］司馬貞索隱，［唐］張守節正義：《史記》卷七十四《孟子荀卿列傳第十四》，中華書局，1982年，第2345頁。

論》中這段文字或許是根據其他未見本而來，但因爲衹是猜測，所以僅記錄下來，存疑保留，不妄作論斷。

四、餘論

綜上，周廣業徵引廣博，搜羅梳理了經史子集大量典籍中《孟子》的異文，以嚴謹務實的治學態度進行校勘考證，系統整理出可供後人學習參考的寶貴資料，形成完整豐富的《異本考》。文中彙集了大量文獻資料，對於我們今天研究《孟子》系統的文本大有裨益。周廣業這種朴學覃思、言必徵信、認真務實的治學態度和風格也值得我們學習。雖然文中偶有失誤之處，如將吳玉搢誤作吳搢玉，《宋文鑒》作者呂祖謙誤作范祖禹，皮日休《題後魏書釋老志》誤作《題後漢書釋老志》，以及部分引文與原文不一致的情況，但是瑕不掩瑜。《孟子四考》作爲研究《孟子》的重要成果被清人焦循在其《孟子正義》中多次引用，是研究清代《孟子》不可回避的著作，影響深遠。周廣業在《孟子》學史上毋庸置疑具有獨特的貢獻和價值。但是目前學術界對周廣業及其著作尚未有系統的研究，因此我們應該繼續開拓研究視野，重新審視其價值，梳理探究周廣業的《孟子》學成就，以進一步推動孟學研究的發展。

（作者單位：山東大學儒學高等研究院）

清中葉的漢宋之争與顧炎武學術形象的嬗變

張陳博

摘　要： 受清中葉漢、宋學風對峙的影響，顧炎武的學術傾向在當時頗有爭議。漢學家將其納入漢學譜系，但對其學術地位的認識有別，阮元視之爲漢學前驅，江藩則以惠棟爲開山，有意淡化了顧氏的影響。官方文本亦差別甚大，《國史儒林傳稿》和《四庫全書總目》各以經學和理學大儒定義顧氏。宋學家多着眼於刻畫其尊朱之學術形象，但在認識有一漸進之過程，方東樹囿於門户之見，對於顧氏身上的漢學習氣甚爲不滿，唐鑒的認識相對客觀，但對於顧氏的考據學著述則多刻意回避。通過對比考察漢學、官方、宋學三方在構建顧氏學術形象方面代表性歷史文本的差異，不惟有助於深化對顧氏學術特點和地位的認識，也有裨於透視清中葉學術思想領域的複雜動向和發展流變，進一步思考學者思想傾向、官方意識形態和社會發展動向與歷史書寫之間的密切關係。

關鍵詞： 清中葉　顧炎武　漢學　宋學

關於顧炎武的學術特點和地位，學界迄今已有普遍一致的認識，既注意到其學尚考據的特點，又肯定其與程朱理學之間的密切關係，兼漢、宋學術之長①。然而在清代中葉，顧氏的學術形象不僅不甚清晰，而且在學術評價上存在巨大分歧，不僅有官、私之别，漢、宋之分，而且不同的官方

---

① 張舜徽《顧亭林學記》認爲“就顧氏當日治學的全體來説，經史考證，他自己認爲衹是一種做學問的手段與方法；經世致用，纔是他做學問的歸宿與作用”，“顧氏學術，實淵源於朱子”。見張舜徽著：《顧亭林學記》，湖北人民出版社，1957年，第12、16頁。《清代哲學》指出“在顧炎武影響下形成了清代考據學，是没有疑問的……但顧炎武的精神是經世致用，同時也維護程朱道統”。見王茂、蔣國保、余秉頤、陶清著：《清代哲學》，安徽人民出版社，1992年，第585頁。

文本，同一學術陣營中的不同學者，認識亦有不同。這一情況，與當時漢、宋學風的對峙，官方意識形態的搖擺，以及社會危機的逐漸加深等皆有密切關係。關於這一問題，目前學界尚未見整體深入的研究①，筆者不揣謭陋，擬以文本比對的方式，分析導致顧氏學術評價歧異的原因，亦以顧氏爲個案，透視清中葉的學術與社會。不當之處尚祈方家教正。

一、清學開山：漢學陣營的共識與分歧

在漢學陣營中，筆者選擇了阮元《儒林傳稿》和江藩《漢學師承記》。隨着《四庫全書總目》確立了"漢宋調和"的官方學術標準，需要呈交清朝官方的《儒林傳稿》，也不可避免要在其基調下展開。然而，《儒林傳稿》私修特點明顯，體現了阮元"崇漢抑宋"的用心。江藩《漢學師承記》出於影響阮元編纂《國史儒林傳》的目的，以漢學家的立場，系統梳理了清朝漢學發展脈絡。兩者既有聯繫又有區別，最具代表性。

《總目》初步建構了顧炎武"清代考據學開山之祖"的形象②，作爲漢學家的阮元在《儒林傳稿》中，也將顧炎武的形象塑造爲標準的"漢學家"，進一步强化了《總目》中顧炎武的形象。阮元在編寫《儒林傳稿》時，向姻親兼學友的焦循徵求過建議，焦循便創作了《國史儒林文苑傳議》，其中贊揚了顧炎武在音學方面的成就，"顧寧人之音學……皆與儒林爲近，同一校讎也"③。雖然顧炎武存在不仕清朝的政治問題，焦循仍然建議他入儒林傳，這與焦循在《讀書三十二贊》中推崇《音學五書》的看法相同。相比之下，阮元所構建的顧炎武形象，更接近完整的漢學家。雖然阮元在《儒林傳稿凡例》中强調"故今理學各家與經學并重，一并同列，

---

① 對於顧炎武學術形象及演變的主題，雷平《從"考證勝於經濟"到"經濟勝於經史"——〈四庫提要〉中的顧炎武學術形象及其後世演變》做出了相關探討，其側重於以《四庫提要》爲中心，并以時代發展爲線索，展現顧炎武學術形象中"經世"與"經史"的演變。王汎森《清代儒者的全神堂——〈國史儒林傳〉與道光年間顧祠祭的成立》以《國史儒林傳》爲中心，探討了顧炎武學術地位的演變及背後種種力量的變化。王獻松《論〈四庫全書總目〉對顧炎武學術史地位的建構》分析了《四庫全書總目》對顧炎武的評價和對其學術地位的構建。相關文章皆對顧炎武學術地位有所討論，卻多以一部著作爲中心，尚未有結合文本全面的對比分析和對清中葉複雜學術動態的展示。

② 王獻松：《論〈四庫全書總目〉對顧炎武學術史地位的建構》，《人文論叢》2015 年第 2 期，第279—291 頁。

③ ［清］焦循：《雕菰集》卷十二，《續修四庫全書》第 1489 册，上海古籍出版社，2002 年，第226—227 頁。

不必分歧，致有軒輊"①，但他在具體編寫時，仍是站在漢學家的立場。在書寫顧炎武時，阮元重在收錄他貶抑理學，批評言心言性的言論，而忽視他尊崇朱子，崇宋學而反心學的學術傾向。《顧炎武傳》開篇，論及顧炎武學術，阮元便着力刻畫他的"漢學家"形象：

> 其論學以博學有恥爲先。嘗與友人論學，云："百餘年來之爲學者，往往言心言性而茫然不得其解也。"②

阮元在《顧炎武傳》中，多次選取顧炎武批判理學，強調實學的觀點：

> 顏子幾於聖人，猶曰博我以文。自曾子而下，篤實無若子夏。言仁則曰博學而篤志，切問而近思。今之君子則不然，聚賓客門人數於百人，與之言心言性，舍多學而識，以求一貫之方。置四海之困窮不言，而講危微精一。是必其道高於夫子而弟子之賢于子貢也，我弗敢知也。③

> 是故性也命也天也，夫子之所罕言，而今之君子之所恒言也。出處去就辭受取予之辯，孔子孟子之所恒言，而今之君子所罕言也。④

兩處都是顧炎武通過對比孔孟之學與當今之學，批判今之學者學識空疏，祇知言心言性，而不知博學實學之功。顧炎武的學術傾向，看似有反理學之嫌，實則爲尊朱抑王，合義理、考據爲一途，錢穆《顧亭林學述》已有論述⑤。然而，阮元對《顧炎武傳》的編纂，祇取他貶王一面，而刻意不書其尊朱一面。阮元在編纂《儒林傳稿》時所持立場，以及阮元本身學術傾向，戚學民《阮元〈儒林傳稿〉研究》已有詳細的研究⑥。《顧炎武傳》中"斷章取義"的做法，實則正反映出阮元本人"尊漢抑宋"的學術傾向。

同時，阮元《儒林傳稿》還側重強調顧炎武長於考據的特點：

> 故炎武之學，大抵主於斂華就實，救弊扶衰。凡國家典制、郡邑掌故、天文儀象、河漕兵農之屬，莫不窮究原委，考正得失。⑦

由此可見，在《儒林傳稿》裏，由於阮元漢學的立場，顧炎武被塑造

---

① ［清］阮元：《儒林傳稿》凡例，《續修四庫全書》第537冊，上海古籍出版社，2002年，第618頁。
② ［清］阮元：《儒林傳稿》卷一《顧炎武傳》，《續修四庫全書》第537冊，第631頁。
③ ［清］阮元：《儒林傳稿》卷一《顧炎武傳》，《續修四庫全書》第537冊，第631頁。
④ ［清］阮元：《儒林傳稿》卷一《顧炎武傳》，《續修四庫全書》第537冊，第631頁。
⑤ 錢穆：《顧亭林學述》，《中國學術思想史論叢》第八冊，三聯書店，2019年，第60—84頁。
⑥ 戚學民：《阮元〈儒林傳稿〉研究》，三聯書店，2011年，第67—88頁。
⑦ ［清］阮元：《儒林傳稿》卷一《顧炎武傳》，《續修四庫全書》第537冊，第632頁。

成批判空言心性之理學，提倡經世致用之實學，并擅長考據的“漢學家”形象。值得注意的是，阮元涉及的門戶之見相對較少，更多出於他發自内心對漢學的認可。與江藩相比，他能以通達的目光看待漢學發展。阮元没有將《儒林傳稿》局限於國朝，而是上溯明中葉，將楊慎、陳耀文、焦竑、方以智納入漢學譜系中，并認爲方以智“考據精核”，在衆人之上①。在《方中通傳》中，阮元用一半以上的篇幅介紹明代考據學與方以智，且他的評價客觀，林慶彰《明代考據學研究》也認爲《通雅》集明代考據學之大成②。阮元在《方中通傳》中評價“風氣既開，國朝顧炎武、閻若璩、朱彝尊等沿波而起，始一掃懸揣之空談”③。他在梳理明代漢學發展脈絡後，最終將顧炎武視爲真正的清代漢學風氣的前驅，可見在阮元心中，顧炎武在明清學風轉變中具有十分重要的地位。

同時，阮元對潘耒《日知録序》的引用，選取了“凡經史、吏治、財賦、典禮、藝文之類，皆疏通考證之”④，而略去了後半句“至於敘禮教之衰遲，傷風欲之頹敗，則古稱先，規切時弊，尤爲深切著明，學博而識精，理到而辭達”⑤。可見阮元對《日知録》的贊揚在於其“博學”而非“精識”，這正是乾嘉考據學所推崇的。潘耒在序中特意强調“如第以考據之精詳，文辭之博辨，嘆服而稱述焉，則非先生所以著此書之意也”⑥，而阮元的稱贊恰恰違背了顧氏作書的初衷，這與他本身的漢學立場是分不開的。這種分别也體現在《顧炎武傳》的篇幅安排上。在介紹顧氏著作時，阮元對其音韻學、金石學、考據學著作介紹較多，而對《天下郡國利病書》《日知録》等思想性較强的著作介紹較少。雖然阮元能以通達開拓的眼光看待漢學，然而他漢學家的思想，也在無形之中限制了他對顧氏著作思想性的關注。

《揅經室集》爲阮元個人文集，更能體現阮元的學術思想，其中《顧亭林先生肇域志跋》對顧炎武的評價具有代表性。阮元先指出世人多認爲顧炎武經濟之見勝於經史之學，隨後反駁了世人的這種觀點，并認爲《日

---

① ［清］阮元:《儒林傳稿》卷三《方中通傳》,《續修四庫全書》第 537 册,第 657 頁。
② 林慶彰:《明代考據學研究》,臺灣學生書局,1985 年,第 586 頁。
③ ［清］阮元:《儒林傳稿》卷三《方中通傳》,《續修四庫全書》第 537 册,第 657 頁。
④ ［清］阮元:《儒林傳稿》卷一《顧炎武傳》,《續修四庫全書》第 537 册,第 632 頁。
⑤ ［清］潘耒:《日知録序》,《顧炎武全集 18 日知録 1》,上海古籍出版社,2011 年,第 12 頁。
⑥ ［清］潘耒:《日知録序》,《顧炎武全集 18 日知録 1》,第 12 頁。

知録》已有矯枉過中之處。阮元贊同《四庫提要》對顧炎武的評價，“四庫書提要論亭林之學經史爲長，此至論，未可爲腐儒道”①。可見阮元在私人著述中，也推崇顧炎武的經史考證之學，將其視爲漢學家。雖然《儒林傳稿》對全祖望《亭林先生神道表》有所引用，然而兩者對顧炎武的評價大相徑庭。全祖望引用王不庵對顧炎武的評價作結：“寧人身負沈痛，思大揭其親之志於天下，奔走流離，老而無子，其幽隱莫發，數十年靡訴之衷，曾不得快然一吐，而使後起少年推以多聞博學，其辱已甚，安得不掉首故鄉，甘於客死，噫，可痛矣！”② 他反對強調顧炎武博學考據一面，而忽略其經世致用之學的觀點，正與阮元的見解相悖。

此外，阮元的學術立場在《皇清經解》中可見一斑。阮元將顧炎武的五部著作列爲《皇清經解》之首，其中又以《左傳杜解補正》爲先。《四庫全書總目》認爲《左傳杜解補正》精於考證，皆有根據，可見阮元最推崇的仍是顧炎武博極群書、精於考據學的學術特點。而剩下四部著作中，三部都是音韻學研究著作。而阮元推崇《日知録》，也是更看重其經史之識。由此可見，阮元對顧炎武學術的評價很高，但集中在他在漢學方面的成就，并在《儒林傳稿》《皇清經解》的編選上有意體現顧炎武長於漢學的特點。

江藩《漢學師承記》雖名爲梳理漢學學術史，實則帶有鮮明的門户之爭色彩。出於影響阮元編纂《國史儒林傳》，提高漢學在《儒林傳》中地位的目的③，此書帶有更強的主觀因素。江藩將黃宗羲、顧炎武列於卷末的問題，被稱爲“黃顧問題”，歷來受到衆多學者關注。漆永祥《江藩與〈漢學師承記〉研究》總結了以往學者對“黃顧問題”的討論，大體分爲學術原因與政治原因兩派觀點。漆永祥也認爲，江藩將黃顧置於卷末，是出於學術原因，對二人非純粹漢學家的打壓。④

探究“黃顧問題”，還需從卷末三問答入手。江藩虛構出客人與他的對話，闡明將黃顧列於卷末的原因。起初，客人舉出黃宗羲、顧炎武二人對

① ［清］阮元：《顧亭林先生筆域志跋》，《叢書集成初編 2205 研經室集 9》，商務印書館，1936年，第 627 頁。
② ［清］全祖望：《鮚埼亭集》卷第十二·碑銘七，《全祖望集匯校集注》，上海古籍出版社，2000年，第 232 頁。
③ 戚學民：《阮元〈儒林傳稿〉研究》，第 282 頁。
④ 漆永祥：《江藩與〈漢學師承記〉研究》，上海古籍出版社，2006 年，第 381—389 頁。

經學作出的貢獻，即"有明一代，囿於性理，汩於制義，無一人知讀古經注疏者。自黎洲起而振其頹波，亭林繼之，於是承學之士，知習古經義矣"①。實際上，江藩借客人之口，承認了黃顧二人在漢學學術史中的重要性，起到了承前啟後，糾正明代風氣的作用。但緊接着，江藩又自己否認了這一點："黎洲乃蕺山之學，矯良知之弊，以實踐爲主；亭林乃文清之裔，辨陸、王之非，以朱子爲宗。故兩家之學，皆深入宋儒之室，但以漢學爲不可廢耳。多騎牆之見，依違之言，豈真知灼見者哉！"② 江藩雖將顧炎武列入漢學陣營，卻也一針見血地指出了他貶陸王心學而尊朱子理學的特點。江藩不否認顧炎武對清代經學發展作出的貢獻，但在心裏，他仍將顧炎武視爲宋學一派，并將此原因放在了第一個問答中。同樣值得注意的是，朱維錚提到江藩以極爲苛刻的標準，作成附記《國朝經師經義目錄》，在入選的"經義"中，顧炎武八種，位居第三位③。江藩一方面以各種理由貶低顧炎武，一方面又多選其著作，這種矛盾心理發人深思。由此可見，江藩雖知曉黃顧對於漢學發展的關鍵作用，卻仍貶斥二人，更多是出於狹隘的漢宋門戶之見。

在第二次問答中，客人再次強調了黃顧二人開創性的貢獻："二君以瑰異之質，負經世之才，思見用於當世，垂勳名於來葉。讀書論道，重在大端，疏於末節，豈若抱殘守缺之俗儒，尋章摘句之士世也哉！然黃氏辟圖書之謬，知尚書古文之僞；顧氏審古韻之微，補左傳杜注之遺。能爲舉世不爲之時，謂非豪傑之士耶？"④ 此處江藩又藉客人之口，贊美了二人對漢學之卓越貢獻。隨後，他又使客人舉閻若璩、胡渭的事例，批判自己先前的門戶之見："於此則從寬假之條，於彼則嚴踚閑之辨，非心有軒輊者乎？"⑤

但接下來，江藩以政治原因爲自己的門戶之爭辯護。這裏江藩沒有直接回答客人的問題，而是話鋒一轉，批判黃顧二人"不順天命，強挽人心"⑥，不能入儒林之傳。他無法回答客人對他門戶之見的質問，因而祇能

① ［清］江藩纂，漆永祥箋釋：《漢學師承記箋釋》卷八，上海古籍出版社，2013 年，第 863—864 頁。
② ［清］江藩纂，漆永祥箋釋：《漢學師承記箋釋》卷八，第 865 頁。
③ 朱維錚：《清學史：漢學與反漢學一頁（上）》，《復旦學報》（社會科學版）1993 年第 5 期。
④ ［清］江藩纂，漆永祥箋釋：《漢學師承記箋釋》卷八，第 866 頁。
⑤ ［清］江藩纂，漆永祥箋釋：《漢學師承記箋釋》卷八，第 866 頁。
⑥ ［清］江藩纂，漆永祥箋釋：《漢學師承記箋釋》卷八，第 868 頁。

搬出二人反清複明之舉，以政治正確來解釋自己的漢宋門户之見。果然，在第三次問答中，客人也認同了江藩的觀點，并藉此歌功頌德，勸江藩"尊聖人至公之心"①。隨後，江藩意識到自己的過錯，將兩人置於卷末。由此可見，所謂的政治因素，更像江藩無法回答客人的質問而找的藉口，其背後隱藏的，是江藩本人狹隘的門户之見。

在《漢學師承記》對顧炎武的書寫中，江藩承認顧炎武在經學學術史中的重要地位，并將他列入經學陣營。江藩不像阮元那樣將顧炎武刻畫爲純正的漢學家形象，而是坦白交代了顧炎武尊朱子的基本立場。并且出於門户之見，將顧炎武列於卷末，用政治因素掩護自己的真實原因。江藩師承吳派，被培養爲純正的漢學家，其《漢學師承記》即爲明確漢學譜系，力求發揚光大漢學的獨尊之作②。也是因此，他將範圍限定在"國朝"，否認明代考據學的成就，并排斥學術不純的黄顧二人。

二、漢宋之間：官方文本中的不同身份論定

《四庫全書總目》作爲清代官方欽定的目録學著作，確立了學術評價的導向，對學術史的建構産生了重要影響。乾隆帝即位之初，尊崇理學尤其是朱子學，然而這祇是前期的政策趨向。爲維護專制統治，從乾隆二十一年（1756）起，乾隆帝的文化政策開始由程朱理學轉向經學考據學。他通過科舉加强經史方面的内容，將一批經學家吸納進政權體系。乾隆帝組織纂修《四庫全書》，也爲漢學家提供了用武之地③。與此同時，吳皖二派的興盛與漢學自清初以來的客觀發展也使得漢學達到了高峰。清代中期漢學當道，理學衰微，《四庫全書》編纂不得不受到大環境的影響。梁啓超説"四庫館就是漢學家大本營，《四庫提要》就是漢學思想的結晶體"④，由於當時學風與編纂《四庫全書》工作性質的需要，館臣中多漢學家，少宋學家⑤，且對《四庫全書總目》貢獻較大的紀昀也熱衷於考據之學。出於以上因素，雖然清朝官方以"漢宋調和"爲標準，即經部總叙中所言"夫漢學具有根柢、講學者以淺陋輕之、不足服漢儒也。宋學具有精微、讀書者

---

① ［清］江藩纂，漆永祥箋釋：《漢學師承記箋釋》卷八，第 869 頁。

② 李帆：《清代理學史》中卷，廣東教育出版社，2007 年，第 359—363 頁。

③ 李帆：《清代理學史》中卷，第 15—17 頁。

④ ［清］梁啓超：《中國近三百年學術史》，復旦大學出版社，2016 年，第 24 頁。

⑤ 劉風强：《四庫全書館發微》，蘭州大學出版社，2015 年，第 37—38 頁。

以空疏薄之、亦不足服宋儒也。消融門户之見而各取所長、則私心祛而公理出、公理出而經義明矣"①，但四庫館臣在具體編寫中，仍體現了推崇漢學的學術傾向。在《總目》中，顧炎武被構建成國初第一大儒的形象。然而，這種對顧炎武的贊揚，是推崇其考據之學，而非其經世之學。這也放大了顧炎武漢學的一面，而忽略其尊程朱的宋學一面。

《總目》在《左傳杜解補正》對顧炎武評價説："博極群書、精於考證、國初稱學有根柢者以炎武爲最"②，又列舉説明顧氏所引皆有根據，"凡此之類、皆有根據。其他推求文義、研究訓詁、亦多得左氏之意。而又能彌縫其闕失、可謂掃除門户、能持是非之平矣"③。《總目》雖一再強調掃除門户，然而對顧炎武的贊美，都在漢學的範圍内，即博學考證、文義訓詁之類。對於顧炎武的音學，《總目》也加以推崇："自陳第作毛詩古音考屈宋古音義、而古音之門徑始明。然創辟榛蕪、猶未及研求邃密。至炎武乃探討本原、推尋經傳、作音學五書以正之"④。而對於以經世致用著稱的《日知録》，《總目》則加以貶斥："惟炎武生于明末、喜談經世之務、激於時事、慨然以復古爲志。其説或迂而難行、或愎而過鋭"⑤。《總目》反對潘末序中稱贊經濟之學的説法，仍以考據精詳爲《日知録》可道之處。對後世著名的《天下郡國利病書》，《總目》也做出了類似的評論："其中采掇舊文、同異兼收、間有矛盾之處。編次亦絕無體例。蓋未成之稾本也"⑥。這種評判與顧炎武的志趣不符，是對顧氏學術的"斷章取義"⑦。由此可見，《四庫全書總目》看似在"漢宋調和"的標準下，實則反映當時館臣漢學的立場。

二卷本《國史儒林傳》中，顧炎武的形象則恰恰相反。這樣的變化既有時代因素，又有館臣的因素。隨着漢學的發展僵化，越來越多學者認識到漢學的不足；再加上嘉道年間，社會矛盾越發尖鋭，人們開始呼籲經世

---

① ［清］永瑢等：《四庫全書總目》卷一《經部總叙》，中華書局，1965 年，第 1 頁。

② ［清］永瑢等：《四庫全書總目》卷二十九《經部·春秋類四·左傳杜解補正提要》，第 235 頁。

③ ［清］永瑢等：《四庫全書總目》卷二十九《經部·春秋類四·左傳杜解補正提要》，第 235 頁。

④ ［清］永瑢等：《四庫全書總目》卷四十二《經部·小學類三·韻書·音論提要》，第 367 頁。

⑤ ［清］永瑢等：《四庫全書總目》卷一百十九《子部·雜家類三·雜考下·日知録提要》，第 1029 頁。

⑥ ［清］永瑢等：《四庫全書總目》卷一百十九《子部·雜家類三·雜考下·日知録提要》，第 1029 頁。

⑦ 王獻松：《論〈四庫全書總目〉對顧炎武學術史地位的建構》，《人文論叢》2015 年第 2 期，第 282 頁。

之學，理學也由此再度活躍；與此同時，嘉慶、道光二帝也采取了一些措施提高理學地位①。嘉慶前期推崇漢學考據，然而在天理教事件發生後，嘉慶帝屢次提出正人心厚風俗，并在嘉慶二十二年頒佈聖諭，要求講明朱子之學。道光帝又數次增加理學名臣從祀，又在新朝首科殿試策論中，舉朱子等理學家的學說爲題②。可見嘉道年間，一改乾隆中期以來提倡考據，貶抑理學的文化政策，使得學術風向重新轉向理學。因此，編撰於嘉道年間的《國史儒林傳》不可避免受到理學復興的影響。根據戚學民《阮元〈儒林傳稿〉研究》的考證，當時國史館正總裁應爲曹振鏞，且受翁方綱影響較大③。翁方綱學宗程朱，雖然其學術有漢宋兼采的特點，但他將考據視爲探求義理的手段。曹振鏞向他徵求編纂意見，他以《與曹中堂論儒林傳目書》答復，并在其中強調"是以今日儒林之務，必以程朱爲定矩也"，"則考證之途，又慮其旁涉，必以衷於義理者爲準則。博綜馬鄭而勿畔程朱，此學者之大閑也"④，可見翁方綱視程朱理學爲宗，在回信中多有強調，一定程度上影響了《國史儒林傳》的編寫。

在編排上，《儒林傳稿》不分漢宋，按照清代官方"漢宋調和"的標準，將漢學家與宋學家共同列入儒林傳，正如凡例中稱："國朝修明史混而一之，總名儒林，誠爲盛軌，故今理學各家與經學并重，一并同列，不必分歧，致有軒輊。"⑤ 顧炎武列爲第八位，大體順序如阮元所說："此外則以年分相次。"⑥ 然而，阮元在具體編排時，體現的卻是其"尊漢抑宋"的用心。相比之下，《國史儒林傳》多刪去漢學人物，并直接把人物分爲漢學與宋學兩大陣營，各爲一卷，且宋學爲上卷，變相抬高了宋學的地位。并且，顧炎武被列入理學之首，成爲理學陣營的重要人物，其學術傾向的差距可見一般。此次將顧炎武確立爲儒林之首，也極大提高了顧炎武在清代儒者中的地位。王汎森雖對兩卷本《國史儒林傳》編撰者考證有誤，但他

---

① 李帆：《清代理學史》中卷，第385—393頁。
② 張瑞龍：《天理教事件與清中葉文化政策的轉變——以嘉慶朝爲中心的考察》，《近代史研究所集刊》2011年總第71期，第68—82頁。
③ 戚學民：《阮元〈儒林傳稿〉研究》，第261—267頁。
④ ［清］翁方綱：《復初齋文集》卷十一《與曹中堂論儒林傳目書》，《續修四庫全書》第1455冊，上海古籍出版社，2002年，第444—445頁。
⑤ ［清］阮元：《儒林傳稿》凡例，《續修四庫全書》第537冊，第618頁。
⑥ ［清］阮元：《儒林傳稿》凡例，《續修四庫全書》第537冊，第618頁。

指出了這一次排序的重要性及在顧炎武崇拜中發揮的重大作用①。

同時，對比兩者《顧炎武傳》，可知曹振鏞謹遵“宜慎勿濫”之原則。《國史儒林傳》大體繼承《儒林傳稿》中的記載，但删去了部分字句，調整了一部分段落順序。

删去的字句，可分爲政治因素與學術因素兩大類。出於政治因素删除的語句，多與明朝及複明抗清有關。如“明贊善邵芳孫”② 被删去，在傳中儘量切斷傳主與明朝的關聯。“相傳有歸奇顧怪之目”③ 被删，不再將反清的歸莊與顧炎武相提并論。同時，記載顧炎武之母殉明并教導他勿侍清朝之語亦遭删除：

> 初，炎武嗣母王氏未嫁守節，嘗斷指療姑，于崇禎十年被旌。及聞帝亡，不食卒。誡炎武勿出仕。福王時，崑山令楊永言方薦炎武爲兵部司務，旋以職萬郎昭，未赴。既葬母，遂出游，屢遭艱險。④

出於學術因素删去的內容，主要是顧炎武批判理學的部分，與阮元强調顧炎武的漢學特點的部分。“又曰今之理學，禪學也。不取五經論語，而但資之語録，不知本矣。其論文非有關於經昌事務者，皆謂之巧言，不以措筆。”⑤ 這一部分是阮元引顧炎武批判“今之理學”語，在《國史儒林傳》中被删掉。“凡經史吏治財賦典禮藝文之類，皆疏通考證之。”⑥ 這一句在《儒林傳稿》中，强調顧炎武擅長考證的漢學家身份，而在《國史儒林傳》中也被删除。由此可見，《國史儒林傳》有意將顧炎武塑造成宋學家形象。可見《四庫全書總目》與《國史儒林傳》雖同爲官方文本，卻由於時代政策、編纂人員的不同，導致呈現出不同的學術傾向。

三、揚宋抑漢：理學家對顧炎武尊朱形象的逐漸確立

方東樹爲回擊漢學興起而作的《漢學商兌》，是清代漢宋之爭中宋學界一大力作。經學陣營中的阮元與江藩，都是方東樹批評的重要對象。因此在方東樹筆下，顧炎武成了理學陣營中的一員，且方東樹指出了在漢宋之

---

① 王汎森：《清代儒者的全神堂——〈國史儒林傳〉與道光年間顧祠祭的成立》，《“中央研究院”歷史語言研究所集刊》2008 年第 1 期，第 63—93 頁。

② ［清］阮元：《儒林傳稿》卷一〈顧炎武傳〉，《續修四庫全書》第 537 册，第 631 頁。

③ ［清］阮元：《儒林傳稿》卷一〈顧炎武傳〉，《續修四庫全書》第 537 册，第 631 頁。

④ ［清］阮元：《儒林傳稿》卷一〈顧炎武傳〉，《續修四庫全書》第 537 册，第 632—633 頁。

⑤ ［清］阮元：《儒林傳稿》卷一〈顧炎武傳〉，《續修四庫全書》第 537 册，第 632 頁。

⑥ ［清］阮元：《儒林傳稿》卷一〈顧炎武傳〉，《續修四庫全書》第 537 册，第 633 頁。

争中顧炎武被曲解爲經學家這一現象，并對此提出批評：

> 要之，黄氏、顧氏猶目擊時病，有救弊之意，言雖失當，心則可原。及妄者主之，則藉以立門户，與程朱爲難，援黄氏以爲重，又自矜能辟僞古文，而已與黄、顧之意全别。①

方東樹指出，黄顧雖有"不當"的言論，但初衷是好的，仍是理學一派。然而那些"妄者"借二人言語批駁理學，則是背離黄顧本意。而將顧炎武塑造爲經學家的阮元與江藩，也應在方東樹批評的"妄者"之列。

> 焦循曰："宋儒言性言理，如風如影。"

> 按，此亦剿顧氏之説而失之者。顧本以之斥明儒，今妄移以斥宋儒也……考顧《與友人書》曰："百餘年來之爲學者，往往言心言性，而茫然不得其解也。"夫明曰"百餘年來"，則非以譏宋儒可知，焦氏豈足以知宋儒言性之説哉？②

此段方東樹更是一針見血，指出顧炎武批評的是明儒，而非宋儒，"百餘年來"便是其中要害。阮元《儒林傳稿》中，强調顧炎武批評理學所言，皆有"百餘年來""今之君子"之類定語。《漢學商兑》一出，漢學家塑造的顧炎武經學家的形象變得岌岌可危。

方東樹對顧炎武既有回護，也有批評。面對顧氏尊朱子之心被漢學家曲解，他積極爲顧氏喊冤，尤其爲顧氏被漢學諸人誤解而憤怒："顧氏目擊明儒心學縱恣之失，及語録空疏之病……後來漢學諸人，祖此偏宕之論，乘釁而起，變本加厲，遂乃蔽罪程朱，痛斥義理，專重著述，奉康成、叔重爲極至，與議從祀之旨，又一局矣。使亭林在今日見之，必悔其言之失也。"③

然而，在漢宋之争中，漢學與宋學兩派都受到門户之争影響，帶有更深的成見。隨着漢宋之争的激化，這種對立逐漸脱離了學術討論的正常範圍，變成單純的争鬥。因此，方東樹對顧炎武的批評，多是由於自己近乎苛刻地信守朱子，從而否定顧炎武的學術水準：

> 如明季心學縱恣，異説紛歧，誠爲惑亂。顧氏憂而欲辟之，其意甚善，特自家學術粗，見道未真，立義既差，故其辭亦絞繞不分明，

---

① ［清］方東樹：《漢學商兑》卷中之上，漆永祥點校本，鳳凰出版社，2016年，第50頁。
② ［清］方東樹：《漢學商兑》卷中之上，第63頁。
③ ［清］方東樹：《漢學商兑》卷上，第39頁。

本欲除病，而不悟己所立説，其病更大，亦由其不肯虚心服膺程朱故也。①

方東樹雖認爲顧炎武出於好意，卻對他的學術水準極盡貶低，并歸因於顧氏不肯虚心服膺程朱，又多以"滅裂"論及顧氏之學。而這些貶低之辭顯然是不客觀的，是方東樹出於門户之見，摻雜主觀色彩，在漢宋之爭的大背景下的苛刻要求。《漢學商兑》雖指出了漢學的問題，然而由於方東樹本人回擊漢學的主觀目的，導致此書門户之見甚重。無論是對顧炎武的回護，還是對顧炎武的苛責，都是出於漢宋之爭的背景。這兩種看似相反的態度，實則一體兩面，都是爲了攻擊漢學，提倡宋學。

作于道光年間的《國朝學案小識》，建構了理學立場的學術史。根據戚學民《阮元〈儒林傳稿〉研究》，唐鑒此作受到了《儒林傳稿》和《國史儒林傳》的影響，并在人物收録與記載上有針對《儒林傳稿》及漢學陣營之意，也有迎合朝廷《國史儒林傳》的意圖②。同時，作爲理學家，他也多方面删改《四庫全書總目》中文字，構建揚宋抑漢的學術宗旨③。唐鑒在《學案小識叙》中，即梳理儒學道統，將朱子與顏、曾、思、孟相提并論。"集諸子之大成，救萬世之沉溺"④ 是唐鑒對朱子的評價，可見他對朱子的推崇。同時，他也在叙中批判了心學與漢學，"習空談者，索之於昭昭靈靈而障於内；守殘編者，逐之於紛紛藉藉而弊於外，斯二者皆過也"⑤，"習空談者"即爲心學一派，"守殘編者"即爲漢學一派。對於漢學，唐鑒批評其祇重於外，而不知經世致用。他先舉顏子問邦，得出"是必有順天應人、長治久安、大經濟、大功業，以運用於兩間，豈惟推天文，考輿服，講求樂律而已哉！"⑥ 後舉哀公問政，得出"是必有事親、知天、明善、誠身、真本原、真學問，以彌綸於無際，豈惟考官禄，別等差，講明禮樂而已哉！"⑦ 在唐鑒看來，祇有宋學的格致誠正，纔能不弊於内外，不會流於漢學祇知考據的情況。

唐鑒按人物對宋學做出的貢獻大小，將他們依次分爲傳道、翼道、守

---

① ［清］方東樹:《漢學商兑》卷中之上，第53頁。
② 戚學民:《阮元〈儒林傳稿〉研究》，第373—420頁。
③ 曾志平:《〈學案小識〉與〈四庫全書總目〉關係考》，《人文論叢》2019年第1期，第114—123頁。
④ ［清］唐鑒:《國朝學案小識》，黄愛平、吴傑編注本，中國人民大學出版社，2015年，第356頁。
⑤ ［清］唐鑒:《國朝學案小識》，第356頁。
⑥ ［清］唐鑒:《國朝學案小識》，第357頁。
⑦ ［清］唐鑒:《國朝學案小識》，第357頁。

道三類，顧炎武被列入《翼道學案》，可見唐鑒對其理學立場與貢獻的肯定。唐鑒對顧炎武學術形象的建構與漢學家有兩點不同，一是顧氏學尊朱子被漢學家有意地忽略了，而在唐鑒這裏得到了強調："是以平心察理，事事求實，凡所論述，權度惟精，往往折衷于朱子"① 這正是早期理學的特點，也符合當代對顧炎武評價的定論。且一半的篇幅，都是選取顧炎武圍繞《朱子晚年定論》的討論和對朱子的評價。這使得顧氏尊朱的學術態度在清人構建的學術史中重新確立，一改阮元等漢學家確立的博學考據，貶斥心性的顧炎武形象。二是顧炎武經世致用的學術觀念也得到了強調：唐鑒開篇即言顧氏"學主明體達用，經世濟人"②，與四庫總目和阮元更強調考據、經史的做法恰恰相反。"夫先生之爲通儒，人人能言之，而不知先生之所通，不在外而在內，不在制度、典禮而在學問、思辨也。"③ 這種評論與全祖望、潘耒相似，更符合顧炎武本人的學術追求。介紹顧炎武時，唐鑒并未提及《日知錄》被《四庫總目》所贊揚的考據精詳這一特點，而是強調了此書經世致用的創作目的。在顧炎武的著作中，唐鑒對《日知錄》《天下郡國利病書》《肇域志》等以經世著稱的著作介紹相對較多，而對於《四庫總目》所推崇的《左傳杜解補正》等考據學著作介紹較少。唐鑒對顧炎武的學術評價更符合真實情況，然而由於其理學家的立場以及漢宋之爭的影響，顧氏精於考據的特點被有意忽略了。

方東樹、唐鑒都肯定了顧炎武尊朱的理學家形象，扭轉了漢學興盛導致的對顧炎武考據學家身份的構建，也繼承并強化了《國史儒林傳》中作爲理學家的顧炎武形象。方東樹的《漢學商兌》作于漢宋之爭的巔峰時期，并以回擊《漢學師承記》爲主要目的，因而同江藩一樣，持有更強烈的門戶之見，對於顧炎武學術不純而多有攻擊。唐鑒刻意忽略顧氏考據之學，并有與阮元等漢學家針鋒相對之意，這一做法更像《儒林傳稿》對顧氏學術形象的有意回避。

餘　論

在漢宋之爭的大背景下，顧炎武的學術形象隨着編撰者學術傾向的變

---

① ［清］唐鑒：《國朝學案小識》，第 394 頁。
② ［清］唐鑒：《國朝學案小識》，第 394 頁。
③ ［清］唐鑒：《國朝學案小識》，第 394 頁。

化而變化。在官方"漢宋調和"的基調下，由於不同時代的文化政策、學術風氣、館臣的學術立場不同，《四庫全書總目》與《國史儒林傳》中顧炎武的學術立場截然相反。《總目》中顧炎武作爲長於考據的漢學家形象出現；而到了《國史儒林傳》中，顧炎武被列爲宋學家之首。而在漢學家與宋學家的私人著述中，這種區別體現的更爲明顯。同時，在漢學家和宋學家内部，對顧氏的評價也有所不同。當漢宋之爭愈演愈烈，編撰者在撰寫時便帶有更强烈的主觀色彩：《漢學師承記》中，江藩雖將顧炎武列入漢學一派，卻對他尊朱子耿耿於懷；《漢學商兑》中，方東樹雖爲顧炎武的宋學家身份辯護，卻也認爲他學術不精，誤導後人。相比之下，阮元雖有偏頗之處，卻也較爲通達。唐鑒對顧炎武經世之學的贊揚及其與理學關係的肯定，更符合顧炎武的學術追求。然而由於門户之見，漢宋兩派對顧氏評價都有不甚客觀之處。

以上所舉六家著述，大致反映了當時學界關於顧氏學術的主流看法，不難看出，諸家出於各自政治和學術需要，在記述和評價上都存在着明顯的主觀性，都存在着"管中窺豹，祇見一斑"的問題。除此之外，其他如汪中、焦循等宿學名儒，在認識上也不免失之偏頗。汪中雖將顧炎武與胡渭、梅文鼎、閻若璩、惠棟、戴震諸人并舉，爲之立傳，一同視爲古學的奠基者，但他對宋儒的明顯偏見，導致對顧氏思想中的尊朱傾向，同樣視而不見。焦循對於顧氏學術多有肯定之詞，但着眼點主要在於音韻學一途，且對於顧氏考據功力不甚以爲然，失之"粗淺迂拘"，實難與王、段等當世經學宿儒比肩。[①] 本質上，仍是一種介於阮元和江藩之間的漢學視角。事實上，這一現象，直至晚清仍然存在。作爲新史學的旗手，梁啓超出於反封建的需要，仍將顧炎武作爲反理學的旗幟性人物，直言"炎武未嘗直攻程朱，根本不承認理學之能獨立……'經學即理學'一語，則炎武所創學派之新旗幟也"[②]。這一論斷，無異於是對顧氏理學思想的主觀閹割，所論固然痛快淋漓，極具思想鼓動之意義，但未免與事實不符。即如張舜徽先生所言："顧氏生平所反對的理學，僅限於摻雜了禪學成分的理學，從來沒有反對過從《五經》《四書》中提煉出的理學，也沒有反對過其他理學家。

---

① ［清］焦循：《乙亥手札·答阮芸台先生》，見《裏堂札記》，《焦循雜著九種》，劉建臻點校本，廣陵書社，2016年，第191—192頁。

② ［清］梁啓超撰，朱維錚導讀：《清代學術概論》，上海古籍出版社，2011年，第10頁。

所以他一生對程頤、朱熹，是十分推重的；對於其他理學家的言論，是普遍引用的。這和後來乾嘉學者們所采取的態度，迥然不同。我們今天必須弄清楚這一點，纔能找到顧氏論學的本旨。近人梁啓超在《清代學術概論》中，根據全祖望所提'經學即理學'的話，理解爲'以經學代理學'，那就錯了。"① 張先生的論斷，顯然是平情公允之論，而這已是近現代史學機制確立以後事。總之，顧氏在清學史上的爭議，顯然是一個值得關注的重要學術問題，不僅是今人透視清代學術流變的一面鏡子，而且具有重要的啓迪意義：一方面，學術評價往往有一個愈辨愈清、愈辨愈真、徐徐深入的過程，就清人而言，雖然距離亭林時代較近，加之學術經歷相似，所識相對真切，但受時代局限，有時反倒自縛手腳，陷入一種"不識廬山真面目，祇緣身在此山中"的認識困境。另一方面，學術評價貴在客觀，所以最忌門戶之見，而在理學漢學極盛而衰、宋學趁機抬頭的乾嘉時期，受學風對峙的影響，即便是如阮元、焦循等通儒，亦不免受其影響，產生偏頗之論。對此，反倒是在當時一直處於學術邊緣地位的章學誠，嘗一語道出個中原委，他說："惟事隔數代而衡鑒至公，庶幾筆削平允而折衷定矣。"② 又說："學者不可無宗主，而必不可有門户。"③ 這兩點，迄今仍被學界視爲學術思想史研究的重要原則，這也是我們從顧氏學術分歧一事中所得出的最寶貴的經驗教訓。

（作者單位：山東大學尼山學堂）

---

① 張舜徽：《清儒學記》，齊魯書社，1991 年，第 23 頁。
② ［清］章學誠著，倉修良編注：《文史通義新編新注》，《釋通》篇，商務印書館，2017 年，第 239 頁。
③ ［清］章學誠著，倉修良編注：《文史通義新編新注》，《浙東學術》篇，第 121 頁。

丁慎五公年譜考（中）

垂　健

同治十二年（1873）癸酉

三十三歲。

夏，服闋，依例進京，赴吏部排班引見。之後，仍在刑部陝西司行走，候補郎中。①

八月，應考是科順天鄉試，至備中，不中。

九月三十日，父寶楨請假回籍修墓。②

十二月十四日，父寶楨交卸完畢巡撫篆務後，起程回籍修墓。③

同治十三年（1874）甲戌

三十四歲。仍在刑部陝西司行走，候補郎中。④

夏，繼子道津生。

十月二十八日，父寶楨回任山東巡撫。⑤

十一月初十日，八弟體晉生。

案：

【1】丁道津（1874—1960），字佩瑜，號沛漁。二弟體勤所出，母傅氏。叔伯兄弟行四。元配洪氏，繼室許氏，側室華氏、董氏、李氏、郭氏。

---

① 《大清搢紳全書》同治十二年秋。

② ［清］羅文彬編：《丁文誠公（寶楨）遺集》，《請假回籍修墓摺》同治十二年九月三十日，文海出版社，1967年，第1191—1194頁。

③ ［清］羅文彬編：《丁文誠公（寶楨）遺集》，《交卸撫篆回籍摺》同治十二年十二月十三日，文海出版社，1967年，第1227—1228頁。

④ 《清代縉紳錄集成》，同治十三年秋。

⑤ ［清］羅文彬編：《丁文誠公（寶楨）遺集》，《回任謝恩摺》同治十三年十月二十八日，文海出版社，1967年，第1239—1240頁。

子澤雷，女澤慧、穎、桐。光緒十年（1884）夏，父寶楨決定將其過繼給公，爲押長子。二品恩蔭生。歷官刑部主事、山東候選道（其間，署兖沂曹濟道，任山東灤源造紙印刷有限公司總理）、濟東泰武臨道、提法使等職。民國元年（1912），署山東布政使。嗣後，歷任上海中國銀行行長、財政部庫藏司司長、吉林省財政廳廳長、甘肅省財政廳廳長、山西省河東道鹽運使等職。1923年，因親老，請開缺終養。之後，賦閑上海。中華人民共和國建國後，於1953年受聘爲上海文史研究館館員，之後不久移居北京。1960年2月6日，在北京病逝，享年86歲，葬於八寶山公墓。①

【2】丁體晉（1874—1924），字康侯。父寶楨之第五子，叔伯兄弟行八，側室鍾夫人所出。妻晚清名儒王闓運的第七女茂（行八，閨字棣芳，光緒元年二月十三日生），女道鈺、道琬。一品蔭生，恩賞郎中。光緒二十年冬，赴吏部投供候選，簽掣兵部。三十年春，授刑部督捕司郎中；次年遷刑部直隸司郎中。又因胞兄（體常）報效昭信股票，移獎花翎四品銜。三十二年春，以新海防籌餉事捐免例俸，經刑部保送，以堪勝繁缺知府用，吏部帶領引見後，分發四川。三十四年二月，補授四川龍安知府，任職至宣統退位，即民國元年春。此後，還擔任過四川宜賓徵收局局長（見女道鈺致母親的信札）。體晉身故後，於1924年春末歸葬於濟南歷城的丁家林地。②

關於體晉的生辰。光緒九年癸未十一月初十日，准岳父王闓運在《湘綺樓日記》中記："今日爲八郎生日，設酒……"再據《清史稿》記載，雍正三年（1725）下旨，凡年齡在20歲以上，已在吏部注冊的蔭生，奏請考試引見，然後授官。自此，確立了蔭生及歲引見的制度。按例，在吏部注冊的年齡，均爲周歲。就體晉而言，他的生日爲十一月初十日。再結合他的相關履歷資料，即光緒二十年冬他赴吏部投供候選時爲20歲，三十年春授刑部督捕司郎中時爲29歲，三十二年春以繁缺知府分發四川時爲31歲，就可以推算出他出生於同治十三年。也就是說，體晉是在父寶楨回籍修墓時，側室鍾夫人所孕。於是，"晉"字的含義也就顯而易見了，即父寶楨的曾祖父母、祖父母、父母（含嫡母和生母）皆分別"晉贈"爲光祿大

① 參見丁道津本人於1956年5月14日在上海文史研究館所填寫的履歷。
② 《大清搢紳全書》，光緒三十年冬、三十一年夏、三十二年夏，宣統三年夏。

夫和一品夫人。①

　　光緒元年（1875）乙亥

　　三十五歲。仍在刑部陝西司行走，候補郎中。本年乃光緒建元，因此是科鄉試爲恩科。

　　八月，應考恩科順天鄉試，亦至備中，不中。

　　光緒二年（1876）丙子

　　三十六歲。公與妻諶氏之女俗生，因擇食不當，於年初在京夭殁。②

　　春，被吏部分發往山西候補知府。

　　夏，四月初九日抵太原。③

　　秋，父寶楨擢四川總督。四弟體成中第十名貴州舉人。④

　　冬，父寶楨入都覲見，賜禁馬。十二月二十四日陛辭後，束裝就道。⑤

　　本年，中國北方旱災頗爲嚴重，山東濟南一直旱到閏五月底。丁戊奇荒，一場中國歷史上罕見的災荒，已悄悄地來臨……

案：

【1】丁戊奇荒，起於光緒二年丙子，止於光緒四年戊寅，連續了三年。是一場發生在黃河流域的特大旱災，以丁丑、戊寅兩年最爲嚴重，史稱"丁戊奇荒"。當以乾旱爲主體的災害過後，又伴隨而起了瘟疫、蝗患、鼠災、狼災等多種災害。災情之慘酷，不祇爲清代所僅見，在中國幾千年的災害史上也是極爲罕見的。災荒導致了華北地區人口大量耗減，以山西、

　　① 〔清〕王闓運著，吳容甫點校：《湘綺樓日記》光緒九年（1883）十一月初十日，嶽麓書社，1997年，第1275頁。秦國經主編：《清代官員履歷檔案全編》，華東師範大學出版社，1997年，第7冊476—477、648頁，第28冊505頁。

　　② 〔清〕丁寶楨著，澤霆釋，垂健注：《丁文誠公家信》，山東畫報出版社，2012年，第26—43頁。

　　③ 候補人員到省後，依例有一年的查看期。

　　④ 〔清〕羅文彬編：《丁文誠公（寶楨）遺集》，《升授川督謝恩摺》光緒二年（1876）九月三十日、《四子體成中式舉人謝恩摺》光緒二年（1876）十月二十四日，文海出版社，1967年，第1445—1447、1471—1472頁。

　　⑤ 〔清〕羅文彬編：《丁文誠公（寶楨）遺集》，《接任川督謝恩摺》光緒三年（1877）三月二十八日，文海出版社，1967年，第1487—1489頁。

河南兩省尤甚，竟減少了三分之一，所以又稱之爲"晋豫大饑"。①

光緒三年（1877）丁丑

三十七歲。

正月，父寶楨"道出太原，父子相見，以立身報國相訓勉"，并與公及家人團聚，盤桓了二十多天。②

二月，父寶楨途經解州，并造訪老友閻敬銘。③

三月，父寶楨抵四川總督任。④

五月，查看期滿。依據勞績，經撫院和兩司甄別并上報核准後，入候補班，以繁缺知府補用。

秋，主管籌餉局事務。⑤

冬，首次捐賑銀二千兩。

十二月十三日，山西巡撫曾國荃收到四川省勸晋商集銀一萬二千兩後，在寫給父寶楨的回信中曰："慎五世兄行芳志潔，少年老成，實秉淵源正宗。爲人爲官，皆崇尚前哲典型，不爲世俗所染。近來公事更加歷練，弟以叨居世好，不敢以客氣相待，必當隨時切磋，請紆慈注。"

本年是"丁戊奇荒"最爲嚴重的第一年，山西全省旱荒空前。由春至夏，雖偶有滴雨，但從未深透，麥收無望。此後，自夏徂秋，天干地燥，烈日如焚，全省僅大同、保德等少數地方略有收穫。春荒時，災民尚可以靠挖食草根樹皮勉强度日。入夏之後，已是"官民捐賑，力均不支。到處災黎，哀鴻徧野"。面對如此罕見的大祲奇災，新上任的山西巡撫曾國荃奏曰："各路勘災查賑委員次第回省，僉稱各屬亢旱太甚，大麥業已無望，節序已過，不能補種。秋禾其業經播種者，近亦日就枯槁。至於民間因餓就斃情形，不忍殫述。樹皮草根之可食者，莫不飯茹殆盡。且多掘觀音白泥以充饑者，苟延一息之殘喘，不數日

---

① 垂健：《光緒丁戊年間閻敬銘、丁寶楨、曾國荃往來信函中的史料》，《貴州文史叢刊》2011 年第 02 期，第 19—23 頁。

② ［清］丁寶楨著，澤霆釋，垂健注：《丁文誠公家信》，山東畫報出版社，2012 年，第 373 頁。

③ 丁健：《閻文介公年譜考略（三）》，《國學季刊》第十一輯，山東人民出版社，2018 年，第 194 頁。

④ ［清］羅文彬編：《丁文誠公（寶楨）遺集》，《接任川督謝恩摺》光緒三年（1877）三月二十八日，文海出版社，1967 年，第 1487—1489 頁。

⑤ ［清］蕭榮爵編：《曾忠襄公（國荃）書札》，《近代中國史料叢刊》第五十八輯，文海出版社，1966 年，第 1028—1029 頁。

間，泥性發脹，腹破腸摧，同歸於盡。"①

另一方面，朝廷及官員們也在行動，於八月份陸續奏准開捐助賑、戶部撥銀二十萬兩、直隸易銀撥款十萬兩，并調撥本年山東的冬漕八萬石小米。朝廷在八月二十六日的上諭中說："國家廑念災黎，不惜百十萬帑金，拯民溝壑。"這其中，有三成給了受災也很嚴重的河南省。恐辦賑官吏從中舞弊，實惠不能及民，朝廷還於九月六日下旨，令前工部侍郎閻敬銘稽查山西省賑務。但要想把這些來自政府的賑濟落實到災民的手中，還要經過銀糧調撥和反復的協調等過程，滯後於災情的發展。②

入冬以後，當一切可食之物罄盡，最慘烈的人間悲劇開始了。朝廷此時也明白過來，於十一月十一日下旨，續撥來年江鄂未提漕米六萬石以資賑濟。後又從江蘇等八省緊急調銀四十多萬兩，加上山東又追加十萬兩，共湊集六十多萬兩借撥給山西。怎奈隆冬封河，漕糧無法運輸，這大批的錢糧，朝廷祇能諭令年內征兌，開春起運。近半年的努力，幾乎全都成了畫餅充饑。而在此期間，災難正在逐步地升級，無情旱魔，把災區變成了人間地獄！③

案：

【1】首次捐賑銀二千兩：閻敬銘在光緒三年冬十一月初五日寫給公的信札中曰："足下力節家用資斧，湊成二千金鉅款，欽紉無量，尊甫大人聞之，必大為掀髯。……此二千金即可匯兌周口，以為買糧資。寫立會票，較定砝碼，即交香林兄帶往，兌收應用。屬其到日，以公文報明。足下此時亦可借用首府印，以公文移交香兄，并分晰姓名、數目，報明各憲及弟處為要。倘周口亦不能會，即如來示，隨後遇便解運城弟處收用。"④

【2】滯後於災情的發展：閻敬銘在光緒三年九月十五日寫給丁寶楨的信札中曰："所謂二十萬者無可發給，又向直隸海關借十萬亦未發到。無所

①　［清］朱壽朋編：《光緒朝東華錄》，中華書局，1958 年，第 409 頁。［清］蕭榮爵編：《曾忠襄公（國荃）奏議》卷五《請飭撥西征軍餉疏》光緒三年五月二十三日，文海出版社，1969 年，第 485—491 頁。

②　參見《清實錄》，光緒三年丁丑秋八月二十六日（戊申）條、九月初六日（戊午）條。

③　參見《清實錄》，光緒三年丁丑冬十一月十六日（丁卯）條、十九日（庚午）條。

④　丁健：《閻文介公遺札（五）》，《國學季刊》第十七輯，山東人民出版社，2020 年，第 256—258 頁。

謂賑倉穀，雖動率皆虧空。"山東的冬漕八萬石小米也因缺運費銀二十四萬兩不能起運。情急之下，曾國荃又於十月初二日上奏朝廷，一是向山東借撥銀六十萬兩，奈何山東巡撫祇能借出銀十萬兩；二是請將來年江鄂未提漕米六萬石撥給山西放賑，朝廷不准，後又經閻敬銘再次奏准。①

【3】最慘烈的人間悲劇：閻敬銘在奏摺中，談了他所目睹之慘狀："臣敬銘奉命周歷災區，往來二三千里，目之所見，皆係鵠面鳩形，耳之所聞，無非男啼女哭。冬令北風怒號，林谷冰凍，一日再食，尚不能以禦寒，徹旦久饑，更復何以度活？甚至枯骸塞途，繞車而過，殘喘呼救，望地而僵。統計一省之內，每日餓斃何止千人？"曾國荃則稱："赤地千有餘里，饑民至五六百萬口之多，大祲奇災，古所未見。"此時，堂堂的晋陽，已猶如鬼國。②

光緒四年（1878）戊寅

三十八歲。

正月，四川援晋的第二批款，即司庫銀二萬兩和捐銀四千兩中旬運到，并言擬奏明司庫銀不必歸還。其中，含父寶楨的捐銀二千兩。③

二月，當饑民僅剩餓死這一條出路時，搶掠肆起也就是必然的了。在甯武和朔州交界的白泉廟村，朔州民人熊六數日之間集聚兩千餘衆，搶掠村莊，并傷及官兵，山西巡撫曾國荃迅速反應，派兵剿滅。公亦奉調其中，主管軍需籌餉等事務。

三月，甯朔亂平。叙功，賞加鹽運使銜。④

遵父命自行典質，籌銀兩萬購置錢米，與四弟體成分攜災區，親歷散放，而不使人知所從來。⑤

四月，暫署山西太原知府。

五月，交卸署太原知府篆。

本年是"丁戊奇荒"最爲嚴重的第二年。前兩個月，山西全省還

---

① 丁健：《閻文介公遺札（一）》，《國學季刊》第十三輯，山東人民出版社，2019年，第216—218頁。《清實錄》，光緒三年丁丑秋十月初二日（癸未）條、十一月十一日（壬戌）條。

② ［清］朱壽朋編：《光緒朝東華錄》，中華書局，1958年，第514—515頁。［清］蕭榮爵編：《曾忠襄公（國荃）奏議》卷八《辦賑難拘定例請變通賑濟疏》光緒三年十二月二十一日，文海出版社，1969年，第703—715頁。

③ 丁健：《閻文介公遺札（一）》，《國學季刊》第十三輯，山東人民出版社，2019年，第219頁。

④ 秦國經主編：《清代官員履歷檔案全編》，華東師範大學出版社，1997年，第215頁。

⑤ 丁健：《閻文介公遺札（二）》，《國學季刊》第十四輯，山東人民出版社，2019年，第165頁。

是滴雨未見。糧價暴漲，死亡過半，搶掠肆起，"人吃人"已成了司空見慣之事①，此時可謂達到了災難的極點！然而，物極必反，旱亢雨伏，三月初八日以後連得陰雨，旱情已開始緩解。隨着周邊各省支援的陸續到來，新的問題產生了：一是山西四周都是旱路，山東漕糧沿黃河逆水而上祇能運至道口，須數月纔能到，可到那時人已近死光；二是路途泥濘，騾馬已近死光，賑糧難到饑民之口，銀錢卻不可食；三是人尚饑餓，何論種畜，地荒人少，秋收難望。經過連續三年的特大旱災，百姓的承受能力已超乎極限，在這"甘霖"到來的時刻，悲劇并未落幕，各種各樣的人間慘劇，也未因旱情的緩解而相應地減少，一場難以倖免的瘟疫正向災區襲來……②

案：

【1】關於四川方面援助的錢糧，光緒四年的農曆三月十四日，在寫給父寶楨的回信中，閻敬銘曰："公至蜀僅半年，即出二十餘萬以救秦晉。"這其中，因山西受災更爲嚴重，大約分到七成，而陝西是三成。另，李鴻章在八月份寫給父寶楨的信中，有"貴省捐助將三十萬，可云竭盡心力，遠近咸頌……"之語，可窺梗概。③

【2】搶掠肆起：饑民爲活命而搶掠，是可以理解的。而一旦聚衆，其性質就轉變爲"匪"了。對此，朝廷也有上諭："就現有兵力，妥籌佈置。一面飭命派出官軍實力防堵，剿撫兼施，并着閻敬銘隨地撫綏饑民，毋使爲匪徒所誘，以遏亂萌等，欽此。"山西省轄內所謂"匪徒"主要有三：一是在大青山一帶，有嘩變游勇聚馬隊五六百人，爲首者是董老玉、胡老九、劉五代等；二是在甯武和朔州交界的白泉廟村，熊六所聚的兩千餘衆；

---

① 曾國荃在奏疏中亦有如下描述："古稱易子而食，析骸而爨。今日晋省災荒，或父子而相食，或骨肉以析骸，所在皆有，莫之能禁。豈非人倫之大變哉！"參見［清］蕭榮爵編：《曾忠襄公(國荃)奏議》卷九《瀝陳晋省奇災懇恩指定協賑確數疏》光緒四年四月初六日，文海出版社，1969年，第811—819頁。

② 閻敬銘在三月二十八日致丁寶楨的信中曰："刻下有糧不能運到，直有束手之象；銀錢皆不可食，始信'稼穡維寶'爲經訓！"五月二十一日又曰："晋中四月以來疊得甘霖，秋禾渴望收成！南路人畜惶少，未能普種。斤面百餘文，尚可漸落。惟極苦運腳萬難，疫氣大作，有糧不能到境，饑斃，繼以病亡，奈何！奈何！"參見丁健：《閻文介公遺札(二)》，《國學季刊》第十四輯，山東人民出版社，2019年，第160、163—165頁。

③ 丁健：《閻文介公遺札(二)》，《國學季刊》第十四輯，山東人民出版社，2019年，第159頁。［清］吳汝編編：《李文忠公(鴻章)朋僚函稿》卷二十，光緒二十八年河北保定蓮池書社，第1375頁。

三是閻敬銘函稱："南路鹽梟悉變爲盜，勾結饑民肆行擄掠，至於搶劫之案，層見疊出。"①

【3】暫署山西太原知府：據《清實錄》光緒三年丁丑秋九月十六日（戊辰）條記載，太原府知府清安因"承辦發審案件，昧於輕重；賑撫災黎，不知緩急"被山西巡撫曾國荃奏參，開缺以同知降補。二十二日奉旨，太原知府遺缺由莊錫級補授，但之後不久又改派爲大同知府。而新任太原知府左儁是由大同知府遷官，他與莊錫級交接大同知府篆務，是在光緒四年的四月份。也就是說，交接完畢後，左儁再赴太原接知府篆務的時間，應在四五月份。在這八個月中，太原知府篆務，先是由蔣宗啓暫署，大約有半年的時間；之後，在四年的四五月份，太原知府篆務是由公來署理。根據如下：光緒四年三月二十八日，山西巡撫曾國荃在給朝廷的奏摺中，還提到當時的署太原知府蔣宗啓。而依據陳夔龍在《夢蕉亭雜記》中的記載，朝廷調山西按察使瑛棨赴京，派薛允升接替，薛允升履任時，公"以署首府參謁"，竟遭薛允升譏諷。由朝廷在光緒四年五月十八日的上諭可知，瑛棨交卸後在赴京途中，還未出省就病故了，由此可估算出，他與薛允升交接山西按察使篆務是在四月份。也就是說，公接署太原知府篆務是在四月份，而與新任太原知府左儁辦理的交接手續，大約在五月份。②

【4】糧價暴漲：閻敬銘以善於理財而著名，在他的一些信中，多次提到當時的糧價。光緒三年十一月初五日，在寫給公的信中，閻敬銘曰："斤面制錢六十餘文，平時二十文。"而在是年，更是多次提到。二月十七日，在寫給父寶楨的回信中，閻敬銘曰："晉土現在斤面百六十文，銀價一千二三百文。死亡實已六成，城中人尚多，鄉人死亡八成。搶掠肆起，幸皆隨時撲滅。……所憂冬雪春雨，皆未沾渥。現將清明，各物不能下種，此則今年一歲之計。若天怒不止，直無生路矣！"有關糧價的極點，三月十四日，在寫給父寶楨的回信中，閻敬銘歎曰："斤面百六、七十文，極矣！"

157

---

① 參見《清實錄》，光緒四年戊寅春二月初四日（甲申）條。另見[清]蕭榮爵編：《曾忠襄公（國荃）奏議》卷八《兵警請撥馬步隊疏》光緒四年二月十六日，文海出版社，1969年，第747—753頁。

② 秦國經主編：《清代官員履歷檔案全編》，華東師範大學出版社，1997年，第485—486頁。[清]蕭榮爵編：《曾忠襄公（國荃）奏議》卷八《請展緩京協各餉解期疏》光緒四年三月二十八日，文海出版社，1969年，第797—807頁。[清]陳夔龍著：《夢蕉亭雜記》卷二，上海古籍書店，1983年，第17頁。《清實錄》，光緒四年戊寅夏五月十八日（丁卯）條。

之後，糧價開始回落。五月二十一日，在寫給父寶楨的信中，閻敬銘再次提道："斤面百餘文，尚可漸落。"在上述這幾封信中，閻敬銘描繪出了一幅當時糧價變化的曲綫，對應於這場大災最慘烈的時段，是非常難得的第一手資料。①

光緒五年（1879）己卯

三十九歲。

二月，因辦理晋省賑務出力，經欽派稽查賑務的前工部右侍郎閻敬銘奏保，旨允補缺後以道員用。②

四月，再次捐賑銀二千兩。

本年是大災之後恢復的第一年。經過上年瘟疫流行，人口已剩三成，此時的山西全省呈現出一片田土荒廢的凋零景象。掩埋屍骨，清理荒地，編審丁册，核减差徭，禁種罌粟，災後的善後工作千頭萬緒，公亦從事於其中。③

案：

【1】再次捐賑銀二千兩：這是第二次捐銀，兩次共捐銀四千兩。是年五月十二日申刻，閻敬銘在寫給公的信中曰："未接四月來書，不知近狀若何？閣下所捐二千金，前得來書，即時分撥與友。所得之款悉入農桑局，亦經發商，殊難更改，祇好如此出去。"另，四月二十八日，山西巡撫曾國荃在爲本省捐賑官員請獎的奏章中曰："又官捐，除候補知府丁體常捐銀四千兩不敢仰邀議叙外，……"④

光緒六年（1880）庚辰

四十歲。

二月，署理蒲州府知府。

四月，四弟體成會上。

---

① 丁健：《閻文介公遺札（五）》，《國學季刊》第十七輯，山東人民出版社，2020 年，第 257 頁。丁健：《閻文介公遺札（一）》，《國學季刊》第十三輯，山東人民出版社，2019 年，第 220 頁。丁健：《閻文介公遺札（二）》，《國學季刊》第十四輯，山東人民出版社，2019 年，第 159、165 頁。

② 秦國經主編：《清代官員履歷檔案全編》，華東師範大學出版社，1997 年，第 215 頁。

③ ［清］蕭榮爵編：《曾忠襄公（國荃）奏議》，卷九《縷陳要務疏》、卷十《請將種罌粟地充公片》，光緒四年五月二十七日、七月二十六日，文海出版社，1969 年，第 865—874、909—911 頁。

④ ［清］蕭榮爵編：《曾忠襄公（國荃）奏議》卷十四《晉省官民捐賑請獎疏》光緒五年四月二十八日，文海出版社，1969 年，第 1295—1305 頁。

大災之後的山西省，呈現出人少地多的狀態，有地無主和有主無耕種能力的新荒地達兩百多萬畝。其中，有地無主的 120 多萬畝，有主而無力耕種的近百萬畝。後經曾國荃奏請，兩種荒地分別免除四年或三年的錢糧，其總額共計銀 59 萬兩。因此，公這次署理蒲州府知府的一年多時間中，最重要工作就是招墾，要把購買種子和耕牛的銀錢發給農民。這其中弊端極多，防不勝防，往往是經過層層盤剝，到農民手中時已所剩無幾。公依照父親的指教，首先正己，盡革陋規，嚴束家丁；然後自備盤費下鄉稽查，一車兩馬，周流於所屬州縣之間。耐心地向老農、紳耆講解招墾的好處，切求使農民得到實惠，錢不虛糜。另外，下鄉稽查期間，遇民間有官事，可以隨處審斷，因可免進城和訴訟的費用，百姓尤爲感激！

六月底，朝廷命山西巡撫曾國荃進京，并以山西布政使葆亨護理山西巡撫。

葆亨護理山西巡撫不過半年時間，一朝權在手，便把令來行，夥同冀甯道王定安渾水摸魚，營私趨利。葆亨曾一日之間放款六十萬兩庫銀，王定安代理布政使之職不過十天，也放款達三十萬兩庫銀之多。他們還不顧廉隅，將以往的節壽陋習明減暗增，轉爲公費。又自行創議每年提公款津貼在職官員，并用賑餘庫銀向候補官員發放津貼。候補官員的收入極不穩定，有差事與無差事時收入的差別很大。大災之後，山西的候補官員生活非常清苦，既然上司定規發放津貼，山西的候補官員盡皆領受，惟獨公一人拒受此賑餘津貼。對此，山西巡撫張之洞在光緒九年九月二十九日的《各員捐修貢院片》中奏曰："再，葆亨在晋之日，政事昏荒，廉隅蕩盡。其時通省屬官上行下效，營私趨利，舉國若狂。一切工程局用，薪水津貼，不免糜費濫支，衆濁濁獨清之士殆不多覯。"可爲傍概。而戶部尚書閻敬銘，則對此早有耳聞，亦尤爲感慨！光緒八年六月初七日，在寫給丁寶楨的信中曰："慎五洵爲謹慎廉明，如晋中年來有分銀一事，獨無慎五，此非常人所能。連年屢次與之通書言之，公亦知其事乎？彼作俑者，猶自命文章名士大爲可歎，甚矣！錢之壞人也！"另據陳夔龍在《夢蕉亭雜記》中記載："南皮張文襄公適爲晋撫，竊疑大員子弟習于紈綺，御方伯（丁體常）獨嚴，多方裁制。自朝至於日中昃，不遑啓處。卒以克勤克儉，卓著循聲。文襄雅重之，深羨文誠有子。"①

案:

【1】署理蒲州府知府：蒲州府地處山西省西南角，治所在永濟縣，轄永濟、虞鄉、榮河、臨晉、萬泉、猗氏等六縣。此時的蒲州知府爲穆緝香阿，字向九。滿洲鑲紅旗人。穆緝香阿原爲工部主事，再遷郎中。同治四年（1865），授山東道監察御史後，曾上疏朝廷慎擇宦寺，是一位正言直諫，勤政愛民的好官。十一年十一月，授蒲州府知府。於光緒六年冬積勞病故。穆緝香阿通知國故，家中藏有的邸報，自國初以來幾備。公此次署理蒲州府知府，乃穆緝香阿病重告假期間。②

【2】四弟體成會上：四弟壽鶴（原名體成，字子美）通過會試，成爲庚辰科貢士（會試第 209 名，復試三等第 36 名）。當時，薛福辰在京（丁母憂服滿後赴部投供），且與體成有師生之誼。會試還未出榜，他就在寫給父寶楨的信中曰："都中春闈告竣，獲晤子美兄，讀其場作，高華淵雅，實足超八千舉子之上而冠其曹，定堪預賀！"可知當時大約是從八千舉子中録取三百貢士。但非常遺憾，之後體成卻因病未能參加殿試。對此，五月十七日，父寶楨有《體成中式貢士謝恩》專摺上奏。六月初六日，閻敬銘在寫給稚璜年仁兄大人的信中賀曰："四世講南宮高捷，至爲欣賀！聞榜後告假緩應廷試，尤欽志趣不凡，襟懷遠大……"另外，六月十一日，李鴻章也在致丁稚璜宮保的回信中賀曰："四世兄南宮高捷，與舍侄經世同門，兩家又添一文字因緣，可喜可賀！世兄暫緩廷試，大器晚成，拭目竢之。"③

【3】公的墓志銘中有"峻拒賑餘津貼，尤爲晉人所稱頌"一句，乃公修身爲官之亮點。謹遵父命，于"利"之一字，斬斷根株，立意做一清白官。初心篤定，纔能做到不肯從衆染指，遂以特操聞于時。光緒八年秋八月初五日，父寶楨在寫給公的家信中曰："昨接閻丹翁年伯來信，謂山西上

① ［清］蕭榮爵編：《曾忠襄公（國荃）奏議》卷十七《懇分別暫停荒地錢糧疏》光緒六年三月初四日，文海出版社，1969 年，第 1691—1700 頁。［清］丁寶楨著，澤霆釋，垂健注：《丁文誠公家信》，山東畫報出版社，2012 年，第 65—86、107—126、163—164 頁。

② 參見《清實録》，光緒六年庚辰冬十二月十七日（庚戌）條。［清］丁寶楨著，澤霆釋，垂健注：《丁文誠公家信》，山東畫報出版社，2012 年，第 65—86 頁。

③ 中國第一歷史檔案館編：《光緒朝上諭檔》，廣西師範大學出版社，1996 年，第 104 頁。丁健：《閻文介公遺札（二）》，《國學季刊》第十四輯，山東人民出版社，2019 年，第 169 頁。［清］吳汝綸編：《李文忠公（鴻章）朋僚函稿》卷二十二，光緒二十八年河北保定蓮池書屋，第 1464 頁。

年有分用賑銀一事，在省候補者皆犯此弊，惟爾獨無。以爲此等明於義利之辨，乃今日第一流人物識見，彼佩服之極！并云張中丞亦因此倍加器重。今閱爾來稟，亦所言如此，可見不虛。然從此愈加謹慎廉潔，凡辦公事，一切從核實辦理；凡有稍涉作弊者，無論大小一概嚴禁；不可輕爲他人動搖，稍改初心，是所至囑！"[1]

光緒七年（1881）辛巳

四十一歲。

春，交卸蒲州府篆，接署太原府知府。

夏，交卸署太原府知府，仍在局中行走，候補實缺。[2]

案：

【1】交卸蒲州接署太原：光緒六年十一月，朝廷以婚嫁違制，將護理山西巡撫布政使葆亨革職。十二月，以前湖南巡撫衛榮光[3]接署山西巡撫篆務，未到任前，以按察使松椿暫行護理。同時，還調安徽布政使紹諴[4]爲山西布政使。於是，在年初這段時間，冀寧道和太原府等各缺，就出現了依次暫署的狀態。[5]

公交卸署蒲州府知府篆是在三月份。上年冬，蒲州府知府穆緝香阿積勞病故，朝廷於十二月任命了新的蒲州府知府謝鉞。謝鉞，字心齋，浙江紹興府山陰縣人。咸豐九年己未科進士。另由是年五月二十日閻敬銘致公的信中"四月初，劉沛若過解，方知閣下回省。……沛若去後，接閣下三月來書"可知，閻敬銘是在四月初先得知公已奉命北上接署太原知府篆後，纔收到公三月份寄出的辭行信。[6]

---

① ［清］丁寶楨著，澤霆釋，垂健注：《丁文誠公家信》，山東畫報出版社，2012 年，第 151 頁。

② 光緒七年丙戌夏六月十五日，閻敬銘在寫給公的信中曰："比想交卸首郡篆務。此番小試，諸見妥善，列憲更當刮目矣！"參見丁健：《閻文介公遺札（五）》，《國學季刊》第十七輯，山東人民出版社，2020 年，第 266 頁。

③ 衛榮光（1825—1890），字靜瀾，河南新鄉縣人。咸豐二年（1852）壬子科進士，官至山西、浙江巡撫。參見《江寧同官錄·衛榮光履歷》《清國史·衛榮光列傳》。

④ 紹諴（1829—1890），字葛民，滿洲鑲黃旗繼志佐領下人。由筆帖式報捐員外郎，簽分禮部行走。歷官工部員外郎、郎中，河南開歸陳許道、按察使、安徽布政使，調山西布政使。因嗜好甚重，經山西巡撫張之洞查實，旨命來京另候簡用。後爲駐藏幫辦大臣。卒于上任途中，終年六十二歲。恤如例。參見秦國經主編：《清代官員履歷檔案全編》，華東師範大學出版社，1997 年，第 161 頁。

⑤ 參見《清實錄》，光緒六年庚辰冬十一月二十七日（辛卯）條、十二月初五日（戊戌）條。

⑥ 參見《清實錄》，光緒六年庚辰冬十二月十七日庚戌條；《大清搢紳全書》光緒七年夏。

光緒八年（1882）壬午

四十二歲。

夏，請假回濟南修母墓。

秋，回到太原，仍在局中行走，候補實缺。

冬，側室生一女。

案：

【1】請假回濟南修母墓：早在光緒四年戊寅冬十二月初五日，山東按察使陳士傑在寫給父寶楨的信尾，就曾提示過："尊塋山側廚房失火。工程無幾，已囑晏偉庵估工。嗣聞慎五兄春間即到，俟到時再行揀期實合。并附陳。"之後，公因救災、平亂及多次署任等各事繁忙，雖然已得知濟南家族塋地各建築的坍塌破毀程度，但一直沒找到適當的機會，請假回去修繕。是年四月五日，父寶楨在寫給公的家信中曰："至爾來信云，爾母墳墓在山東，所有房屋大半倒塌，此在意中。爾一、二月內，如同事人不能合手，爾可請上兩月假，至山東一行亦可。但請假措詞即云，爾母及二伯、大伯母各墓，無人照應，均多坍塌，不能不前往看視。一爲修理，以盡人子之心，切不必露出別樣痕迹，其切記之！"其中，"切不必露出別樣痕迹"一句，是指其打算於年底具折，陳請陛見之事。如獲准，則可在次年的清明節前後路過濟南，給亡妻、二哥、大嫂及三子體仁等親屬掃墓。而四月份前後，公亦很忙。三月二十七日，二弟體勤一家由保定起程入川，於四月中旬抵達山西太原家中。再者，四月二十五日，新任户部尚書年伯閻敬銘由太原赴京上任，遵巡撫張之洞之命，公將其送至直隸的獲鹿縣。來回大約十天左右，五月上旬才返回到太原的家中。又送走二弟體勤一家後，纔請了兩個月的假，迅回濟南，爲母修墓。①

【2】側室生一女：此女是第一個側室所生，還是第二個側室李氏所生，不能確定。光緒九年丙戌秋七月二十二日，父寶楨在寫給公的家信中，有"小孫女身體健壯否？此時想能笑言，可寄知"一句；之後的八月十四日，公又接到閻敬銘的來信，其中有"去冬得生女郎，此乃熊羆之兆，即見明

---

① ［清］丁寶楨著，澤霆釋，垂健注：《丁文誠公家信》，山東畫報出版社，2012 年，第 133、146—148、177、228 頁。

珠之來近，……"一句，可爲佐證。①

光緒九年（1883）癸未

四十三歲。

四月，署蒲州府知府。四弟體成中進士。

七月，交卸署蒲州府知府，署大同府知府。特授潞安府知府。②

大同府屬下廣靈縣知縣楊亦銘，濫用非刑，製造了"廣靈控眼案"，公持正將其參撤。

案：

【1】本年初夏，因"山西蒲州府知府博啓，信任門丁，不勤政事，治獄粗率，教戒不悛"，山西巡撫張之洞先撤其差事，以公暫署之，并上奏參劾，奉旨"著開缺留省另補"。這段時間，山西的官員調動非常頻繁。先是在六月二十五日，朝廷擢山西河東道唐咸仰爲河南按察使。七月初一日，朝廷還下旨，河東道的遺缺由原安徽候補道高崇基補授。又因山西巡撫張之洞奏留，讓高崇基仍舊辦理清源局事務。河東道則奏准由大同府知府黃照臨護理。幾乎在同時，朝廷還下旨，特授沈晉祥爲蒲州府知府、俞廉三爲甯武府知府、丁體常爲潞安府知府。因此，公是在與沈晉祥交卸蒲州府知府的篆務後，奉調北上大同，從黃照臨處接受的大同府知府篆務。這就是當時的實際狀態。大同府地處山西省的東北角。轄大同、懷仁、山陰、靈丘、廣靈、天鎮、陽高等七縣，還有應州、渾源州、豐鎮廳。③

【2】四弟體成（丁壽鶴）補行殿試，名次爲二甲第121名，成爲癸未科進士。體成原在兵部武庫司候補郎中，正如父寶楨在家信中所言"大員子弟，向來上必另眼相看"，引見時恩旨欽點刑部主事。對此，閻敬銘在光緒九年五月二十六日致稚璜仁兄同年的信中曰："子美就秩比部，弟之意也。其兵部恐五、六十年亦不能補。親爲詳查，故勸勿歸郎中本班。此則順天

① ［清］丁寶楨著，澤霆釋，垂健注：《丁文誠公家信》，山東畫報出版社，2012 年，第 252 頁。
② 秦國經主編：《清代官員履歷檔案全編》，華東師範大學出版社，1997 年，第 215 頁。
③ 中國第一歷史檔案館編：《光緒朝上諭檔》，廣西師範大學出版社，1996 年，第 219、221、229 頁。

任命，十年可補正途，有俸。讀書兼讀律大爲有用。"①

【3】特授潞安府知府：對於"特授"二字，據陳夔龍在《夢蕉亭雜記》中記載："方伯以外補潞安府知府，名不列軍機記名單内，卒升河東鹽法道。其簡在帝心如此。"②

【4】廣靈控眼案：楊亦銘，河南温縣人。優貢出身，原爲京師同文館的俄文館八旗教習。光緒五年八月，以同知銜補授山西廣靈縣令。之後，接到該縣武舉張飛鶴的訴狀，以不法重情控告其胞叔張化育。作爲知縣，楊亦銘將張化育傳到案後，卻"疑其素有邪術，誠恐遁脱，遽令用灰揉瞎兩目，并割斷兩腳腕彎筋"，人爲地製造出了駭人聽聞的"廣靈控眼案"。公接署大同府篆後，即對屬吏楊亦銘在審辦重案時，并不虛衷研鞠，而是濫用非刑的乖謬行徑，據實將其參撤。之後，此案經主管道台上報至院司各衙門，并審定原告武舉張飛鶴的控詞屬子虛烏有。據此，署山西巡撫奎斌上奏朝廷，旨將張飛鶴的武舉功名斥革，知縣楊亦銘先行革職，一并歸案審辦。對此，閻敬銘在光緒九年癸未秋八月十四日寫給公的信中曰："今晋人言廣靈控眼一案，閣下持正撤縣，極是！聞其人素尚安祥，何謬如是不入正途？生色絳州，晚節忽改。此由素不儉用，不甚明澈之故，當以爲鑒！"③

光緒十年（1884）甲申

四十四歲。

四月，交卸署大同知府。

五月，署理山西河東道。

案：

【1】公在署理大同府知府期間，除了處理一般日常政務，以及上述廣靈控眼案外，在巡撫張之洞的支持下，主要做了以下四件事情：

一是修橋治河。大同府城東有玉河（今御河），河上的興雲橋是重要的

---

① ［清］羅文彬編：《丁文誠公（寶楨）遺集》，《四子壽鶴以主事用謝恩摺》光緒九年六月二十九日，文海出版社，1967 年，第 2631—2632 頁。中國第一歷史檔案館編：《光緒朝上諭檔》，廣西師範大學出版社，1996 年，第 169 頁。

② ［清］陳夔龍著：《夢蕉亭雜記》卷二，上海古籍書店，1983 年，第 17 頁。

③ 臺北"國立故宮博物院"圖書文獻處軍機處檔摺 126812#《奏請將張飛鶴武舉斥革以便歸案審辦》、128674#《奏報將用非刑審辦案件之山西省廣靈知縣楊亦銘革辦摺片》。另見《清實錄》，光緒十年甲申秋七月初八日（庚戌）條。

交通樞紐，年久失修。公抵任後，便以修橋爲己任，并得到了巡撫張之洞的支持。正當徵集民夫運石修橋之際，又逢大水，以致"玉河西岸水漲，時沖没田廬"，且水已達大同的東關，嚴重威脅着府城内百姓的生命財産和安全。公遂申請"暫緩橋工，先將舊堤擇要興修"。張之洞接到稟報後，也認爲"此誠移緩就急之一策"，遂批示："應准如稟舉辦。"同時，張之洞又細核公所附的圖説，進行了修改補充，使方案更臻完善可行。公遂將修改後的方案付諸實施。①

二是整頓鹽務。根據巡撫張之洞《札大同府查蒙鹽情形》②的指示，公對蒙鹽出産處以及運路、銷數、厘章等進行了詳細調查與籌畫，并委員赴西路辦理鹽厘，分別設卡抽取厘金，以增税收。并以"查明各路蒙鹽情形并酌議設卡抽厘"爲主題，向巡撫張之洞作彙報。對此，張之洞認爲"蒙鹽出産處所以及運路、銷數、厘章各節，籌議均極詳細"，給予了肯定。另外，對於"各委員到差以後，辦理是否得力，能否不滋事端"，也責成公"就近考察，隨時據實稟報"。給予了極大的信任和支援，反映出雙方正常、融洽的工作關係。③

三是創辦平城書院。該書院於是年初籌辦，公通過商借雲中書院的部分屋宇，解決了生童肄業居所問題。并經稟准，將大有、常平兩倉之糧穀糶出，得錢1390千文。又收捐銀百兩，合錢1500千文，發商生息，作爲平城書院的月課、獎賞經費。以此爲基礎，後經報批，獲准爲大同縣的官辦書院。④

四是訪緝府屬陽高縣的"密密教"（白蓮教的一個分支），嚴懲首要，不事株連。顯示出了政治上的成熟。

【2】交卸署大同知府：接任者爲陳啓泰（1842—1909），字魯生，號伯屏。湖南長沙人。同治七年（1868）進士，入翰林改庶常，散館授編修。光緒七年，補山西道監察御史。敢諫能辯，人視爲清流黨。九年十二月，奉旨補授山西大同府知府，十年四月到任。三十一年，授安徽按察使。次年擢江蘇布政使兼提學使。三十三年十二月，實授江蘇巡撫。宣統元年五月，卒于任，終年68歲。擅書法，工詩詞，著有《意園詩鈔》《春意園詞

---

① ［清］張之洞著：《張文襄公全集》卷一一三，中國書店，1990年，第983頁。
② 苑書義等編：《張之洞全集》第四册（公牘），河北人民出版社，1998年，第2369—2370頁。
③ ［清］張之洞著：《張文襄公全集》卷一一三，中國書店，1990年，第988頁。
④ 參見《太原日報》2004年9月8日第6版。

《鈔》等。①

【3】署理山西河東道：河東驛傳兵備道駐蒲州府所在地（今運城），轄平陽、蒲州兩府，霍州、解州、絳州、隰州等 4 個直隸州，兼管水利以及山、陝、豫等處的地方鹽法事務。光緒十年四月二十八日，朝命山西按察使高崇基署布政使，河東道黃照臨署按察使。五月十二日，署山西巡撫奎斌上奏朝廷："查有准補潞安府知府丁體常，廉潔端方，通達政體。前經委署蒲州府事，於河東情形頗稱熟悉，堪以護理，以便黃照臨交卸來省接署臬篆。"②

> 光緒十一年乙酉
> 四十五歲。側室李氏生一女。③
> 二月，奉旨補授山西河東道。④
> 四月，以籌解西餉出力，欽賞二品頂戴⑤，署山西按察使。
> 六月，四弟體成在京病故。⑥
> 七月，以新疆辦理後路轉運出力，升敘加銜有差。⑦
> 十月，交卸署山西按察使。葬四弟體成于濟南歷城的丁家林地。
> 十一月，回山西河東道本任。⑧

案：

【1】公署理山西按察使，大約有半年的時間。據《清實錄》記載，光緒十一年二月二十七日，朝廷任命江西糧儲道嵩崑⑨爲山西按察使。四月十

---

① 秦國經主編：《清代官員履歷檔案全編》，華東師範大學出版社，1997 年，第 734 頁。

② 參見《清實錄》，光緒十年甲申夏四月二十八日（壬申）條。另見臺北"國立故宮博物院"圖書文獻處軍機處檔摺 127096#《奏爲准補潞安府知府丁體常護理蒲州府事由》。

③ 此女爲公之第二個側室李氏所生，後適配與趙起超。父寶楨在光緒十一年春正月二十六日的寫給公的信中曰："爾妾可望生孫，不知定於何月？盼切之至！"參見［清］丁寶楨著，澤霆釋，垂健注：《丁文誠公家信》，山東畫報出版社，2012 年，第 302 頁。

④ 秦國經主編：《清代官員履歷檔案全編》，華東師範大學出版社，1997 年，第 215 頁。

⑤ 參見《清實錄》，光緒十一年乙酉夏四月初七日（辛未）條。

⑥ 丁健：《閻文介公遺札（七）》，《國學季刊》第十九輯，山東人民出版社，2020 年，第 218—222 頁。

⑦ 參見《清實錄》，光緒十一年乙酉秋七月十五日（辛亥）條。

⑧ 公在署理山西按察使期間，山西河東道是由甯武府知府俞廉三署理，四月接篆，十一月交卸。由此可知，公是於十一月回到山西河東道本任。參見秦國經主編：《清代官員履歷檔案全編》，華東師範大學出版社，1997 年，第 292—293 頁。

⑨ 嵩崑，字書農，滿洲鑲紅旗人。參見丁健：《閻文介公遺札（七）》，《國學季刊》第十九輯，山東人民出版社，2020 年，第 221 頁。

八日，朝廷又將署理山西按察使的前河東道黃照臨調往廣東，交張之洞等差委。此時，江西巡撫德馨以廣饒九南道初夏茶稅旺季爲由，奏明原署理廣饒九南道的嵩崑暫緩赴任。到六月，嵩崑才將廣饒九南道篆交卸完畢，還要遵旨入都覲見，由《翁同龢日記》可知他（嵩書農廉訪）九月十八日在京。①

【2】交卸署山西按察使及安葬四弟體成：由閻敬銘於光緒十一年秋八月十九日寫給公的信札可知，四弟體成六月初在京病故後，其靈柩還停在京郊的廣慧寺中。停柩不葬的原因，是在等待公與嵩崑交接山西按察使篆後，到濟南主持四弟體成的葬禮。閻敬銘是樞臣，既然在信中説嵩崑九月半出京，誤差就不會太大。按照《欽定吏部則例赴任憑限》，嵩崑應於陛辭後，三十天內抵達太原。而據《翁同龢日記》中記載，他九月十八日還在京。參考當初張之洞陛辭出京，以及到太原接山西巡撫篆，共耗時十二天，嵩崑實際出京應在二十日前後。因此，公與嵩崑交接山西按察使篆，應在十月上旬，不會晚於十五日。公在十月上旬與嵩崑交接完畢後，急赴濟南，葬四弟體成于歷城的丁家林地。之後，又將其妻梁氏及其他遺屬接到自己在山西太原的家中。②

光緒十二年（1886）丙戌

四十六歲。

四月二十一日，父寶楨病逝于成都川督任所，春秋六十有七。

公聞赴哀毀，星夜奔喪。僚友賻贈，無親疏多寡，悉謝弗受。曰："吾烏敢有累先人清節耶！"既至，蜀中僚屬有司齗者，共集十萬金，爲文誠公歸葬需，公又婉辭謝絕。數月後，借貸數千金，遵父之遺命，歸葬山東濟南。③

五月，開始丁父憂。

六月，因前任山西河東道時，解足甘肅新餉出力，旨交部從優議敘。④

① 秦國經主編：《清代官員履歷檔案全編》，華東師範大學出版社，1997年，第613頁。《清實錄》，光緒十一年乙酉夏四月十八日（丙戌）條。
② 丁健：《閻文介公遺札（七）》，《國學季刊》第十九輯，山東人民出版社，2020年，第220—222頁。
③ 垂健：《丁文誠公墓志銘》考略，《國學季刊》第二十輯，山東人民出版社，2020年，第171—184頁。
④ 參見《清實錄》，光緒十二年丙戌夏六月十三日（乙亥）條。

冬，經水路扶喪，回到濟南。

案：

【1】諭內閣①：四川總督丁寶楨，秉性忠誠，清勤練達。由翰林帶兵剿賊，歷受先朝恩遇。外任知府，洊擢封圻。前在山東巡撫任內，籌辦軍務，悉協機宜。朕御極後，擢任四川總督。於地方利弊，認真整頓，實心任事，勞怨不辭。前因舊疾增劇，籲請開缺。疊經賞假調理，嗣已力疾銷假。方冀醫治獲痊，長資倚畀。遽聞溘逝，悼惜殊深。加恩追贈太子太保銜，入祀賢良祠，照總督例賜卹。任內一切處分，悉予開複。應得卹典，該衙門查例具奏。靈柩回籍時，沿途地方官妥爲照料。伊子丁體晉，着賞給郎中。伊孫丁道臣、丁道源、丁道津、丁道敏，均著俟及歲時，由吏部帶領引見，用示眷念藎臣至意。尋予謚文誠。②

【2】張蔭桓曾師學于丁寶楨，此時正在美國，其身份是出使美、日、秘三國的大臣。雖然相隔萬里之遥，他依然通過時任順天府尹的薛福辰，以及相關的華文報刊，關注着師尊的歸葬事宜。在十一月二十三日的日記中，張蔭桓記錄了師尊丁寶楨靈柩從成都起程時的情景："贈宮太保丁文誠公督蜀十年，勳業炳著。履任之始，裁夫馬局，改離堆水道，辦官運鹽，銳意興革。怨毒之聲，騰於京外，言者交彈，使星勘治。而松柏之姿，經冬彌茂，名實相副，天眷愈隆。比者，鞠躬盡瘁，歸葬山東。素旐首塗，軍民悼哭，有相泣而歌者，曰：'憶公之來，降福孔皆；川民熙熙，如登春台。我有學校，公爲振興；我有田疇，公爲經營。除莠安良，教養兼至；日用不知，皆公之賜。彼蒼者天，殲我哲人；如可贖兮，人百其身。公柩返魯，公澤在蜀；無小無大，同聲一哭。岷山峨峨，江水泱泱；公歸不復，如何勿傷。'此與子產《誰其嗣之》歌後先輝映，乃知至誠可以感神，況蚩蚩之民未有終昧天良者也。意既可嘉，詞亦雅馴。"③

光緒十三年（1887）丁亥

---

① 參見《清實錄》，光緒十二年丙戌夏五月初五日（丁酉）條。

② 張蔭桓在光緒十二年十二月十四日記曰："按《謚法考》，道德博聞曰文，肫篤無欺曰誠，朝廷眷禮藎臣，隆厚極矣。"參見任青、馬忠文整理：《張蔭桓日記》，上海書店出版社，2004 年，第 104 頁。

③ 任青、馬忠文整理：《張蔭桓日記》，上海書店出版社，2004 年，第 94—95 頁。

四十七歲。丁父憂，在濟南里居守制。籌備下葬事宜。①

九月二十五日，公率弟體晋②，繼子道津、道敏，侄道臣、道源及其他眷屬，將父文誠公寶楨的靈柩，葬於濟南歷城的丁家林地，在母諶夫人墓的東側。喪之歸，素旐首塗，軍民悼哭。相屬奔者、望者、悲者、歎者，則有述軼事者，郊野祭吊。

光緒十四年（1888）戊子

四十八歲。在濟南里居守制。

八月，服闋。③

（作者係丁寶楨五世孫）

---

① 垂健：《丁文誠公墓志銘》考略，《國學季刊》第二十輯，山東人民出版社，2020 年，第 171—184 頁。

② 時公的二弟體勤、三弟體仁、四弟壽鶴均已先于父寶楨而卒。

③ 秦國經主編：《清代官員履歷檔案全編》，華東師範大學出版社，1997 年，第 215 頁。

清末滿族大臣文治及其日記述略

周昕暉

摘　要： 文治爲清末滿族大臣，仕至兵部侍郎。借由硃卷、題本、奏摺、《實録》等歷史文獻，可釐清其家世及生平仕宦經歷。文治有日記稿本四册傳世，分別記録了光緒十一年（1885）赴甘肅主持鄉試、光緒十五年及二十三年兩次監臨順天鄉試，以及光緒二十五至二十八年任浙江學政和廣東學政的經歷。文治日記提供了清末地理、科舉實况和庚子國變的相關信息，頗具史料價值。

關鍵詞： 晚清　日記　文治　科舉　庚子國變

文治（1849—1910），字熙臣，號叔瀛，一號叔平，費莫氏，滿洲鑲紅旗人，清末大臣，同治四年（1865）進士，仕至兵部右侍郎。文治有日記四册傳世，今藏於清華大學圖書館，頗具史料文獻價值。文治在清末居官不可謂不顯，至於其家世生平則學界所知不多，其日記更罕有利用者。故本文先考其家世生平，後論其日記之版本、内容及文獻價值。

一、文治之家世與生平

1. 文治之家世

按《清史稿》卷四百五十三文海本傳云：

> 文海，字仲瀛，費莫氏，滿洲鑲紅旗人。……以兄文治授詹事，依例迴避，調户部郎中。①

史傳中所見文治家世資料僅此一條，據《清史稿》所稱，文治乃清末駐藏

---

① ［清］趙爾巽等撰，中華書局編輯部點校：《清史稿》卷四五三《列傳二百四十》，中華書局，1977年，第12599頁。

大臣文海之兄，其餘則無從得知。

那麼其他文獻中是否留存有相關史料呢？檢得北京師範大學圖書館藏有文治鄉會連題硃卷（索書號：856.5/677），保存了文治家世的完整信息。今依據硃卷之記載，整理其世系如下：

始祖薩揚阿，誥贈光禄大夫。

二世祖東鈕庫，誥贈光禄大夫。

三世祖瑪瑚，誥贈光禄大夫。

四世祖伊洛多，誥贈光禄大夫。

五世祖南濟蘭，原任世襲騎都尉兼世管佐領，《欽定八旗氏族通譜》有傳，誥授武義都尉，誥贈光禄大夫。

六世祖佛羅恩，誥贈振威將軍。

高高祖勒德，原任三等侍衛，誥授宣武都尉，誥贈建威將軍；高高祖妣尼瑪察氏，誥封恭人，誥贈一品太夫人。

高祖勒錫泰，原任都統，誥授建威將軍；高祖妣瓜爾佳氏，誥封一品夫人。

曾祖玉柱，誥贈武功將軍；曾祖妣鈕祜禄氏，誥封太恭人。

祖父尚阿布，誥贈宣武都尉；祖妣鈕祜禄氏，誥封太恭人。

大伯父花山，原任護軍校。二伯父阿當阿，現任步軍校。父雙安，誥授中憲大夫；母閻佳氏，候選州同諱希哲公孫女，監生諱恩佑公女。叔父慶安。

長兄文澂（秋瀛），咸豐己未恩科鄉魁，同治癸亥恩科進士，現任詹事府司經局洗馬，奏辦院事。次兄文海（仲瀛），同治壬戌恩科文舉人，現任內閣中書侍讀銜即補侍讀軍機章京，國史館協修，賞戴藍翎。長姊，適咸豐辛酉科拔貢榮慶。次姊，適四品宗室吉熙。文治，聘索綽絡氏。弟文濟，文生員。

文治一族爲費莫氏，五世祖南濟蘭時歸附努爾哈赤。按《八旗滿洲氏族通譜》：

南濟蘭，鑲紅旗人，世居布爾哈圖地方，國初時由烏喇率二十五人來歸，授爲騎都尉。初編佐領使統之，卒，其子那爾賽承襲任佐領。①

南濟蘭從兄瑚爾漢之子瑚世禮亦"國初來歸"，瑚世禮之子溫達爲康熙朝名臣，仕至文華殿大學士，其族亦顯貴一時。

文治兄弟一輩以上，其家族蓋世代擔任武職，其父雙安、叔父慶安，見於《穆宗毅皇帝實錄》同治二年七月：

> 諭議政王軍機大臣等：劉長佑奏親督馬步各軍滾營進紮及揆拏直東交界逸匪各摺……其不服約束之前鋒校木克登布、雙安、慶安、正奎、成連，即照所請，一併革職，以肅戎行。②

知雙安、慶安尚任職于前鋒營。及至雙安之長子文澂、次子文海、三子文治，皆科甲出身，季子文濟，據文治硃卷，時亦進學爲生員。

文澂，字雲卿，一作筠卿，號秋瀛。生於道光十五年（1835）十一月二十三。咸豐九年（1859）己未科順天鄉試第六名，同治二年癸亥科三甲第九名進士，朝考一等，點翰林院庶吉士，有鄉、會試硃卷存世。文澂中進士前爲正紅旗覺羅學教習③，中進士後由翰林官入仕，歷任侍講學士、詹事府詹事、通政使、左副都御史、工部侍郎、刑部侍郎等。光緒五年，文澂任福建鄉試正考官，據中國第一歷史檔案館（下簡稱"一史館"）所藏，光緒五年九月初六，有閩浙總督兼福建巡撫何璟《奏爲福建本科鄉試正考官刑部右侍郎文澂入闈患病先行派員護送回京事》（檔號：03-5141-174）一摺。又同年十一月初二日有文澂《奏爲因病未痊懇請開缺調理事》（檔號：03-5142-098），光緒六年二月初三日有《奏爲病勢垂危伏枕哀鳴事》（檔號：03-5274-047）。可見光緒五年時文澂病勢已甚重，不到半年即辭世，年僅四十五歲。

文海，《清史稿》卷四百五十三有傳：

> 文海，字仲瀛，費莫氏，滿洲鑲紅旗人。以繙譯舉人考取內閣中書，充軍機章京，遷侍讀。光緒九年，轉御史。建言培養人才，宜令中外大臣杜徇情，勵廉恥，以植其本，上嘉納焉。十二年，巡視北城。

---

① ［清］弘晝等編：《八旗滿洲氏族通譜》卷四十四，遼沈書社據《欽定四庫全書》本影印，1989年，第507頁。

② 《穆宗毅皇帝實錄》卷七十二，同治二年七月己酉。見《清實錄》第46冊，中華書局，1987年，第458—459頁。

③ 中國第一歷史檔案館藏宗人府檔案有《爲正紅旗覺羅學滿教習文澂同治二年會試中式進士開缺另行諮取行禮部事》，檔號：06-01-002-000395-0064。

以兄文治授詹事，依例迴避，調戶部郎中。十四年，出知貴州安順府，調貴陽。所涖有聲。二十二年，數遷至按察使，尋加副都統，充駐藏辦事大臣。①

又據一史館藏光緒二十六年五月文治《奏爲胞兄駐藏大臣文海歿於途次籲懇賞假一月事》（檔號：03－5390－048）一摺："奴才胞兄駐藏大臣文海本年二月間四川就醫歿於途次"，知文海於光緒二十六年二月病逝于駐藏大臣任上。又據硃卷及文治此摺，知《清史稿》以文治爲文海之兄，實誤也。

至於文治之子息，在硃卷刻印時，文治尚無子女，故記載闕如。據宣統二年（1910）文治遺摺②，提及一子名曰"成朴"，時爲陝西候補知府。

2. 文治之生平

文治之生年，據硃卷言"道光己酉年三月十三日吉時生"，知其生年爲道光二十九年。

又據一史館藏文治遺摺，其離世日期爲宣統二年九月十九，知其享年六十二歲。

據硃卷，文治於同治三年甲子科順天鄉試中式第一百五名舉人，業師一欄所填乃是"胞兄秋瀛夫子印澂、胞兄仲瀛夫子印海"。雖是滿洲世族子弟，但文澂、文海俱科甲正途出身：文澂于同治二年中進士，文海于同治元年成舉人，文治此前應隨二兄習時文舉業。

同治四年乙丑科會試，文治中二甲第八十二名進士③，朝考入選，欽點翰林院庶吉士，此時文治年方十七，可稱少年得意。同治七年四月，《穆宗毅皇帝實錄》有"引見乙丑科散館人員，得旨：……二甲庶吉士……文治……俱著授爲編修"④，知文治經過三年翰院生涯，散館後授正七品編修。

一史館藏內閣吏科題本有光緒二年六月大學士寶鋆所上《題爲開列文治等應升人員職名請旨簡員補授翰林院侍講學士事》（檔號：02－01－03－

① ［清］趙爾巽等撰，中華書局編輯部點校：《清史稿》卷四五三《列傳二百四十》，中華書局，1977年，第12599頁。
② 文治：《奏爲自陳病危事》，中國第一歷史檔案館藏，檔號：03－7445－044。
③ 江慶柏編：《清朝進士題名錄》，中華書局，2007年，第1055頁。
④ 《穆宗毅皇帝實錄》卷二三〇，同治七年月丙午。見《清實錄》第50冊，中華書局，1987年，第176頁。

11766－008），其中開列文治職名，云：

> 左春坊左庶子文治，同治四年文進士，歷俸八年零十日。光緒元年十二月十二日補授右庶子，元年五月在司業任內未與大考，原職本應開列出缺，復由右庶子轉補今職。

此題本開列人員名單部分，文治之名上有圈，題本開首處墨書大字："崇勳轉補翰林院侍讀學士，文治補授翰林院侍講學士。"據此題本提供的信息，知光緒元年五月，文治正任國子監司業；十二月十二日，補授右庶子；光緒二年，轉補左春坊左庶子；六月，升翰林院侍講學士。

又據一史館藏史科題本中光緒三年五月大學士寶鋆所上《題爲開列文治等職名請簡補詹事府詹事事》（檔號：02－01－03－11803－026）：

> 詹事府少詹事文治，同治四年文進士，歷俸八年十個月零二十八日。光緒三年二月初九日由翰林院侍講學士補授今職。元年五月在司業任內未與大考。

則文治又於光緒三年由侍講學士升少詹事。但此次詹事府詹事一缺，乃由松森補授，文治仍任少詹事。今在一史館目録中可查到文治任少詹事時的三道奏本：光緒三年六月的《奏爲遵議升祔位次愚見略述前代之迹事》（檔號：03－5527－063）、《奏爲遵議升祔位次并龕之制有失隆重暫作權宜之計敬陳管見事》（檔號：03－5527－068）和光緒三年十月的《奏爲病難速痊請准開缺赴烏珠木沁致祭恭請擇員簡派事》（檔號：03－5123－017）。其奏請開缺一折云：

> 奴才前因染受風寒，調理失宜，曾經屢次請假，蒙恩賞假在案。今假期已滿，奴才仍未就愈，伏思病勢既難速痊，而職守不可久曠，再四思維，惟有仰懇天恩俯准開缺，俾得專心調攝，則犬馬餘生，盡出生成之賜矣。再，奴才于八月初九日奉旨派往烏珠木沁致祭，如蒙聖恩俯准開缺，應請飭下該衙門請旨另行簡派前往。

烏珠穆沁屬錫林郭勒盟，距離北京路途不算遙遠，而此時文治年齡尚不到三十，正是年富力强，卻難以成行。而他在十幾年後尚能西行甘肅、南下廣東，則知此次奏請開缺，實因病勢不輕。十一月十三日，大學士寶鋆題云"詹事府少詹事文治患病一缺應行開列"[1]，知此時文治已稱病請假，少

---

[1]　寶鋆：《題爲開列翰林院侍讀學士銓林等員職名請揀補詹事府少詹事事》，中國第一歷史檔案館藏，檔號：02－01－03－11812－014。

詹事一職出缺。

此後，文治再次在檔案中出現，已經是光緒九年十一月，時任内閣學士廖壽恒奏云：

> 屢次欽奉上諭，飭令中外保薦賢員，仰見皇上立賢無方，孜孜求治之盛意。臣查有前任詹事府少詹事文治，講求學術，淡于榮利，至性純篤，守正不阿。前因母病乞假養親，殆居喪後廬墓三年，讀書明志，至今杜門不出。同官罕識其人，或遂以迂疏病之，而要其敦品勵節，實足以矯式浮靡，畀以職司，必能竭誠盡忠，于事力求實濟。①

可見文治開缺後居家六年，養病、奉母既而守喪，至此時方有大臣薦舉起復。又查《德宗景皇帝實錄》，光緒十年閏五月，"光禄寺卿沈源深奏前詹事府少詹事文治，内行肫篤，澹於榮利等語，即着該旗傳知文治豫備召見"②。文治應是在光緒十年回朝任職。次年，和江南道監察御史唐椿森同赴甘肅主持鄉試時，文治已任鴻臚寺卿。此後據内閣史科題本：光緒十二年十一月十八日《題爲開列文治等職名請簡補通政使司副使事》和光緒十三年一月二十五日《題爲開列文治等員職名請旨簡員補授詹事府詹事員缺事》，知文治分別於光緒十二年十一月和十三年一月轉通政司副使和升任詹事府詹事。茲據《德宗景皇帝實錄》羅列其光緒十三年以後仕履如下：

光緒十三年四月：以詹事府詹事爲内閣學士兼禮部侍郎。③

光緒十五年七月：派内閣學士文治、工部尚書潘祖蔭爲順天鄉試監臨。

光緒二十年五月：以内閣學士文治爲福建鄉試正考官。

光緒二十二年五月：以内閣學士文治爲兵部右侍郎。

光緒二十三年六月：派兵部右侍郎文治、順天府府尹胡燏棻爲順天鄉試監臨。

光緒二十四年三月：以兵部右侍郎文治爲會試副考官。

光緒二十五年正月：命兵部右侍郎文治提督浙江學政，以内閣學士景

---

① 廖壽恒：《奏請飭令前任詹事府少詹事文治銷假量以擢用事》，中國第一歷史檔案館藏，檔號：03－5185－020。

② 《德宗景皇帝實錄》卷一八五，光緒十年閏五月丙午，見《清實錄》第54冊，中華書局，1987年，第579—580頁。

③ 文治再次起用後，身體亦時常出現問題，一史館藏文治奏摺有光緒十四年《奏爲因病未能進内預備召見自請交部議處並請賞假調理事》（檔號：03－5859－103）。查《實錄》光緒十四年七月："内閣學士文治昨日召見未到，本日具奏因病未能進内，自請議處并請賞假一摺。文治著交部議處，賞假十日。"參見《德宗景皇帝實錄》卷二五七，《清實錄》第55冊，中華書局，1987年，第457頁。

澧署兵部右侍郎。

光緒二十六年九月：命兵部右侍郎文治提督廣東學政。

光緒二十八年八月：廣東學政文治因病解職。

文治因病解除廣東學政職務，調回北京後，一直飽受疾病困擾。於次年九月初二、二十九連上兩摺奏請開缺，其第二摺云：

> 因數年來在南方感受濕氣甚重，兼心氣大虧，頗似怔忡，時發時愈，右臂麻木，腰骸酸痛，自本年夏秋以來，濕土當令，諸症俱發。又奴才素有肝疾，近因牽動，日久不痊，舉動殊形吃力。①

於是文治即于本年九月解職。致仕七年，及至宣統二年九月，文治已病入垂危，於九月十四日繕遺摺，十九日奏上，蓋已長辭人世矣。

二、文治日記四種之版本情況及内容概要

文治的詩文著作，迄今未見有傳世者，唯清華大學圖書館藏有其日記稿本四册，收入《清華大學圖書館藏稿鈔本日記叢刊》影印行世②。

此四册日記，書於“松竹齋”紅格稿紙，僅有“清華大學圖書館藏”印，故遞藏情况不詳。第一册封面題“隴輶日記 柳雪言懷”，右側又書“憑藉威靈 七月廿日題”；第二册封面題“戊申赴秦甘差回京”，下小字云“戊申當作乙酉，光緒十一年”；第三册封面無字；第四册封面題“兩浙行程”。

四册之筆迹出於同一人之手，頗有圈改痕迹，但前兩册皆正楷書寫，第三册行楷參半，第四册則行書居多，甚或有潦草難辨認處，應是文治當日所記録之稿本。

四册日記的内容分别是：

第一册：起自光緒十一年文治以鴻臚寺卿主甘肅鄉試，日記起自六月十二出京，止於九月十九自蘭州束裝還歸。

第二册：上接第一册，起自光緒十一年九月二十出蘭州城，止於十一月初十抵達良鄉。

第三册：分爲兩種，其一爲光緒十五年文治以内閣學士監臨己丑恩科

---

① 文治：《奏爲假滿病仍未痊懇請開缺事》，中國第一歷史檔案館藏，檔號：03–5424–109。

② 清華大學圖書館編：《清華大學圖書館藏稿鈔本日記叢刊（全二十四册）》，國家圖書館出版社，2019 年。以下所引文治日記原文，皆出自此書，不一一注明。

順天鄉試之日記，起自七月廿六，止於九月廿九；其二爲光緒二十三年文治以兵部右侍郎監臨丁酉科順天鄉試之日記，起自七月廿六，止於九月初七。

第四册：光緒二十五至二十八年，文治以兵部侍郎出任浙江學政及廣東學政之日記。起自光緒二十五年三月初二自京師啓程，止於光緒二十八年六月十四，末附二十八年六月至次年三月因病開缺回京的簡單記録。

根據内容，可將稿本四册釐爲日記四種：一、光緒十一年甘肅典試日記；二、光緒十五年北闈監臨日記；三、光緒二十三年北闈監臨日記；四、光緒二十五至二十八年浙粵視學日記。

三、文治日記四種之史料價值例説

文治作爲光緒朝的中央高級官員，又曾任鄉試主考官、監臨官，提督浙江、廣東兩省學政，其日記爲瞭解清末的地理交通、科舉考試以及時局變化等情况提供了豐富的第一手材料。謹舉數例，以提示文治日記的史料文獻價值：

1. 行程記中的實地調查

文治四種日記中的甘肅典試和浙粵視學部分，均涉及大量的行程記録，包括從北京西行至甘肅、自北京南下浙江、浙江省内巡考、由浙江南下廣東、廣東省内巡考。其足迹覆蓋了由東至西、由北至南的若干省份。日記中記載了許多沿途各省府州縣之地理風景、人文名勝等，尤其地方官之姓名、字號，甚或籍貫。對於瞭解或考證日記所覆蓋年份的地理、交通、職官等問題，均有助益。

日記中保存的大量地理信息尤爲突出。在甘肅典試日記中，可以發現文治着意藉由實地踏查，對前人的記載進行驗證，所參照的主要爲兩部書：一是董恂在道光年間所撰《度隴記》，二是林則徐在鴉片戰争後謫戍伊犂時所撰《荷戈紀程》。① 文治在日記中時常提及董、林二氏之書，并與自己親身所見相對照：

　　①出前門、彰義門，由石道西行至大井，有坊，西曰"蕩平歸極"，東曰"經環同軌"。《度隴記》謂"徑塗同軌"，恐誤。（六月十

---

① 　未知出於何故，日記中援引林則徐《荷戈紀程》時均寫爲"徐《記》"，林則徐謚文忠，日記中則記曰"徐文忠"，知應是筆誤。下文引用時徑改"徐"爲"林"。

二日）

②又五里，郝村，有榆次西南界牌，《度隴》所謂"華而整"者，今已頽朽。（六月廿五）。

③入南門，出西門，涉數水，《度隴》已詳（七月十一）。

④此日路中北望平遠山，《度隴》云是峨嵋。（十月十五）。

⑤四十五里，神林鋪尖，林云"名四十五里，實四十里"，是也。（七月廿二）。

⑥行台門內，立碑三，一南向，乃重修利濟、履順二橋記，略云驛東七里爲倒回溝，驛西三里爲尚家灣，俱新修土橋，湘陰左相之筆也。按"倒回"見於林《記》，今山上亦有碑，字不可見。（七月廿四）。

⑦入南關南門，林謂縣城頗爲完整，今數十年尚齊堅固也。（七月廿五）。

以上所引七條，前四條參照董恂《度隴記》，後三條參照林則徐《荷戈紀程》。據此可知文治引用二書，大約有如下作用：對知識證實或證誤（①⑤）；光緒年間和道光年間的今昔對比（②⑦）；以昔人記載爲知識的來源和依據（④⑥）；與昔人記載互爲詳略（③）。文治的隴行日記，經由實地踏查和對前人記載的徵引，形成了一個有關京隴之間地理、人文的知識網路。

但無論董恂、林則徐還是文治的西北之行，都不是專業的地理考察，當以趕路爲主，踏查祇是餘事，文治也指出了這種地理考證的局限性："按各處小地名本難向人數問，即問之，而今昔彼此稱名亦各不同。林記、《度隴》往往亦自不同，可知當時或憑詢問，或本志書，要皆不能霧霧詳確，但大致不差。已自考覈，頗勞矣。"（七月三十日）。

2. 棘闈中的人際糾纏

文治的四種日記中，三種涉及試差：光緒十一年甘肅鄉試，文治任正考官，十五年、二十三年順天鄉試，文治任滿監臨官。甘肅典試日記，重在記載行程和沿途見聞，八月初六入闈，此後因忙於命題、閱卷，所記甚爲簡略，特殊信息無多。惟其間文字應酬頗值得留意：

八月十二日記云："議三場題發刻。監試及北四房來。連日書扇對。"出闈後的九月十三至十五日又記"書聯數十百副"；九月十九日離開蘭州前夕"仍書聯，大抵日日塗鴉"。文治作爲出試差的文官，爲當地官員書聯、書扇，成爲一種疲於周旋又無法避免的文字應酬，而日記中也保留了最爲直觀的資料：在文治日記第一册的最後，即九月十九日後，附有文治以古人詩文集成的聯語十頁，并言"闈中索書者多，而余苦無藍本，隨寫隨集楹聯若干，聊記於此"，據此即可知文治是如何應對人情墨債的。

鄉試主考，其精力主要在於命題和閱卷，而監臨官所需關照的事務更爲繁冗。順天鄉試比起各省，其規模更大、級別更高，因此涉及的人事關係和潛存的矛盾也就更爲複雜。

光緒十五年順天鄉試，滿監臨爲内閣學士兼禮部侍郎文治，漢監臨則是工部尚書兼管順天府尹潘祖蔭（伯寅）。潘祖蔭年長於文治近二十歲，又是一品大員，老于世務。另外二人又有一層關係：文治是同治四年進士，而潘祖蔭爲此科讀卷官，故可稱有師生之誼。因此，在監臨事務中，潘祖蔭無疑居於主導地位，文治自言："伯翁爲余乙丑科朝殿師，場務諳熟，余得優游推讓焉。"（七月廿六）。從文治日記的記載看來，大部分措施皆出潘祖蔭之主張：

> 因上科頭場點名完竣甚遲，伯翁命兩縣辦場各官在磚門外各豎大旗，上寫省分及府縣，按時點進。并派出委官四員，於監試御史散卷時預備補點，以免紛亂無緒。又先令順天府於士子投卷時隨卷票各給小票一張，嚴囑進場不遵時刻及場内喧嘩、不守場規等獎。又令寫嚴禁傳遞槍冒各弊告示，貼外磚門。又繪印貢院圖散給士子，以便入場易於尋覓坐號。……伯翁仍令兩縣搭蓋席棚，分坐謄録，以便多留底號。（八月初四）

相形之下，文治則不須有多少作爲，依成例辦事即可。根據日記，此次鄉試監臨亦頗爲順遂，日記中所記事務較詳，但未見有什麼嚴重意外或齟齬。

光緒二十三年順天鄉試，情況又有不同。文治仍任滿監臨，漢監臨爲順天府尹胡燏棻（雲湄），二人相處似亦無事。惟提調官、方升任奉天府丞兼學政的李鴻逵（小川），在日記中頗顯突出。八月初七，頭場之前，文治在日記中即隱約影射提調官辦事不善：

> 坐號向由四所官親印，余飯後至堂，聞皆係受卷官，因問胡雲湄是誰主意，據云提調記得如此，成事不說，受卷官雖不願意，亦未能有辭，遂含糊了事。至寅刻始完。又提調點進號軍太多，餘數十名。

按例提調官地位應略次於監臨官，而身爲提調的李鴻逵似乎在場中表現頗爲強硬，引來文治的不滿。及至頭場結束，文治直接在日記中宣泄負面情緒：

> 向來順天鄉試場務最爲難辦，余本庸懦無能，而提調李小川同年
> 向稱暴躁，視余太老實，用言侵侮，而其真是真非，彼固不能辨也。
> 回思己丑場差，與潘文勤同事，亦躁急人也。入場以後，視余庸庸，
> 漸來相逼，亦是至初十日頭場交卷時，勢不可耐。然文勤高明過人，
> 余以理開陳，彼則即時豁然，遂得終場無事。今事勢又非其比。修夜
> 沉思，疲極而不能睡，乃於次日稱病不上堂。（八月初十）

在"稱病不上堂"之後，又有文治日後所加批注，云"此處仍當少忍，但
稱病睡一日，則精神復而心思清，可無惱矣"，可見當日心緒之煩亂。次日
（十一日），文治稱病不出，派人至胡燏棻處請其代爲辦理事務，胡燏棻及
李鴻逵再三相勸，文治含糊應對，一面派人托兵部代寫摺子請旨出場（文
治時任兵部侍郎）。此舉實稍覺魯莽，因此文治日後亦在日記中批注"錯在
此"。十二日，文治仍稱病不出，然"旋思倘旨不准，則太覺無謂，是晚遂
出"，此後直至考試完畢，皆照例辦事，此番因人際矛盾造成的"監臨罷
事"風波遂告終。

文治在此次日記中不斷反省自己性情和行爲的過失，如"輕舉妄動，
爲衆所知，深可悔吝矣。自念此身處處是病，毫無學識者也"（八月十
二）；"庸懦性成，又復掉以輕心，見侮於人，乃其自取"（八月廿三）；
"本存苟且了事之心，又不能做面子與人看，則群小之指摘叢矣。有晿識者
所以可貴也"（八月廿四）。歷來研究科舉者，多關注其作爲制度的一面，
對參與者的研究亦多集中于考官和考生在出題和作文上的表現。但科考
作爲牽涉官員衆多的政治事務，其間的人事關係乃至矛盾衝突，及其所
導致的個人心理表現，也頗值得留意，文治日記即提供了此話題的第一
手資料。

3. 文治日記與庚子國變

文治身爲朝廷大吏，但日記中論政內容僅寥寥數語而已。其日記第四
冊，記於1899—1902年之間，此時文治正在浙江學政任上，他在庚子事變
前後的日記內容是：

> 五月廿一日至省，廿七日發摺，報科考完竣，并請假一月持服。
> 是後聞北方不靖，至八月初一日，聞北京失陷，痛苦悲憤，無以爲生。
> 十六日發摺，廿七日再發摺，均留中。九月初九日奉旨留任，十四日
> 具摺謝恩，并保舉數人。廿五日移任廣東，即赴新任，毋庸前來行在

請訓，又具摺謝恩。冬月廿五日交印，具摺陳明俟兄靈柩來杭寄厝後，再赴新任，并附片一。

廿七日所發摺，即一史館藏《奏爲應詔就圖治用人細陳管見事》（檔號：03-7434-011）、《奏爲陳明用賢修政選將練兵剔除積弊事》（檔號：03-7434-012）、《奏爲議和已成臥薪嘗膽修明政事事》（檔號：03-7434-013）。除此之外，另有一種文獻與文治有關：中國社會科學院近代史研究所圖書館藏《庚子紀聞》二冊，未題作者。中國社會科學院近代史研究所《近代史資料》編譯室主編《義和團史料》收錄其中一冊，認爲是劉福姚所撰①。楊上元、蓋翠傑《〈庚子紀聞〉作者考辨》一文經過考證，指出此書作者應是文治②，文治日記則可以證成此說：

《庚子紀聞》一書凡二冊，上冊記錄其所聞見之情況，末署“辛丑正月二十三日記”。下冊議論政局，於卷首題曰：“庚子八月，京城失守，乘輿播遷。余時在浙，試事已畢，即請奔赴行在。旨不許。此數月間，枯坐署中，毫無生趣。偶有一二朋友亂談外，惟信筆書其所見，遂成此册存之。辛丑五月十九羅江舟次記。”按文治日記：辛丑年正月二十三，文治尚在浙江，二月初八啓程赴廣東，四月初二接印，十五開始巡考各府，五月十七至羅定江口駐船，與《庚子紀聞》正合，則此書爲文治所撰無疑。與《庚子紀聞》專門記錄論述政局不同，日記所載庚子、辛丑前後文治議論時事之語不多，惟有如下各條：

辛丑三月初一：

事機不順，處處艱阻，千回百折，迭起環生，真令人心力交瘁，深可危懼。

辛丑五月十八：

《洪範》六極，其一爲弱，古稱庸懦之君曰暗弱、曰懦弱，此正大病，所以羅羅山謂暴主庸主皆足以亂天下也。

愚者爲智者役，事理之常也。此番大失，祇“不當戰而戰”“當戰而不戰”二語足以盡之。緣起所以如此，事理不明而已，事理不明，不謂之愚，得乎？朝廷見不到，惑於群言之淆亂，而所用皆庸臣，舉

清末滿族大臣文治及其日記述略

① 中國社會科學院近代史研究所《近代史資料》編譯室主編：《義和團史料》，中國社會科學出版社，1982年，第222—229頁。

② 楊上元、蓋翠傑：《〈庚子紀聞〉作者考辨》，《近代史研究》2016年第6期，第154—157頁。

朝無一智者，賢智之士屏逐而不能用。觀夏伯定所上各疏，真不可少之文字，徒令後世歎息而已。昔曹操伐張繡，賈詡謂繡不可戰，繡不聽，戰果敗，既敗，詡復教以再戰，戰果勝。所謂智謀之士，無他，明於機勢而已。第勢雖可戰，亦須有所以戰者。夏疏中有所以籌爲戰之本之具云云，亦要言也。使仍用前日爲戰者，仍取敗耳。噫！世運如此，中國乃爲仇人役，豈不哀哉！

辛丑五月十九：

設使劉禪爲君，而以馮道佐之，豈復知人間有羞恥事？

辛丑六月十一：

夏伯定謂董福祥功罪可以相抵，吾不謂然。既爲將帥，無兵敗尚可偷生之理，況肆行劫掠，則平日紀律不嚴可知。此番戰敗，固緣事前毫無措置，然既已京城失陷，乘輿播遷，則凡主張此事之人均應治以應得之罪。賞罰者，朝廷之大柄，賞罰一紊，便不能用人，便無一事可爲。是以用外人要脅而罪之則不可，謂諸臣無罪亦非也。國事一敗至此，不聞降一人處分，刑政縱弛極矣。乃逼於強敵之威，使天下議刑罰之失當，直以喪忠臣之膽，寒義士之心，則主持國是者豈非私心偏見乎？噫！時局至此，中國已矣！

辛丑十一月十七：

連日看薛福成《庸盦集》，洵可稱有用之才，僅出使西洋數年而卒，似未得竟其用。使設甲申後當權要之任，得究其施，如孫之任，似不至有甲午以後之事矣。噫！人才之關係豈淺鮮哉。

由日記中數語可見，文治對中央政府及上下大臣皆有不滿，他于庚子國變之際所上奏摺，其主旨大抵在於廣開言路、廣求賢才、選將練兵、破除常格，以求政事之修明，國家之整頓。在《庚子紀聞》中，文治的想法有更詳盡的闡述。三種文獻對讀，即可較爲完整地理解文治對於時局的看法。又依據日記，文治庚子年巡考浙省各州府，及辛丑年南下廣東，地方秩序尚井然，可見北方變亂并未對南方各省造成深刻影響。

四、結語

文治是同治、光緒年間滿族大臣，其官位不低，但事迹不顯。本文通過考證，基本釐清其仕宦經歷，可供研究者參考。

文治又有日記稿本四冊傳世，分別記載了主考甘肅鄉試、兩次監臨順天鄉試，以及任浙江、廣東兩省學政的經歷，其中保存了豐富的歷史信息，本文從地理信息、科舉實況、庚子國變三個方面予以舉例説明，這些信息體現了大歷史覆蓋下的若干歷史細節，以及人物的思想動態。

除此之外，日記中還涉及譚鐘麟、賀瑞麟、潘祖蔭、胡燏棻、夏震武等清末重要政治人物和學者事迹之鱗爪，如上文提及的潘祖蔭監臨順天鄉試，在其年譜中僅幾字帶過，而文治日記則從側面予以揭示，信息更爲豐富。又有直隸、山西、陝西、甘肅、浙江、廣東等省的自然環境、交通地理、風土人情等記載，如 1899 年自江蘇入浙，途中以輪船拖帶，但旋因燃煤不足放棄，文治在日記中評曰"實屬無用，可不必"。諸如此類記載亦皆頗具史料價值，值得進一步挖掘利用。

（作者單位：北京大學中文系）

清末滿族大臣文治及其日記述略

國學季刊

（第二十七輯）

184

宣統《莎車府志》考證四題

王智堯

摘　要：《莎車府志》是光宣之際由清佚名編纂的一部新疆方志。本文對該志中存在的四個問題做了考證，即《莎車府志》引耶律楚材《西游録》的問題、《莎車府志》用《水經注》典的問題、《莎車府志》載莎車府駐軍步隊營制問題，和“書什勇夫”“書什兵勇”問題。

關鍵詞：《莎車府志》　用典考證　駐軍制度　書什勇夫　書什兵勇

《莎車府志》引耶律楚材《西游録》考

《莎車府志》歷史類原注引耶律楚材《西游録》云：“文正《西游録》：大軍鑿于實，至可汗城，屠其城，使人招諭各城。雅尔堪城主來降。”①李光廷《漢西域圖考》卷二“文正《西游録》：大軍發于實，至可汗城，屠其城，使人招諭各城。雅爾堪城主來降。”②可見《莎車府志》所引《西游録》當自《漢西域圖考》中得來。但《漢西域圖考》之史源也不一定就是耶律楚材的《西游録》。俞浩《西域考古録》卷一五引此書：“耶律楚材《西游録》：大軍發于闐而西，遂北渡黃河，至可汗城。……使人招諭諸城。七月雅爾堪城主來降。”③就引文原文來看，《考古録》引文或許更接近於《西游録》原文，《圖考》引文似爲概括引之，非文正原句。《府志·歷史類》正文曰：“至是始隸版圖，以封諸王。”④此句見《圖考》卷二：“至是

---

① ［清］佚名纂：《莎車府志》歷史類。
② ［清］李光廷：《漢西域圖考》卷二。
③ ［清］俞浩：《西域考古録》卷一五，清道光海月堂雜著本。
④ ［清］佚名纂：《莎車府志》歷史類。

始隸版圖，以封諸王阿魯忽，與斡端、可失哈兒，號爲三城。"① 《新疆圖志》卷四《建制》"莎車"條："其後，降其城以封諸王阿魯忽，與斡端、可失哈兒號爲三城。"注引《西游錄》："大軍發于闐，至可汗城，屠其城，使人招諭各城。鴉兒堪城王來降，至是始隸版圖，以封諸王阿魯忽，與斡端、可失哈兒號爲三城。"② 此句爲《西游錄》之佚文，據《圖志》所列參考書目來看，其注中所引《西游錄》皆引自《漢西域圖考》。然此句不見於《西域考古錄》，亦不見於《西游錄》其他輯本，或爲李光廷自其所見《西游錄》或本得之，惜爲《西域考古錄》所未載。此句耶律楚材《西游錄》逸文或爲："大軍發于闐而西，遂北渡黃河，至可汗城。屠其城，使人招諭諸城。雅爾堪城主來降。至是始隸版圖，以封諸王阿魯忽，與斡端、可失哈兒號爲三城。"③

《莎車府志》用《水經注》典考

《莎車府志》天文類"雨"目正文曰："考莎車亦從無石燕橫飛、滛雨連旬之苦。"④ "石燕橫飛"典出《水經注》卷三八："其石或大或小，若母子焉。及其雷風相薄，則石燕羣飛，頡頏如真燕矣。"⑤ 《藝文類聚》卷九二《鳥部下》引《湘中記》："零陵有石燕，形似燕。得雷風則飛，頡頏如真燕。"⑥ 《白氏六帖事類集》卷一注引《湘川記》："零陵有石鷰，遇雨則飛如生鷰。"⑦ 同書卷二注引庾仲雍《湘州記》："零陵有石鷰，得風雨則飛翔如眞鷰。風雨止，還爲石也。"同書卷二九注引《湘中記》："靈陵有石鷰，風雨則飛翔如眞鷰。"⑧ 此句引文與《太平御覽》卷四九《地部十四》"石鷰山"條引《湘中記》不同，《太平御覽》引作："石鷰在零陵縣，雷風則羣飛翩翩然。"⑨ 《水經注》文與《藝文類聚》引文類似，兩書所據之《湘中記》版本當類似。《白氏六帖事類集》之引文，可補輯《湘中記》佚文之闕。

---

① ［清］李光廷：《漢西域圖考》卷二。

② ［清］袁大化修，王樹枏等纂，朱玉麒整理：《新疆圖志·上》卷四《建制》，上海古籍出版社，2015 年，第 90 頁。

③ 1926 年，日本發現了一部耶律楚材《西游錄》的舊抄足本，惜筆者未能見之。

④ ［清］佚名纂：《莎車府志》天文類"雨"目。

⑤ ［北魏］酈道元：《水經注》卷三八，清武英殿聚珍版叢書本。

⑥ ［唐］歐陽詢等編：《藝文類聚》卷九二《鳥部下》，清文淵閣四庫全書本。

⑦ ［唐］白居易：《白氏六帖事類集》卷一，民國景宋本。

⑧ ［唐］白居易：《白氏六帖事類集》卷二。

⑨ ［宋］李昉等編：《太平御覽》卷四九《地部十四》，四部叢刊三編景宋本。

《莎車府志》載莎車府駐軍步隊營制考

　　《莎車府志》人事類"兵制"目曰："十二年，設莎車州，駐步隊一營，副將一員，千總二員，把總二員，經制外委二名，書什勇夫四百九十一名。"①《新疆圖志》卷五〇《軍制二》："十二年冬十月，錦棠與魏光燾遂將南北兩路巡撫提鎮各標額餉兵制妥籌議奏。向章，勇丁一營自營官總哨至正副哨長，共官弁十人。標營擬每營、旗祇以副、參、游、都、守作營旗官，而量設千、把為哨長，經制外委爲巡查。其總哨、副哨長概從裁省。又，勇丁營制，步隊一營火勇占額四十餘名，一旗占額三十餘名。馬隊火勇向在額外，標營則向無火勇。茲既照勇營之制，火勇自難裁減。擬改步隊以四百九十八人爲營，三百六十七人爲旗，官弁、火勇在內。馬隊以二百五十人爲營，百二十六人爲旗，官弁在內，火勇在外。而議設標營則不計火勇，以足原議。其所擬章制：……葉爾羌設副將一，都司一，守備二，千總、把總、經制外委十五，步隊一營，馬隊三旗。其所屬葉城縣即由所設馬隊內分右旗駐防。"② 可見《府志》所記之莎車兵制，已爲十二年改革以後的狀況。

　　《曾文正公雜著》卷二《營制》："一營之制：營官親兵六十名，親兵什長六名。分立前、後、左、右四哨，哨官四員，哨長四名，護勇二十名，什長三十二名，正勇三百三十六名，伙勇四十二名。一營共五百人，營官一員。哨官四員在外。"③《清續文獻通考》卷七四《國用考一二》："（光緒十三年）又奏準新疆步隊一營以四百九十八人爲定額，私夫在外。營官除廉俸照章外，月加製辦旗幟號衣六十兩。私夫十六，月支各二兩七錢。營書四，各六兩。前哨千總二，後哨把總二，巡查外委二，照章支領外，各加私夫二，月各二兩七錢。親兵什長額外外委六，各四兩五錢。哨長三十二，各四兩二錢。親兵六十六，哨書護兵二十，各三兩九錢。正勇三百二十，各三兩六錢。伙夫四十三，各三兩。"④ （按據《曾文正公雜著》，《清續文獻通考》所載"哨長三十二"，當爲"什長三十二"。）《曾文正公雜著》載湘軍步隊營制與《清續文獻通考》中改革後步隊一營餉銀的記載

---

① ［清］佚名纂：《莎車府志》人事類"兵制"目。

② ［清］袁大化修，王樹枏等纂，朱玉麒整理：《新疆圖志·中》卷五〇《軍制二》，第891頁。

③ 轉引自羅爾綱《湘軍兵志》，中華書局，1984年，第92頁。

④ 劉錦藻編：《清續文獻通考》卷七四《國用考一二》，民國景十通本。

對比可見，湘軍營制無巡查、營書二職，新疆步隊一營增加營書四名、伙勇一名，親兵減少六名，減少正勇十六名。《曾文正公雜著》卷二《營制》："營官親兵之制：親兵六隊，……每隊什長一名，親兵十名，伙勇一名，計六隊共七十二名。一哨之制：前、後、左、右四哨，每哨哨官一員，哨長一名，共護勇五名，伙勇一名。每哨八隊，……每隊什長一名，伙勇一名，其抬槍隊正勇十二名，合什長伙勇爲十四名，其刀矛、小槍隊正勇十名，合什長伙勇爲十二名。"① 可見 "一營之制" 中四十二名伙勇各屬於一營中之六隊親兵隊、三十二隊正勇隊、四隊護勇隊，每隊一人，清晰可辨，不至混淆。《清續文獻通考》中之新疆步隊一營，親兵與親兵什長別立，故六十六員親兵不含什長，以十人一隊計，則多一人，此人當爲伙勇，而新疆步隊尚有四十三名伙勇，其中有三十二名伙勇，對應三十二隊正勇，四名伙勇，對應四隊護勇，尚餘七名伙勇，不知何故，或爲專門供應七名官弁伙食之人。湘軍一營無營書，或即由 "哨長" 充任，營書當即爲綠營中之 "書識""字識"。依據《曾文正公雜著》所記載之數據，每哨正勇八十四名，共三百三十六名，而《清續文獻通考》中記載新疆步隊一營正勇共三百二十人，相差十六人，湘軍每哨有抬槍隊二隊，每隊十二人，相比小槍、刀矛多二名，一營四哨八隊抬槍隊則比八隊刀矛隊或小槍隊多十六人，十六人之差額或自此而來，新疆步隊一營之抬槍隊每隊裁撤二名，故祇有三百二十名兵勇。（據此所作之 "光緒十二年改革後駐莎車府步隊一營組織狀況" 圖附于後。）

"書什勇夫""書什兵勇" 考

《莎車府志》人事類 "兵制" 目正文 "步隊" 條下有 "書什勇夫" 一詞，"馬隊" 條下有 "書什兵勇" 一詞。二詞不見於他書。

按《清續文獻通考》卷七四《國用考一二》："（光緒十三年）又奏準新疆步隊一營以四百九十八人爲定額，私夫在外。營官除廉俸照章外，月加製辦旗幟號衣六十兩。私夫十六，月支各二兩七錢。營書四，各六兩。前哨千總二，後哨把總二，巡查外委二，照章支領外，各加私夫二，月各二兩七錢。親兵什長額外外委六，各四兩五錢。哨長三十二，各四兩二錢。親兵六十六，哨書護兵二十，各三兩九錢。正勇三百二十，各三兩六錢。

---

① 轉引自羅爾綱《湘軍兵志》，第 92 頁。

伙夫四十三，各三兩。"① （按據《曾文正公雜著》，其中"哨長三十二"，當爲"什長三十二"。）"書什勇夫"爲"營書（書識）、什長、正勇、伙夫"四類軍人之簡稱。步隊員額包含伙夫，故可簡稱爲"書什勇夫"。

按《清續文獻通考》卷七四《國用考一二》："（光緒十三年）又奏準新疆馬隊一營以二百五十人爲定額，伙夫、私夫、馬夫在外。……馬隊一旗以一百二十六人爲定額，營官照章支領外，月加二十五兩。私夫八，營書二，哨長二，巡查一，親兵領旗三，各哨領旗八，親兵二十七，哨書護兵十，馬勇七十二，伙夫十四，悉照馬隊支給。"② 此處一百二十六人的定額是將官弁包含在內計算得出的，而據《新疆圖志》之記載，經過改革，巡查之職由外委擔任，又據《莎車府志》人事類"兵制"目載"協標中軍馬隊"，其額設營官有"都司一員，把總二員，外委一名"③ 四員，《戡定新疆記》卷七《置省篇》："都司守備作營、旗官，即以中軍千總爲總哨，把總、經制外委爲正副哨長。"④ 協標中軍馬隊以都司爲旗官，則以把總爲哨長，"私夫八"非馬隊員額，則馬隊包含"營書二，……親兵領旗三，各哨領旗八，親兵二十七，哨書護兵十，馬勇七十二。"共一百二十二員。"書什兵勇"或爲"營書（書識）、什長（此處爲領旗，或爲習用步隊之稱，故稱'什'）、親兵、馬勇"之簡稱。馬隊員額不包含伙夫，故不可簡稱爲"書什勇夫"，而需稱爲"書什兵勇"。

（作者單位：山東大學尼山學堂）

---

① 劉錦藻編：《清續文獻通考》卷七四《國用考一二》。
② 劉錦藻編：《清續文獻通考》卷七四《國用考一二》。
③ ［清］佚名纂：《莎車府志》人事類"兵制"目。
④ ［清］魏光燾：《戡定新疆記》卷七《置省篇》，清光緒二十五年刻本。

附：光緒十二年改革後駐莎車府步隊一營組織狀況

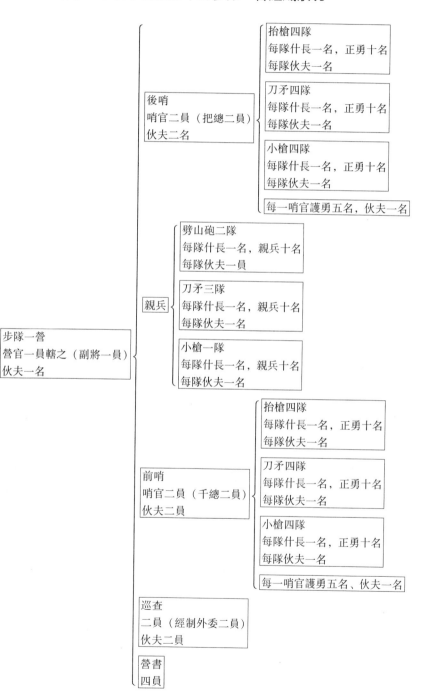

宣統《莎車府志》考證四題

山左先喆遺書提要

尹承　整理

國學季刊

（第二十七輯）⋯⋯⋯⋯

190

本書初由山東省立圖書館發起，與齊魯大學合組刊行。會後因事中止，改由圖書館方面王獻唐先生專任編集，并請欒調甫、丁伯弢諸先生襄理其事，業經商歸敝處刊印發行。全書擬分十編，每編收書約在二十册左右，以山東先賢未刻遺著之屬于實學者爲限，間有刊本亦皆早已絕版世求其書不可得者。現已編定甲乙丙丁四編子目，撰爲提要，先以刊布。中以册次分配，容依印刷情形，臨時略有移換，刻尚未能完全確定也。瑞安陳準繩夫記。

甲　編

同文尚書三十一卷棲霞牟庭陌人著。十二册。

棲霞牟陌人先生，清乾隆乙卯優貢，任觀城縣訓導。爲諸生時，以經學受知于阮芸臺先生，額其室曰横經精舍。性恬退，不以聲氣自通，終歲鍵户讀書，經子方術之學，靡不窮究。著述五十餘種，湛深博通，其《同文尚書》《詩切》二書，尤爲畢生精力所寄。一時同里如郝蘭皋等，皆盛相推挹，屢請付梓。顧先生爲學務求實是，稿至五六易，尚不肯以一字問世。後雖著録于府志、通志，學者至今猶未獲一見。僅哲嗣農星抽刻其《周公年表》，福山王氏又從而翻刻耳。《尚書》在諸經中最爲糾紛難理，現行僞孔古文固不免竄亂失真，即漢世所傳今、古文經亦各具異同，久無定說。清儒治《尚書》者，力闢僞孔，遠紹漢學，取二十八篇之經文，考索古籍，捃摭故訓，冀復兩京之舊。然行世諸家，或宗鄭、王，或主今文，徒守漢儒樊籬，罕有能定今古之是非、闡發典謨誓奥奥者。先生是書獨申劉陶中文之例，冶今古真僞于一爐，釋疑辨惑，正譌補闕，以深明字詁聲訓之故，一經辨析會通，異文歧義，又未嘗不見其同。至于網羅衆説，參研史實，以體會經文，得理爲宗，不株守一家學，有清以來治《尚書》者，未有如先生是編之旁參博證、精闢獨到者也。論其長義，如釋"九族"爲同姓疎屬，説"刊木"爲表識衆水，校文釋訓，遠邁前修；其考定《立政》《多方》諸篇之先後，與《顧命》《康王》之誥兩篇經文，理其錯簡，補其譌脱，不惟文順理解，兼可用正《書序》次第之謬與今古分合之失。他若考辨名物，詮發經義，類多獨獲創知，發前人未發，開後學治經無數法門。世以《尚書》詰屈聱牙爲難讀，以先生是編視之，固無不涣然冰釋也。原書舊藏于家，清咸豐間，農星出宰浙江，携稿之官，謀校刊行世。時太平軍攻略浙省，情勢危急，未遑剞劂。農星旋亦去官，其稿後爲福山王廉生所得，視同瑰寶，欲以畢生精力校刻，會庚子難作，王氏殉節，稿與偕亡。日照丁鼎丞先生恐鄉哲名著從此湮没，多方徵求，始獲副本，謀與張溥泉先生印行，因故未果。山東圖書館舊從朱羲堂先生假録一本，復從丁氏借得藏書，請蓬萊樂調甫先生校理。時閲一載，始克蕆事。今以校本付印，用廣流布，非惟牟氏絶學賴以弗墜，想海内治《尚書》者，亦樂得而快睹焉。

古今字詁疏證日照許瀚印林著。一册，連史六開，實洋乙元五角。

《古今字詁》爲魏博士張揖撰著，書已久佚。印林先生用任氏輯本條爲疏證于原書，古今字體，一一求其所以爲古、所以爲今，及古體、今文同條共貫之誼，是者申之，非者正之。以形誼明其演變，以聲音證其通轉，與王氏《廣雅疏證》同其精密。各條之下，多有安邱王箓友先生識語，殆《疏證》書成校閲時所加也。先生治小學金石，負海内重望，除爲海豐吳氏編釋《攈古録》外，僅刻文集、雜著等數書。日照王氏搜集先生遺著數十百種，擬爲編印行世，以卷帙繁重，一時未能蕆事。兹先以此編餉世，餘容陸續刊布焉。

雪泥屋遺書目録一卷棲霞牟房農星編。一册。

棲霞牟陌人先生治經子群籍，獨闢蹊徑，空絶依傍，著書五十餘種，與大名崔氏，學雖不同，氣魄精神則絶相似。生平心力，尤在《同文尚書》《詩切》二書，現已分入甲乙兩編。此爲先生次子農星所纂就，遺著各書撰爲提要，于清道光間，刻于漳南學署。板旋毀于匪亂，傳世絶鮮。蓬萊樂氏舊藏一本，前歲"中央研究院"歷史語言研究所擬刻未果。友朋傳抄，疲于供應。山東圖書館爲油印廿册，亦旋散盡，兹就原書補入未録之遺書數種，詳校付印。欲知陌人全部著述内容，可于是編得其概要矣。

南澗先生易簣記一卷_{益都李文藻南澗口授，蔣器筆述}。一冊，實洋乙元。

書爲南澗先生彌留時口授，由其甥蔣器筆錄，多考訂文獻金石，兼及友朋昆季事，骨肉之情，忠義之懷，語語皆自肺腑中出，凄人心脾。書前附印先生遺像及《琉璃廠書肆記》手稿，并以錢竹汀、翁覃溪所撰碑志刊入，備參考焉。

佛金山館秦漢碑跋_{棲霞牟房農星著}。一冊。

農星爲陌人先生次子，秉承家學，治經子金石，爲時推重，著有《雪泥屋雜志》及詩文諸集。所纂陌人《遺書目録》已入甲編，其考釋漢碑文字，《兩漢金石記》《濟州金石志》采録數條，讀者稱其精審，以不見全書爲憾。蓬萊欒氏舊藏先生詩文集手稿，内襯碑跋零紙，鄒縣董堅叔君抽出，整比移録，復就各書所引，補入多條，共爲一卷。原書久已佚失，亦幸而僅存者矣。

乙　編

詩切五十卷_{棲霞牟庭陌人著}。十冊。

陌人先生《同文尚書》已入甲編，此《詩切》五十卷，爲先生最後手寫定本，稿凡六易。以《詩切》名書，蓋取孫卿“《詩》《書》故而不切”一語，謂依經爲説，案循文義，如切脉然。周秦師儒治《詩》，皆訓故字義，不切説文意，魯之申公亦然。以不切之故，古義難曉，乃有齊、韓、毛公之《詩傳》。毛公求之不得，始復爲此。北海鄭氏反棄魯宗毛，詩教益壞，故其言曰：“居今日而學《詩》，古法盡湮，遺經僅在。法當就毛氏經文校群書，考異聞，刻鄭箋，黜衛序，略法轅、韓，推詩人之意；博徵浮邱、申培之墜義，以質三百篇作者之本懷。如有所合，試誦其篇，即聞作者嘆息之聲，又睹其俯仰之情，音辭婀娜，枯槎春生。能如是者，詩人所諾；未能如是者，詩人所否。所否則古雅亦俗，所諾則近俗皆古。此中得失，一憑作者精神對我裁決。漫漫古今，如一丘之貉也。”先生治《詩》旨趣如此。其作是書，每篇每章先精覈故訓。故訓既明，始依文切義。謂“故者古之所同，切者今之所獨”，因自名其學不曰故而曰切。每章之後，更用古今字相比，切爲韵語。雖承三家之學，不泥三家之説，意旨所宗，尤在《魯詩》。先生卒于嘉慶末禩，先後治三家《詩》。自《詩考》以下至陳、王諸家，凡所輯鈔，皆徵引無遺；間出各家之外，如《柏舟》證《左氏傳》之誤，《常棣》明《國語》之疏。據《左傳》合《武》《賚》《桓》

《般》爲一篇，用《漢書·地理志》證豳在郇國，出《下泉》于《曹風》，千載蒙覆，曠然俱闢。又其論《詩》有七害：一曰樂，二曰禮，三曰《左傳》《國語》，四曰《史記》，五曰《爾雅》，六曰誤讀四子書，七曰《小序》。七害之外，復有五迁：以六義論《詩》，一迁也；以正變論《詩》，二迁也；《雅》《頌》分什，三迁也；笙詩，四迁也；協韵，五迁也。當除七害、屏五迁。奧論奇義，言人所不敢言；顛倒經文、割裂字句，爲人所不敢爲。氣魄胸襟，卓絕千古。雖以姚氏《詩經通論》之恣放，用較此書，亦平衍無奇，他更可知。後世李越縵、朱述之等未見原書，祇就《雪泥屋目》所載自序、小序，大共非訾，以爲好奇；若就本書一一繹其事證，皆理實俱在，鐵案不移，但見其確，不見其僻也。又清儒説經，多崇尚佐證，彙引傳注，再四伸卷，不知義之所歸。此書詁字切義，文筆簡暢，深入淺出，妙緒紛披，如匡鼎説《詩》，使人解頤忘食，尤爲朔有。《詩》學至先生，殆于漢、唐、宋、清諸家之外，別闢新域；亦清代株守傳、箋陳陳相因之風氣有以激迫使然。沉霾數百年，舉而出之，使震旦學林，焕發異彩，亦一快事也。

經韵一卷<small>日照許翰印林著。一册。</small>

書分《尚書韵》《論語韵》《孟子韵》《左傳韵》《孝經韵》五篇，每章標注韵字部目，系以考證。後有先生自跋，云："往在京師，喜與肅寧苗仙露談古韵。仙露之爲韵也，墨守亭林氏十部。予則以高郵王文簡師廿一部爲宗。然每與仙露縱談，孜孜忘倦，未嘗柄鑿。蓋顧氏爲古韵開山，王氏特從而加密，其原固無不合也。時從學使者校文畿輔試院，苦無書可讀，暇輒取行篋所携經子，如《書》，如《左氏傳》，如《論語》《孟子》《孝經》《管子》《晏子》《六韜》《孫》《吳》之屬紬繹本文，審定韵部，歸而質之仙露。此册皆經文，其諸子就江晉三《先秦韵讀》補正之而已。"案江氏《韵讀》，先生別有批本，現藏日照丁氏，跋語當指其書。身後門下士日照丁少山、海豐吳仲懌兩先生輯先生遺書爲《攀古小廬雜著》，此《經韵》一種，編入第四卷，全書未及刻竣，版旋焚燬，僅存印樣兩部，一藏丁氏，一藏吳氏，此就丁氏印樣取底本、抄本綜合比勘，重印行世。凡所考訂，精密遠出江氏《群經韵讀》之上。先生不再補正江書，別成是編，亦正有由也。

第園日札八卷<small>鄒平成瓘肅中著。十册。</small>

書前有張翰風序，謂即墨畢九水嘗言，鄒平有兩成先生，精博絕倫，以著述爲業，即指篍園、櫗園昆季。曾以考求伏生墓，兄弟裹糧遍走各地，印證群籍，三年而後得之，撰《伏徵君墓考》。家中田産爲耗去大半，不顧也。生平行誼大端，略見通志、府縣志及《古稀迂叟自序》。著書十數種，畢生精力，悉在《篍園日札》一書。書分正、續兩編，凡三易稿，各爲八卷。正編首卷爲《讀易偶筆》，二卷爲《讀尚書偶筆》，三卷爲《讀詩偶筆》，四卷爲《讀三傳偶筆》，五卷爲《讀史偶筆》，六、七兩卷爲《讀群書偶筆》，八卷爲《春暉載筆》，體例略同《困學紀聞》《日知録》諸書。凡所考訂，悉自出機抒，不襲前言，擧經史禮制、天文地輿、金石方言，上下千古，一一折衷至當，與俞氏《癸巳類稿》《存稿》異曲同工。俞書間或引書無斷，使人不得樞要，先生無是也。《癸巳存稿》有《篍園日札序》，述與先生交誼始末，盛推是書。後吳縣潘伯寅見之，囑日照丁少山求篍園、櫗園兩家書，擬爲刊印，卒未訪得。鄒平韓氏、日照安氏展轉録得副本，亦欲刻行，未果。前歲，成氏後裔伐先生林木得資，購置印機，石印五十部。出書之後，愼重鈐藏家祠。外間流傳，祇山東圖書館與鄒平韓氏各得一部。書有正編，無續編，印時又未以底本校勘，魯魚亦所不免。兹從書主假得先生手寫底稿，詳校付印。其續編八卷，亦已商録副本，并以《鋤經摭記》纂入乙編，當陸續分別刊行。百餘年來，海内渴望二成之書，不得一見，得此亦士林快事也。

金石寓目記一卷_{魚臺馬邦玉荆石著}。一册。

荆石先生治金石考訂之學，著書十餘種，祇楊氏連筠簃爲刻《漢碑録文》，餘如《歷代紀年》《法帖評語》《名畫記》及詩文集等，皆未刊行。此《金石寓目記》一卷，《濟州金石志》已采録數條，就所見所得金石，考其時地文字，筆爲是編，親履目驗，可訂他書傳聞之誤，尤多不見著録諸品，足資參考。先生長兄卧廬先生，著有《古史略考》《易詩書三傳石經》《説文略考》等二十餘種，長子伯府有《琅環叢書》《驪山漫録》等三書，仲子東泉有《尚書廣義》《論語輯説》等九書，三子魯川有《金石續編》、詩集等三書。現其裔孫又龍尚多寶藏于家，已與商洽，陸續擇要印行，此其嚆矢也。

丙　編

鋤經摭記十四卷_{鄒平成琅櫗園著}。十册。

櫗園先生與兄篍園齊名，世稱“鄒平二成”，以卅年精力著爲此書。初名《禮經釋例》，凡七卷。既定稿，以病繁棄之，復撮書中會證之辭，爲《禮俗存古録》。道光改元以後，又取舊作重爲疏證，始改今名。先後凡三易稿，約二十萬言。書中統論桑蠶、絲帛、衣服之事，第一卷標題《蠶桑之利》，内分原蠶、浴種、來桑、辨繭、繅絲，共十二門。第二卷題《化治絲枲之事》，分麻縷、織紝、布帛、組紃，凡十一門。第三卷題《涷染之功》，分凍洗、染草、涅石、染采，凡四門。第四卷題《首飾之制》，分冕、弁、冠、纚，凡七門。第五、六兩卷題《作服之法》，分正服、内服、繪繡、裁縫，凡五門。第七卷題《雜飾之具》，分大帶、革帶、蔽膝，凡五門。第八、九兩卷題《安禮之例》，分吉服、雜儀，凡三門。第十至十三卷題《喪服之紀》，分服制、變除、服術，凡五門。第十四卷題《圖證》，就前卷所考，繪圖説明，分蠶事、治紝、成衣，凡二十二門。綜觀先生著述，初時殆擬通釋《禮經》全書，故有《釋例》七卷。後以類目紛繁，乃專治服制一門，由服制而進求縫紉，由縫紉而上推織染，由織染而追溯蠶桑，探本沿流，自浴蠶以至成服，先後通貫，秩理井然。每論一事，必博引衆説，自下己見，推今證古，援古明今，上下數千年，若網在綱。前人桑蠶織紝之書，未有倫比也。原書舊未刊行，山東圖書館傳鈔一本，復從成氏後裔假得先生手寫底稿，詳校付印。書前有萊陽周孟白諸家序文，各卷間著周氏籤識，亦并録入。先生自序曰："讀經之法，當以百今證一古，亦當以百古證一今。于百今之中，得一合于古者而經明；于百古之中，得一會于今者而經亦明。"是可以觀其指趣矣。

古韻微二卷濰縣宋書升晋之著。二册。

濰邑宋晋之先生，治經史、金石、音律、曆算，博雅宏通，晚清山左學林共推泰斗。生平著述甚富，除纂修《山東通志》外，僅刻所解《周易》一書。近同邑丁氏又印文集一卷，其説經諸稿，身後散落各家。山東圖書館收得《詩》《春秋》《論語》《夏小正》等七種，餘多不知存亡。此《古韻微》二卷，從日照王氏舊藏稿本録出，分《切韻四聲表説》《切韻七音表説》《五類辨音表説》《韻分十二部表説》《三呼協類表説》《入聲異呼補》《三台應辰表説》《隔位協律表》《重訂三呼協類表》凡八篇，内以律呂求古音，探幽入微，晰及毫芒，于古韻學中別開生面者也。

木盦古陶文釋二卷益都孫文楷木盦著。一册。

山左臨淄出土齊國陶器文字，多奇詭難識，于金文泉鉢以外，別爲一支。丹徒劉鐵雲曾印《鐵雲藏陶》，蒐羅既未周備，又多間入邾國陶器，皆無考釋。濰縣陳簠齋有拓本釋文八百餘紙，現藏山東圖書館，隨手札疏，亦未成書。益都孫木盦先生與簠齋交游，精鑒別，喜收古器物，著有《齊魯古印篦》。所居密邇臨淄，與弟觀亭蒐藏陶文甚夥，每得一字，即拓墨考釋，積久爲書。所收類屬陶文精品，世不經見，釋文尤多刱解。茲以原器墨本影印上方，分錄考釋于下，釐爲二卷。前此治齊魯陶器文字專釋成書者，殆以木盦爲第一人矣。

紅櫚書屋未刻稿二卷曲阜孔繼涵荭谷著。二册。

荭谷先生著述，已刻《微波榭遺書》內。《雜體文稿》一種，舊未刻竣，前後失次，亦無序跋。其文稿底本，清末福山王廉生收入《海岱人文》，繼歸臨清徐梧生。徐書散出，山東圖書館，前爲曲阜孔氏作介，連其他數種，以重價收回。內較刻本增出二卷，并有《考工車度記》《補林氏考工記解》《勾股粟米法釋數》三篇，亦未刻入。茲抄合釐爲二卷，後附《荭谷先生行述》，題爲《紅櫚書屋未刻稿》。原書無編者姓氏，以底本字迹證之，殆出張瘦銅手。張與先生固文字道義交也。

丁　編

倦游菴槧記四十五卷萊陽周悅讓孟白著。十四册。

萊陽周孟白先生，早歲科舉，寓居京都，閉戶著書。一時如李越縵等，皆相推重。偶爲吳縣潘氏釋金文數十器，精確遠出張香濤、吳清卿上，今入《攀古樓款識》。其畢生精力，尤在此書。身後門人福山王廉生致書膠州柯鳳蓀，擬爲刊行，未果。每成一卷，潘、王諸家競相轉鈔，以故外間所傳，類爲單篇零卷。《山東通志》著錄《經通》十六卷，亦非全本。海內相望，以不見完帙爲憾，數十年于茲矣。山東圖書館近以重價從其仲孫購得手定稿本，首尾完具，凡十二巨册，分《經隱》《經逸》《史牾》《集通》《叢考》六類，類各有序。其言曰："經既宏深，傳亦淵懿。聖人之言，海難爲水。然留疑宿問，前賢所戒；慎思明辨，聖訓所許。勉求一得，敢廢千慮。服膺邵公隱括之義，纂《經隱》：《周易》二卷、《尚書》四卷、《毛詩》四卷、《春秋》五卷、《禮記》五卷、《儀禮》一卷、《周禮》二卷、《論語》三卷、《孟子》二卷。載籍極博，考信六藝。龍門遺言，淵乎其旨。嘗讀注疏，繹歷史，覽所引援，類出三古，而六經無文，知書缺有間，不獨虞夏以前。爰剌其語著于錄，而諸子不與。蓋先秦諸子，久已爲典要。漢後諸子，不勝其妄語，纂《古制》《古義》《古事》三篇爲《經逸》。良史之才，自古爲難。龍門牴牾，見誚孟堅，而後之作者，亦皆未能免焉。夫措意騁詞，或天賦之有贏絀；若紕謬踳駁，實人事之疏于摩編。偶撮數事，著之于篇，庶貽戒于來者，非敢詆諆夫前賢，纂《史牾》：《史記》、《漢書》、《後漢書》、《晋》《魏》《隋》《唐書》、《五代史》、《宋史》、《通鑑注》校、《明史》字校、《南唐書》、《五代春秋》、別史，共四卷。自古在昔，先民既没，其言始立，通稱曰子。其後乃名集，成一家言。爰咨尚論，隨所見知，録之以存，纂《子通》《集通》：諸子百十四章、《楚辭》解五章。讀古人書，多所弗通，參伍錯綜，以折其衷。言古人所未言，乃以射古人之覆；見今人所共見，實以發今人之蒙。爲經史役而不中，悉筆之于二《叢纂》《叢考》，共二百十二章。"綜觀《槧記》體例，與高郵王氏《經義述聞》《讀書雜志》相近，以聲音通轉，詮繹字義，塗徑亦略相同。貫通四部，精嚴宏博。七十年來，山左著述，以一人之力成兹宏編，斷推先生爲巨擘矣。

潍縣方言十卷潍縣郭麐子嘉著。四册。

子嘉先生專究金石音韵，有《潍縣金石志》《潍言》諸書，皆未刊行。此編内容與《潍言》略同，體例繁簡各異。序言六更寒暑，四易稿草。疑爲《潍言》之最後定本。第一卷至七卷爲雜言釋義，八卷至十卷爲雜言釋字，就日常事物語言，分類編集。每條先列方言音義，下詳書證，典確詳明，與他家著述但鈔輯故書者正有不同。所編雖以潍縣爲限，證以山左各地語言，十之七八胥與相通，亦治齊魯方言之要籍也。

泗志鉤沉二卷泗水王廷贊子襄著。二册。

泗水王子襄先生幼即肆力本邑地志，自少至老，遍歷全縣各地，旁及隣封，凡山脈、水流、疆域、古迹、人物，一一尋其端委，證以史籍及故老之傳聞、方言之異同，著爲此書。身後由其弟子張伯泉君編次，分《山川考》《疆域沿革考》《人物考》《岱南山水源流考》及附録共五篇。凡所論述，類皆得諸目驗，以音聲文字稽求地名，以地名印證古史，上溯伏羲，下迄唐宋，精思奔赴，每每出人意表，于地志學中別開生面者也。濟寧許雲嶠先生專究方輿，山東圖書館舊收所著《泗州考古録》手稿已纂入本編。近得先生此書，乃抽出移易，以許著如《方輿考證》諸書，多已刊行。先生僻處鄉曲，生平心力所在，且爲研究古代史地要籍，尤不可不亟曝于世也。

清詒堂文集二卷安邱王筠菉友著。二册。

菉友先生精研小學，世推大師，所撰《説文釋例》諸書，後刊行十數種，遺著未刻者尚夥。其姪正夫先生蒐輯先生遺文，編爲《清詒堂文集》。日照王氏舊從濰縣丁氏録得副本，由魚台屈翼鵬君就山東圖書館收藏遺文手稿，并《扶溝筆記》、群書叙跋，補入三十餘篇，合前釐爲二卷，先以行世。其餘未刻之書，尚擬賡續，輯入後編，分期刊印，以餉學林也。

（作者單位：山東師範大學歷史文化學院）

淺談古籍整理工作中的句讀標點問題

——以修訂本《史記》爲例

謝雨欣

摘　要: 古人著書,多無句讀,即使有,今人在標點時也需要改爲新式標點。《史記》修訂工作爲標點這一古籍整理的重要步驟樹立典範。在標點過程中,應該注意全書體例統一,符合現代漢語標點使用規範,每一個句子的標點都做到層次清晰、語義明達,分析詞句之間的關聯度,以及修訂立足於對某一具體問題的進一步考證這五個方面。

關鍵詞: 古籍整理　句讀　史記

黃永年在《古籍整理概論》中將整理古籍的方法工序分爲選擇底本、影印、校勘、輯佚、標點、注釋、今譯、索引、序跋和附錄十項,其中以校勘和標點作爲常用的方法和必備的工序。① 自新式標點傳入後,除某些特殊的影印古籍——如中華書局影印浙本杭刻《四庫全書總目》還延續圈點句讀的使用外,通行出版物基本使用新式標點。《古籍點校通例》已開列各種標點符號的運用方法,不再續貂,今僅以修訂本《史記》爲例,淺談古籍整理工作中需要注意的句讀標點問題。

點校本《史記》(下簡稱點校本)最初由顧頡剛、賀次君標點,中華書局一九五九年九月出版,成爲半個世紀以來最通行的《史記》整理本。但白玉微瑕,這個本子仍存在一些問題。二零一四年由趙生群主持的《史記》修訂本(下簡稱修訂本)出版,除新增校勘記外,還改正不少點校本的疏誤,主要工作體現在以下五個方面,這五個方面同時也是古籍整理工作進行到標點工序時應該注意的問題。

① 黃永年:《古籍整理概論》,上海書店出版社,2013 年 4 月第 1 版,第 5—7 頁。

第一，全書體例統一。點校往往是一項耗時日久的工作，即使是一個人點校，也難免會出現點校到後面忘了前面體例的情況，況且現在的點校整理工作往往是集體成果。以山東大學整理《五經正義》爲例，祇做完《周易正義》《尚書正義》《毛詩正義》已經前後近五十人了。因此，應該由一兩位主要負責人先行點校一卷，大體摸清楚點校這本古籍可能會出現的各種情況，制定細則，再進行集體培訓、集體工作。如果不事先制定通則、統一體例，必然會導致混亂。如在注釋名姓時，點校本既有"某，姓；某，氏；某，名；某，字"，也有直接標點爲"某姓；某氏；某名；某字""某姓，某氏，某名，某字"或"某姓某氏某名某字"，修訂本統一進行修訂，被釋詞下皆以逗號點開。凡注名姓皆爲"某，姓；某，氏；某，名；某，字"，如"虞，氏；舜，名"①、"妲，字；己，姓也"②。凡引篇引書皆加書名號，點校本引《六國年表》《高祖功臣侯者年表》《秦本紀》《趙世家》等篇目有時加書名號，有時不加，修訂本全部在左側加波浪綫表示此爲篇名。凡此種種，不勝枚舉。

第二，標點符合現代漢語標點使用規範。修訂本對點校本改動較多的就是引號的使用，僅在第一冊中就高達五十八處。古人寫書，多有引用，弄清楚如何正確使用引號，是古籍整理工作中的一個重要基礎。舉一例説明，《五帝本紀》有"堯辟位凡二十八年而崩"，《集解》注："駰案：《皇覽》曰'堯冢在濟陰城陽。劉向曰"堯葬濟陰，丘壠皆小"。《呂氏春秋》曰"堯葬穀林"'。"③點校本將最後一個句號放在引號內。這一個句號既是裴駰案語的結束，也是《皇覽》引文和《呂氏春秋》引文的結束。《皇覽》與《呂氏春秋》下都沒有冒號，那麼句號應該放在後引號之外，若有冒號，則句號位於後引號之內。修訂本三層邏輯關係使用同一個句號，減少了標點的繁瑣。

---

① ［漢］司馬遷撰，顧頡剛等點校，趙生群等修訂：《史記》卷二《夏本紀》，中華書局，2014 年 8 月第 1 版，第 63 頁。

② ［漢］司馬遷撰，顧頡剛等點校，趙生群等修訂：《史記》卷三《殷本紀》，中華書局，2014 年 8 月第 1 版，第 136 頁。

③ ［漢］司馬遷撰，顧頡剛等點校，趙生群等修訂：《史記》卷一《五帝本紀》，中華書局，2014 年 8 月第 1 版，第 36 頁。

又舉一例，《史記索隱》以"説文云水相入曰汭"① 八字解釋"涇屬渭汭"② 之"汭"。點校本標點爲："《説文》云：'水相入曰汭。'"③ 修訂本則去掉引號，徑直點爲："《説文》云：水相入曰汭。"④ 查《説文解字》原文爲"汭，水相入也"⑤，可見《索隱》所引的并非《説文》原文，屬於轉引。按照現代漢語標點使用規範，轉引不需加引號，祇有使用原話的時候纔需要加引號，修訂本是。同樣，點校本有："《漢書·百官表》曰：'秦時少府有佐弋，漢武帝改爲佽飛，掌弋射者。'"⑥ 修訂本無引號。查《百官公卿表》，原文爲"少府，秦官，掌山海池澤之税，以給共養，有六丞。屬官有尚書、符節、太醫、太官、湯官、導官、樂府、若盧、考工室、左弋……武帝太初元年更名考工室爲考工，左弋爲佽飛"⑦。則《史記》中引用的是《集解》總結概括之言，修訂本是。古人引書，有時節略，有的意引，不一定完全按照原文，上述例子俯仰皆是，一般大體引用原文的就使用冒號和引號，節略意引的就祇用冒號而不用引號，也不必使用省略號。若凡有節略便用省略號、引號，整理出來的文本就會顯得冗雜而不堪卒讀。

另外還有一種情況，就是對某一個字或詞做出説明或特指某字某詞的時候，要給這個字或詞加上引號。如《周本紀》"楚莊王伐陸渾之戎"⑧，《正義》引《括地志》云："故麻城謂之蠻中，在汝州梁縣界。《左傳》'單浮餘圍蠻氏'，杜預云'城在河南新城東南'，伊洛之戎陸渾蠻氏城也。

---

① ［漢］司馬遷撰，顧頡剛等點校，趙生群等修訂：《史記》卷二《夏本紀》，中華書局，2014 年 8 月第 1 版，第 82 頁。

② ［漢］司馬遷撰，顧頡剛等點校，趙生群等修訂：《史記》卷二《夏本紀》，中華書局，2014 年 8 月第 1 版，第 81 頁。

③ ［漢］司馬遷撰，顧頡剛等點校：《史記》卷二《夏本紀》，中華書局，1982 年 11 月第 2 版，第 65 頁。

④ ［漢］司馬遷撰，顧頡剛等點校，趙生群等修訂：《史記》卷二《夏本紀》，中華書局，2014 年 8 月第 1 版，第 82 頁。

⑤ ［漢］許慎撰，［宋］徐鉉校定：《説文解字》弟十一上《水部》，中華書局，2013 年 7 月第 1 版，第 229 頁。

⑥ ［漢］司馬遷撰，顧頡剛等點校：《史記》卷五《秦本紀》，中華書局，1982 年 11 月第 2 版，第 229 頁。

⑦ ［漢］班固撰：《漢書》卷十九上《百官公卿表上》，中華書局，1962 年 6 月第 1 版，第 731—732 頁。

⑧ ［漢］司馬遷撰，顧頡剛等點校，趙生群等修訂：《史記》卷四《周本紀》，中華書局，2014 年 8 月第 1 版，第 195 頁。

俗以爲'麻''蠻'聲相近故耳。"① 點校本徑直點爲："俗以爲麻蠻聲相近故耳。"② 因爲這一段就是在專門討論"麻""蠻"的關係，所以應該加引號，修訂本是。又若修訂本："一作'冣'，冣亦古之'聚'字。"③ 點校本"聚"無引號，亦同於前。

第三，每一個句子的標點都做到層次清晰、語義明達。古籍大致可以分爲字、詞、短語、句子、句組、小段、大段、篇、册這九個層次。一般古籍篇和册這兩個層次比較清楚，有的也會已經分好大段、小段，但僅有簡單句讀甚至沒有句讀區分的字、詞、短語、句子、句組的層次就需要點校者使用新式標點進行準確分層。修訂本第九十二頁第二十八條注引孔安國言爲"鳥鼠共爲雄雌，同穴處此山，遂名曰鳥鼠"④，點校本爲"鳥鼠共爲雄雌同穴處，此山遂名曰鳥鼠"⑤。爾雅云："鳥鼠同穴，其鳥爲鵌，其鼠爲鼵。孔氏《尚書傳》云：'共爲雄雌。'張氏《地理記》云：'不爲牝牡。'"⑥ 即鳥鼠雌雄同體。本條後又引《山海經》云："鳥鼠同穴之山，渭水出焉。"⑦ 這句話的意思應該是鳥鼠這一物雌雄同體，在這山中同穴而居，所以這山叫作鳥鼠山。如果按點校本，則可以理解爲鳥鼠分爲雄鳥鼠和雌鳥鼠，雄性和雌性這兩性一起居住，而不一定是雌雄同體的，這樣就存在歧義了。

另外，在點校工作的進行中經常遇到一個問題，那就是頓號的使用。應該明確：頓號要嚴格限制在羅列的時候，短語之間一般用逗號；當祇使用逗號無法表達清楚意思或已經造成語義不明、語法錯誤時，要學會使用頓號。如"兩謂囚證"四字，囚犯和證人爲并列關係，一起解釋"兩"，

---

① ［漢］司馬遷撰，顧頡剛等點校，趙生群等修訂：《史記》卷四《周本紀》，中華書局，2014年8月第1版，第196頁。

② ［漢］司馬遷撰，顧頡剛等點校：《史記》卷四《周本紀》，中華書局，1982年11月第2版，第156頁。

③ ［漢］司馬遷撰，顧頡剛等點校，趙生群等修訂：《史記》卷四《周本紀》，中華書局，2014年8月第1版，第210頁。

④ ［漢］司馬遷撰，顧頡剛等點校，趙生群等修訂：《史記》卷二《夏本紀》，中華書局，2014年8月第1版，第92頁。

⑤ ［漢］司馬遷撰，顧頡剛等點校：《史記》卷二《夏本紀》，中華書局，1982年11月第2版，第74頁。

⑥ ［清］郝懿行著，吳慶峰等點校：《爾雅義疏》下之五《釋鳥》，齊魯書社，2010年4月第1版，第3724頁。

⑦ ［漢］司馬遷撰，顧頡剛等點校，趙生群等修訂：《史記》卷二《夏本紀》，中華書局，2014年8月第1版，第92頁。

"兩"和"囚、證"屬於同一層次,所以修訂本點爲"兩,謂囚、證"①。又如修訂本"羲氏、和氏,掌天地四時之官"②,點校本點爲"羲氏,和氏,掌天地四時之官"③。在這裹羲氏和和氏爲并列兩氏,他們均爲掌天地四時的官員,"羲氏、和氏"和"掌天地四時之官"屬於同一層次,若按點校本,則變成"羲氏""和氏""掌天地四時之官"三者同屬一層次,故修訂本是。

第四,分析詞句之間的關聯度,既要注重文意,也要注重文氣。這就要求點校者既可以極其透徹地理解所點校的文本,又要有一定的時空想像力和故事建構力。《夏本紀》引孔安國語"漆沮之水已從入渭"④ 句,點校本在漆和沮之間加了頓號。若如點校本,則漆、沮實實在在爲兩條河流,但從後文可知孔安國認爲"漆沮,一水名,亦曰洛水,出馮翊北"⑤,那麼這裹既然引孔安國的解釋,就應該按照孔安國的觀點點校,修訂本是。祇有透徹地理解文本,纔能分辨出這一點。點校者在一定程度上是工具人的存在,在點校的過程中要儘量降低個人意識的存在感,要做的工作就是最大程度按照古人本意標點。如果不能認同這一點,那麼點校出的成果的可信度就大大降低了。又如,《周本紀》注"蓋益《易》之八卦爲六十四卦"曰:"太史公言'蓋'者,乃疑辭也。文王著演《易》之功,作《周紀》方贊其美,不敢專定重《易》,故稱'蓋'也。"⑥ 點校本將"重易"二字屬下。實則"重易"指的是八卦兩兩相重爲六十四卦,或説非文王而是孔子"重易",所以這裹司馬遷用了疑辭"蓋",不敢專定爲到底是誰作的。按照這樣的理解,則點校本顯然是沒能完全解讀這句話,修訂本是。

另舉一例,《刺客列傳》有句"軻既取圖奏之,秦王發圖,圖窮而匕

① 〔漢〕司馬遷撰,顧頡剛等點校,趙生群等修訂:《史記》卷四《周本紀》,中華書局,2014 年 8 月第 1 版,第 177 頁。

② 〔漢〕司馬遷撰,顧頡剛等點校,趙生群等修訂:《史記》卷二《夏本紀》,中華書局,2014 年 8 月第 1 版,第 105 頁。

③ 〔漢〕司馬遷撰,顧頡剛等點校:《史記》卷二《夏本紀》,中華書局,1982 年 11 月第 2 版,第 85 頁。

④ 〔漢〕司馬遷撰,顧頡剛等點校,趙生群等修訂:《史記》卷二《夏本紀》,中華書局,2014 年 8 月第 1 版,第 82 頁。

⑤ 〔漢〕司馬遷撰,顧頡剛等點校,趙生群等修訂:《史記》卷二《夏本紀》,中華書局,2014 年 8 月第 1 版,第 93 頁。

⑥ 〔漢〕司馬遷撰,顧頡剛等點校,趙生群等修訂:《史記》卷四《周本紀》,中華書局,2014 年 8 月第 1 版,第 154 頁。

首現"①,修訂本改爲"軻既取圖奏之秦王,發圖,圖窮而匕首現"②。點校本和修訂本的區別就在於打開地圖的人是荊軻還是秦王。想像故事發生的情景,既然地圖中包着匕首,那麼自然是直接從自己手上拿出來匕首比再多此一舉地從秦王手邊拿出來匕首要順手得多,同時也減少了匕首被發現的風險。這種感知力和構建力可以幫助點校者找出原本中不對勁的地方,從而提出懷疑,查找資料來驗證自己的想法。趙生群即在此句下按:"'發圖'者亦荊軻,非秦王。'之'下省略'於'字。《戰國策·燕策三》:'軻既取圖,奉之,發圖,圖窮而匕首見。'李人鑒曰:'《國策》"奏之"下無"秦王"二字,足證發圖者爲荊軻,此《傳》"秦王"二字當上屬爲句。'"③ 如果沒有這種空間構想力,很有可能難以發現這裏句讀的問題。

至於文氣,一指貫穿文章的氣勢,二指文章的連貫性。這就需要點校者有優秀的語感。如修訂本《周本紀》正文:"今日之事,不過六步七步,乃止齊焉,夫子勉哉! 不過於四伐五伐六伐七伐,乃止齊焉,勉哉夫子! 尚桓桓,如虎如羆,如豺如離,于商郊,不禦克奔,以役西土,勉哉夫子! 爾所不勉,其於爾身有戮!"④ 點校本最後一個標點爲句號。首先,此句爲動員誓詞結尾,前文都是感歎,感情層層疊加,到最後一句更是達到了極點,用感嘆號有利於將動員情感推至高潮,加重加強語氣,句號反而落了下風;其次,層層感歎,行文也更整齊。顯然,修訂本更好。再如修訂本《秦本紀》正文:"卜居雍,'後子孫飲馬於河'。"⑤ 點校本爲:"卜居雍。後子孫飲馬於河。"⑥ "後子孫飲馬於河"是占卜在雍地居住時得到的卜辭,若斷開,則文氣也隨之斷開了,修訂本是。另修訂本《秦始皇本紀》正文:

① 〔漢〕司馬遷撰,顧頡剛等點校:《史記》卷八十六《刺客列傳》,中華書局,1982 年 11 月第 2 版,第 2534 頁。

② 〔漢〕司馬遷撰,顧頡剛等點校,趙生群等修訂:《史記》卷八十六《刺客列傳》,中華書局,2014 年 8 月第 1 版,第 3075 頁。

③ 趙生群:《〈史記〉標點芻議四》,《文史》2016 年第 2 輯總第 115 輯,第 238 頁。

④ 〔漢〕司馬遷撰,顧頡剛等點校,趙生群等修訂:《史記》卷四《周本紀》,中華書局,2014 年 8 月第 1 版,第 158—159 頁。

⑤ 〔漢〕司馬遷撰,顧頡剛等點校,趙生群等修訂:《史記》卷五《秦本紀》,中華書局,2014 年 8 月第 1 版,第 235 頁。

⑥ 〔漢〕司馬遷撰,顧頡剛等點校:《史記》卷五《秦本紀》,中華書局,1982 年 11 月第 2 版,第 184 頁。

"宮室車馬衣服苑囿馳獵恣毒，事無小大皆決於毒。"① 點校本兩個小句之前用句號。但這句話首先句式相似，其次都是在指嫪毐的特權，用句號反而破壞了文章的連貫性，修訂本是。

第五，點校的修訂立足於對某一具體問題的進一步考證。如果説第四點側重於發現疑點、提出問題，那麽這一點就側重於驗證猜想、解決問題。對於那些前人已經點校好了的、質量較高的古籍，後人再進行修訂的時候就要更加仔細。修訂者身上擔負着既不能埋没前人聲名，又要拿出一個有信服力本子的責任。所以，在非明顯錯誤、模棱兩可的地方更要極其慎重，最好拿出確切性的證據。《史記》修訂本改動標點六千多處，除了統一體例等明顯需要修改的地方以外，其他大都能找出確切的依據。趙生群在《文史》上先後發表四篇《〈史記〉標點芻議》，可以看出每一處修訂都是對一個問題的具體考證。如在《正義》多次引用的"徐才宗國都城記"，點校本點爲"徐才《宗國都城記》"，認爲作者是徐才，書名是《宗國都城記》，但修訂本認爲徐才宗是人名，《國都城記》是書名。修改的依據有四：第一，《隋書·經籍志》中有"《國都城記》二卷，不著撰人"；第二，《秦本紀》《孔子世家》引《括地志》皆稱"國都城記"；第三，《元和郡縣志》引《國都城記》時案"《國都城記》見《史記·堯本紀》注，是徐才宗所撰"；第四，官本《周本紀》有"宗"字，黄本、彭本、柯本、凌本皆無，張文虎以爲"據《五帝紀》《夏本紀》，《正義》引作'徐才宗國都城記'，餘衹作'國都城記'，似即徐才宗所著，而'宗'上脱'徐才'二字"。② 餘皆如此，可見其嚴謹。

即使是他未在這四篇文章中説明的，也可以找出依據。如《周本紀》正文"予無知，以先祖有德，臣小子受先功"③，點校本作"以先祖有德臣，小子受先功"④。但一則《集解》引徐廣注"一云'予小子受先功'"⑤，説明還有另一個本子不作"臣小子"而作"予小子"，"臣小子"

---

① 〔漢〕司馬遷撰，顧頡剛等點校，趙生群等修訂：《史記》卷六《秦始皇本紀》，中華書局，2014年8月第1版，第293頁。

② 趙生群：《〈史記〉標點芻議一》，《文史》2015年第3輯總第112輯，第268—269頁。

③ 〔漢〕司馬遷撰，顧頡剛等點校，趙生群等修訂：《史記》卷四《周本紀》，中華書局，2014年8月第1版，第156頁。

④ 〔漢〕司馬遷撰，顧頡剛等點校：《史記》卷四《周本紀》，中華書局，1982年11月第2版，第120頁。

⑤ 〔漢〕司馬遷撰，顧頡剛等點校，趙生群等修訂：《史記》卷四《周本紀》，中華書局，2014年8月第1版，第157頁。

與“予小子”在語法上處於同一地位，這是用了本校的方法；二則此句意思應爲“我無智慧，祇是因爲先祖有德行，所以我能夠蒙受先人的功業（參與伐紂）”，如果按照點校本意思就變成了“先祖對我有恩德，我接受了先祖的功業”，不如前者；三則《尚書》多自稱“予小子”，《禮記》也有“天子未除喪曰予小子”①，説明“予小子”是當時很流行的一種自稱。據以上三點，則修訂本是。

不過，儘管修訂工作十分嚴謹，但智者千慮，修訂本《史記》仍然存在一些可以再行商榷之處。例如“脽丘音誰”四字，點校本點爲“脽，丘。音誰”②，修訂本爲“脽丘，音誰”③。《史記·孝武本紀》：“其夏六月中，汾陰巫錦爲民祠魏脽后土營旁。”下《集解》引應劭曰：“魏，故魏國也。脽，若丘之類。”④ 則“丘”是解釋“脽”的意思，而“誰”是注“脽”的音，點爲“脽，丘，音誰”更好。同時，修訂本也存在極個別誤修現象。如點校本“鍰，黄鐵也”⑤，修訂本將逗號去掉了。可知黄鐵是對鍰的解釋，依照修訂本被釋詞和解釋以逗號隔開的體例，它自亂體例，點校本顯然更好。

但是我們不能因爲這些小小的瑕疵而否認修訂本《史記》的價值。所謂校書如掃塵，旋掃旋生，任何古籍整理工作都有可能有瑕疵，小至句讀標點，大至因新版本的現世而推翻某些立論。點校者在進行點校時就要做好成果被修訂的心理準備，使用者和修訂者也絕不能因爲這些瑕疵而否定點校者的工作成果。點校和修訂是一個不斷完善的過程，對於古籍整理工作來説是具有進步意義的。

（作者單位：山東大學儒學高等研究院）

---

① ［清］阮元校刻：《禮記正義》卷四《曲禮下》，中華書局，2009 年 10 月第 1 版，第 2729 頁。

② ［漢］司馬遷撰，顧頡剛等點校：《史記》卷十二《孝武本紀》，中華書局，1982 年 11 月第 2 版，第 462 頁。

③ ［漢］司馬遷撰，顧頡剛等點校，趙生群等修訂：《史記》卷十二《孝武本紀》，中華書局，2014 年 8 月第 1 版，第 587 頁。

④ ［漢］司馬遷撰，顧頡剛等點校，趙生群等修訂：《史記》卷十二《孝武本紀》，中華書局，2014 年 8 月第 1 版，第 591 頁。

⑤ ［漢］司馬遷撰，顧頡剛等點校，趙生群等修訂：《史記》卷四《周本紀》，中華書局，2014 年 8 月第 1 版，第 178 頁。

四十餘載潛心問學，龍蟲并雕蔚然成家

——董志翹先生學術傳略

王其和

董志翹先生，文學博士，教授，博士生導師，我國當代著名訓詁學家、漢語言文字學家。先生歷任蘇州大學文學院副教授，日本國京都花園大學客座教授，四川大學文學與新聞學院教授、博士生導師、漢語史研究所所長、國家教育部人文社會科學重點研究基地——四川大學"中國俗文化研究所"副所長，南京師範大學特聘教授（二級教授）、"漢語言文字學研究中心"主任、中文系主任、文學院教授委員會主任。歷年兼任中國語言學會理事，中國訓詁學研究會副會長，中國歷史語言學研究會常務理事，江蘇省語言學會學術委員會主任等。現爲北京語言大學文學院特聘教授。

先生 1950 年 8 月出生於浙江省嘉興市。40 多年來，先生一直致力於傳統訓詁學及中古、近代漢語詞彙語法的研究與教學，學術視野開闊，著作等身，成就斐然，在中國語言學學界，尤其是古漢語研究領域享有很高的聲譽和威望。但先生走上古漢語教學、研究之路，卻十分偶然。

先生在中學、大學時代，都酷愛現當代文學，文采斐然，在報刊雜志上發表了不少文學創作作品。先生當年報考大學的第一志願就是"中文系"，當從江蘇師範學院（蘇州大學前身）中文系畢業留校工作時，開始分在了現當代文學教研室，講授"現代散文與詩歌"，但一年不到，因古代文學教師緊缺，組織上又將先生分到了古代文學教研室。過了一年，組織上又找先生談話，說"相比古代文學，我們系的古代漢語教師將後繼無人，你就到古代漢語教研室吧，反正都是古代"。先生二話沒說，又到了古代漢語教研室，一頭扎進了古代漢語的學習研究與教學。後來系裏推薦先生到南京師範學院（南京師範大學前身）跟隨章黃傳人、著名訓詁學家徐復先生進修。1979 年夏，先生來到了南京師範學院，跟隨徐復先生學習訓詁學。這是先生學術生涯的起點。

當時，南京師範大學中文系正在爲文革後招收的首屆研究生開學位課程，任課老師全爲大家：由徐復先生講授"訓詁學"，錢小雲先生講授"文獻學"、張芷先生講授"語法學"，以及張拱貴先生講授"現代漢語語法"、葉祥苓先生講授"漢語方言"。而南京大學也正在爲首屆研究生開學位課，教師陣容同樣豪華：由程千帆先生講授"校讎學"，鮑明煒先生講授"音韻學"，徐家婷先生講授"文字學"，各類課程排得滿滿。特別湊巧的是：當年秋天，教育部舉辦的由南京大學訓詁學家洪誠先生擔綱的"訓詁學師資培訓班"正式開班（當時有來自全國高校的學員 28 人，包括已負盛名，後來成爲中國訓詁學研究會領導的北師大許嘉璐、安徽大學白兆麟等先生）。先生抓住這一難得的學習機會，帶着徐復先生寫的介紹信，直接找到洪先生家中。洪先生爽快地答應了先生的聽課請求。其時，70 高齡的洪先生身染沉痾，人已相當憔悴，但是爲了傳承國學，爲了培養年輕一代，而斷然謝絕去醫院查治的勸告，抱着"堅持到底、善始善終"的信念，如期開學上課。在這個學習班上，董先生不僅系統地受到了傳統語言學的熏陶，更是從老一輩學者的身上，學到了什麼叫學術、什麼叫執着、什麼叫擔當。

這一年中，董先生除了奔波于南師、南大兩校間如飢似渴地聽課外，還得以登門親聆徐復先生的個別指導。先生在徐復先生的指導下，從晋代郭璞的注釋入手，漸次逼近訓詁的門徑。鐘山腳下、揚子江邊的南京，隆冬奇冷，盛夏酷熱。然聽課之余，位於龍蟠里的省圖書館古籍部卻是先生的樂園。先生的訓詁處女作《試論郭璞注釋的成就》就草成於此。徐復先生極其認真地審閱了全文，篇末批語云："這篇筆記寫得很好，方法也對頭，把重點放在音義關係上，能扼要立論，有厚望焉。"徐復先生的鼓勵激起了先生對訓詁的濃厚興趣，確立了其在訓詁上鑽研下去的信心。後來，先生這篇處女作的一部分在《中國語文》1980 年第 4 期刊發。

先生一年進修即將結束時，徐復先生叮囑他説：《漢書》是學習訓詁的根柢書，用五年時間，將它與唐代顏師古的注、清代王先謙的補注通讀幾過，可以與《史記》對照着讀，同時旁及漢代典籍。於是在回蘇州大學後的五年間，先生除《漢書》顏師古注、王先謙補注與《史記》三家注對讀外，又對讀了《資治通鑒》的漢代部分及胡三省注。另外，兼及了相關的漢代典籍《鹽鐵論》《潛夫論》《賈誼集》《論衡》等，發表了關於《漢書》《史記》等訓詁的一系列文章，如：“《史記》校點疑誤”“《史記》校點疑誤（續）”“《漢書》舊訓考辯（一）（二）（三）”“《漢書》舊注辯證”“《漢書》舊注辯證（續）”《漢書》標點舉誤”“《漢書》校點贅議”“中華版《資治通鑒》標點疑誤”“《鹽鐵論簡注》訓詁拾遺”等，其中“《漢書》舊訓考辯略例（一）（二）（三）”獲得了江蘇省首屆社科優秀成果獎（1985 年是“文革”後江蘇省首次評獎），這是先生治學道路上的一個重要里程碑。

　　縱觀先生的治學道路，其學術研究主要經歷了三次重要的轉型。

　　先生學術研究的第一次轉型是遇到了杭州大學的郭在貽教授。在一次中國訓詁學研究會的年會上，郭在貽先生與先生作過一次長談，談話的內容大致是“訓詁學作爲一種古代文獻語言學，它應該而且必須衝破爲經學服務的樊籬，去擴大自己的研究範圍，開闢新的研究領域。這個新的領域，主要指的是漢魏六朝以來方俗語詞的研究。你前一時期在先秦兩漢文獻訓詁方面下過一些功夫，這是很必要的，今後可以考慮向中古、近代的方俗詞語研究方面拓展”。郭先生的這一番高論，對先生極具啓發，開啓了其研究範圍從“傳統訓詁學”向“新訓詁學”的拓展。之後，先生選擇了《太平廣記》作爲自己的研究對象，先後撰寫了“《太平廣記選》語詞訓釋商兌”“《太平廣記》詞語考釋”“《太平廣記》語詞拾詁”“《太平廣記》同義複詞舉隅”“《太平廣記》詞語輯釋”“中世漢語三類特殊句式”“中世漢語‘被’字句的衍變與發展”“魏晉南北朝詞語溯源”“也論中古漢語詞彙研究中的推源問題”“敦煌文書詞語考釋”“敦煌文書詞語瑣記”“《五燈會元》語詞考釋”等一系列學術論文。在這一基礎上，1994 年，先生申報了國家社科基金項目“《太平廣記》詞彙研究”，并獲准立項。

　　在中古、近代漢語研究過程中，先生逐漸感到：當下學界比較熱衷的是實詞的研究（主要是方俗詞語的考釋），而對虛詞不太關注。從類型學上說，漢語屬於分析—孤立型語言，因此，漢語不像印歐語那樣有豐富的屈折形式等顯性黏着形式或嚴格意義的形態變化，而主要通過虛詞（即介詞、連詞、助詞、副詞等顯性自由形式）和詞序手段來表達語法關係，形成一套極爲豐富的虛詞系統。當時，上古漢語虛詞詞典、現代漢語虛詞詞典已經很多，近代漢語虛詞詞典也有了幾部，但尚未有一部中古漢語虛詞詞典，中古時期，不僅出現了許多新興虛詞，而且不少虛詞在語法意義、語法功能上又有很多自身的特點，這給中古文獻的閱讀、研究帶來很大不便。於是先生又將研究的視綫轉向了中古虛詞，準備編一部中古漢語虛詞詞典，并得到了同事蔡鏡浩教授的大力支持。兩人共同商定了詞典宗旨、規模及體例，然後分頭收集資料。從立詞目、分義項、作注釋、列例證，做了幾萬張資料卡片。經過一年半的努力，一部收錄中古虛詞 752 個，總共 54 萬字《中古虛詞語法例釋》終於完成，1994 年 6 月由吉林教育出版社正式出版。這部詞典有諸多的創新之處：一是增加了中古時期的大量新興雙音虛詞，二是將虛詞用法與句式緊密結合（即詞法結合句法），三是對每個虛詞作了簡要的溯源及探流。《例釋》出版以後，在國內學界引起很大反響，在當時的中古漢語研究論文中，引用率極高，而且影響還到了日本、韓國和美國等國家。美國著名漢學家梅維恒、日本著名漢學家入矢義高先生都給予了很高的評價。

先生學術研究的第二次轉型，是到日本任教及到四川大學跟隨張永言先生攻博開始的。1992 年春，先生受蘇州大學派遣到日本京都的花園大學任教。課務之餘，參加了由著名漢學家柳田聖山、入矢義高先生主持的"禪宗語錄研究班""敦煌文獻研究班"，出席了日本"東方學會""中國學會""中國語學會"等學術團體的各類會議，在與日本學者接觸的過程中，他們那種開闊的國際學術視野，"重事實，重證據"嚴謹踏實的治學風格給了先生極大的衝擊。先生認爲：改革開放後的中國學界也應具有國際視野，也應將漢語的演變發展與外來文化的影響結合起來，將漢語史研究與周邊國家（特別是亞洲漢字文化圈）的語言接觸研究結合起來。在方法論上，應借鑒陳寅恪先生提倡的三重證據法：即："一曰取地下之實物與紙上之遺文互相釋證"；"二曰取異族之故書與吾國之舊籍互相補正"；"三曰取外來之觀念，與固有之材料互相參證"。於是先生利用在日任教的有利時機，積極收集如唐代日本高僧圓仁用漢文撰寫的《入唐求法巡禮行記》、圓珍的《行歷抄》、宋代高僧成尋的《參天台五臺山記》及成書於六朝而國內唐代以後就已亡佚的《觀世音應驗記三種》的日本古抄本，相傳隋代侯白所撰的笑話集《啓顏錄》、唐代新羅僧人慧超所撰《往五天竺國傳》以及《諸山聖迹志》等敦煌文書殘卷作爲中古、近代漢語研究的補充資料，開展了對這些語料的整理及詞彙、語法研究。在此基礎上，先生撰寫了"《入唐求法巡禮行記》語言研究""《入唐求法巡禮行記》的詞彙特點及其在中古漢語詞彙史研究上的價值""《入唐求法巡禮行記》疑難詞語考釋""《〈入唐求法巡禮行記〉校注》商兌”“評介兩部研究《往五天竺國傳》的新著”“評《〈行歷抄〉校注》”“試論《觀世音應驗記三種》在中古漢語研究方面的語料價值”“中華書局本《觀世音應驗記三種》校點獻疑”“輯注本《啓顏録》商補”“敦煌寫本《諸山聖迹志》校理”“漢語詞彙研究與敦煌社會經濟文書的整理”“敦煌社會經濟文獻詞語略考”“敦煌社會經濟文書語法札記”“試論古代漢語詞彙與日本語詞匯的比較研究”等一系列學術論文。這些論文有的發表在日本的學術刊物上，有的發表在國内的學術刊物上，不少篇目被日本及國内的著名學術刊物全文轉載，或被日本、中國學者所引用，形成了較大的影響。同時，爲了更好地溝通中日語言學者學術交流，先生還與當時的日本京都禪文化研究所主幹芳澤勝弘先生以及在禪文化所工作的李建華先生、花園大學的衣川賢次先生等發起成立了“禪籍俗語言研究會”，創辦了《俗語言研究》這一學術刊物，一時間中日學者踴躍入會，積極撰文，掀起了兩國學者協同進行漢語俗語言研究的一個熱潮。

1995 年春，先生回國後，適遇四川大學率先在全國招收年齡偏大（超過以往 35 歲爲限的年齡標準）的在職博士研究生，隨即考入四川大學漢語史研究所師從張永言先生攻讀“漢語史”專業博士。正如著名學者徐文堪先生所言“張永言先生是我國當代傑出的語言學家，長期從事漢語史、漢語歷史詞彙學和語言理論的研究，博雅精深，學貫中西，始終立於學術前沿。在漢語史研究中，先生的目標是繼承傳統的雅詁之學，而在視野和材料上又有所拓展和延伸，突破前人局限，以大量方言、民族語言以及外國語的材料與漢語古文獻相印證，解決了不少國内外學界亟待解決的疑難問題，受到了廣泛的讚譽”。張永言先生不僅具有扎實的傳統語言學功底，而且具有深厚的現代語言學理論素養，他兼通英、法、日、俄多國語言，因此具備開闊的國際視野。在張先生的具體指導下，先生的博士論文選題確定爲《入唐求法巡禮行記詞彙研究》。在川大的第一年，先生每天僅給自己六小時的休息時間，在這一年裏，以優異的成績完成了所有學位課程的學習，并在國内外重要刊物上發表了十多萬字的論文，翻譯出版了十多萬字的譯著。先生因爲是在職攻博，所以第二年便回到了原單位蘇州大學，在承擔每周十多節課的教學任務的同時，利用夜晚完成了二十多萬字的學位論文的寫作，最終提前半年順利通過了論文答辯。論文得到了國内外專家學者的高度評價：南京大學魯國堯教授云“此文雖是專書詞彙研究，但志

四十餘載潛心問學，龍蟲并雕蔚然成家

翹將它置於漢語詞彙史的宏觀背景之下，因而呈現出‘上下而求索’的放射狀態。從前代語料中追溯源頭，從同時代語料中廣求旁證，有時還從後世語料中察其發展變化，并以理論挈其綱領，因而對漢語發展規律的認識、對漢語史分期的探討、對大型辭書的編纂修訂，都頗具參考價值”。北京大學的白化文教授（白化文先生是國内第一個爲《入唐求法巡禮行記》作注的學者）更以“空谷足音”加以形容，認爲是“專書語言研究的典範”。博士論文修改擴充後經北京大學榮新江教授，上海漢語大詞典編纂處徐文堪編審的推薦，由唐研究基金會叢書學術委員會評審通過，得到羅傑偉先生創立的唐研究基金會資助由中國社會科學出版社出版。該書被中國社科院語言研究所列入 2000 年國内近代漢語研究的兩項標志性成果之一。先後獲北京大學王力語言學獎及江蘇省政府社科優秀成果獎、教育部社科優秀成果獎。此書因涉及“語言接觸”，故在日本、韓國也引起重大反響，在日、韓學界多有引用。爲此韓國多次邀請先生出席他們主辦的國際學術會議并在大會上作主旨報告。2011 年日本邀請先生參加“日本國文部省重大國際合作項目——古代東亞漢語變格研究”的研究工作，自 2011 年至 2016 年每年赴日一次，直到項目順利結題。

因爲《入唐求法巡禮行記》是日本僧人圓仁所撰，屬於佛教文獻。佛教文獻因其傳教普及的需要，故比較切近口語、比較通俗化，且面廣量大，是漢語史研究的重要語料。此後，先生的注意力又從“外典”旁及到“内典”（佛教文獻），先後對我國中古、近代的佛教類書《經律異相》《法苑珠林》以及僧傳、寺院志《高僧傳》《續高僧傳》《宋高僧傳》《洛陽伽藍記》等文獻的詞彙、語法作了較爲系統的研究。

在研究的過程中，先生逐漸形成了“古今打通、中外打通、各類文體打通、各個領域打通”的語言研究理念。在個別語言材料研究的基礎上，進而嘗試從史的高度進行概括與總結。因此先生主持另一個國家社科基金項目即爲《20 世紀中古漢語詞彙研究論綱》（2000 年），對漢語史的分期作了述評，對 20 世紀前的中古漢語詞彙研究作了回顧，對 20 世紀的中古漢語詞彙研究作了總結，對 21 世紀的中古漢語詞彙研究作了展望，在學術界引起了強烈反響，得到學者們的廣泛贊譽。

先生學術研究的第三次轉型，是隨着時代的發展，電腦運用的普及而發生的。電子語料庫自 20 世紀 70 年代末以來在我國興起、發展，取得了長足的進步。歷來，通過爬梳散見的文獻、獲取幾個例證來證明某種語言現象的研究方法，無論從周遍性、可靠性或者科學性而言，都已經受到極大的挑戰。通過對語料的資料化，利用電腦窮盡地檢索語料，統計在不同語境的出現頻率，這種計量的語料庫語言學已經成爲語言研究的主流。但是開始時的電子語料庫僅爲將語料輸入電腦，祇能按單個字詞進行檢索的生語料庫。那種爲語言研究而特別設計、對語料進行精細校勘，然後分詞、標注詞性、語法地位、語義特徵的深加工研究性語料庫（特別是古代文獻語料）卻未嘗見到。"工欲善其事，必先利其器"，爲了給漢語史研究提供一個方便利用的平臺，爲中古漢語研究夯實基礎，2008 年先生主持了一個國家社科基金項目"深加工中古漢語語料庫建設"，開始從頭學習極端生疏的電腦技術，與團隊一起首先選擇了包括史書、小說、雜帖、詩歌、佛經、道藏以及醫書、農書、法制文書等 500 萬字典型中古語料，分別對它們進行精細校勘，然後分詞、標注（開始都是人工校勘、分詞、標注，在完成一定數量的語料加工後，研製了機器自動校勘、分詞、語法、詞義標注軟體以及分類檢索軟體，并獲得了專利）。經過五年的拼搏，建成了一個集"校勘文本異文庫""詞語義項庫""語法樹庫""古今漢語平行語料庫"之大成的研究型語料庫。該語料庫的全面性、實用性、前沿性、開放性、自主性特點，受到了項目鑒定專家組的高度評價。由安徽大學黃德寬教授（古文字專家）爲組長、教育部語言文字應用研究所馮志偉研究員（計算語言學專家）、廈門大學曾良教授（中古、近代漢語專家）爲組員的驗收組經過聽取匯報、實地觀看語料庫演示、審核材料，最後的驗收鑒定是："按照項目論證和預期目標設定，圓滿地實現了研究目標，完成精加工的中古漢語典型語料庫，開發中古漢語語料庫加工平臺軟體，建成了中古漢語語料庫集成檢索系統，并結合中古語料庫建設對中古漢語的相關理論問題進行了一系列研究。從目前完成工作來看，課題組在語料庫加工應用和軟硬體平臺建設方面，在中古漢語研究領域處於國內領先。圍繞語料庫開展的相關理論研究成果，對中古漢語研究方面產生了積極影響。研究整理的中古漢語語料文本，得到學術界的高度評價。在建設過程中，還培養了一批中古漢語的優秀研究人才。該課題成果具有較爲廣泛的推廣價值，精加工的中古漢語典型語料庫和便捷的檢索方式，爲漢語史及中古漢語提供了先進的研究與交流平臺。（項目結項等級：優秀）"在此基礎上，2011 年先生又作爲首席專家主持了國家社科基金重大招標項目《漢語史語料庫的建設與研究》，將語料庫的規模和功能作了進一步的擴充與延伸，并加强了理論研究。先後用了五年時間，將入庫語料翻了一倍（在增加傳世文獻的同時，也增加了石刻資料及敦煌吐魯番出土文獻），庫容達到 1500 萬字。對先期研製的自動校勘、分詞、語法、詞義標注軟件以及分類檢索軟件進行了多次改進與升級。其間，兩項理論研究成果均獲得江蘇省政府社科優秀成果二等獎。項目臨近結項時，正值國家重大文化工程《漢語大詞典》（第二版）修訂編纂啓動，編纂委員會認爲：《漢語大詞典》（第一版）在語料的收集調查方面，最薄弱的是中古漢語（後漢—隋）文獻、近代漢語（唐—清）文獻及出土文獻。在目前新的形勢下，要在短時間内彌補這一缺憾，保質保量地完成《漢語大詞典》（第二版）的編纂任務，必須與漢語語料庫建設結合起來。先生帶領團隊經一年多的努力，對《漢語大詞典》（第一版，全 12 册）逐詞進行全面調查，并利用新建成的“漢語史語料庫”進行提取、查檢、比對，勘定，圓滿完成了《漢語大詞典》（第二版）編委會交給的任務，分別於 2015 年 9 月、2016 年 12 月分兩批向《漢語大詞典》（第二版）編委會交付了《漢語大詞典》修訂補充語料，總計 12100 條詞條，220 萬字。

先生在語言學研究過程中始終抱有一個宗旨：漢語史研究，語料的可靠性是前提。所以無論是個人進行專書語言研究，或者將語料輸入語料庫，嚴謹的校勘甚至注釋今譯工作是必不可少的。先生具有深厚的文獻學功底，先後出版了《〈觀世音應驗記三種〉譯注》《〈大唐西域記〉譯注》《〈啓顔録〉箋注》《〈經律異相〉校注》（全四册）《〈世説新語〉箋注》（全兩册）等，這些古籍整理著作，都不祇是運用本土傳世諸種版本進行校勘，而且儘量利用以往較少涉及的出土文獻或國外僅存的各種古抄本進行校勘，校勘精審，標點準確，體現了最新的研究成果，爲學界提供了諸多研究便利。

除了在學術研究方面取得了傑出成就外，先生也是一位德高望重、桃李滿天下的優秀教育工作者。40 多年來，先生一直堅持爲本科生、碩士生、博士生上課。從“古代漢語”基礎課到“漢語史”“訓詁學”“音韻學”等各類專業課，先生對每一門課、每一次課都精心備課，不斷吸收最新研究成果，融知識性和趣味性於一體，教學效果良好，受到學生們的熱烈歡迎。每學期先生的課都是座無虛席，一座難求。

正如已過世的中國科學院院士、原上海大學校長錢偉長先生所云：“你不教課，就不是教師；你不搞科研，就不是好教師。大學必須拆除教學與科研之間的高牆，教學沒有科研做底蘊，就是一種沒有觀點的教育、沒有靈魂的教育。"事實上，沒有高品質的科研就沒有高品質的教學，而教學中所遇到的問題又啓發了我們的科學研究。對教師來說，教學和科研并不是"不能得兼"的"魚"和"熊掌"，它們是相輔相成、互相促進的關係。

先生深知"教學相長"的道理，一直堅持結合教學進行科研。先生與馬景侖教授主編的《王力古代漢語同步輔導與練習》（上下册，中華書局，2009）就是數十年來講授這門課、研究這一教材心得的體現。由於抓住了一些重點、難點問題的分析闡述，該書出版以來，已經加印十餘次，發行達數十萬册，成爲全國高校《古代漢語》教學以及本科生考研的重要參考書。先生應邀主編的"21 世紀普通高校文科示範教材"《古代漢語》，首次在選材及教學中兼顧文言文與古白話、傳世文獻與出土文獻，頗具特色。其實這也是貫穿了先生在漢語研究中的理念與特點。

由於努力結合教學開展科研，同時又將自己的科研心得貫穿於教學之中，先生因此取得了良好的教學效果和極高的社會評價。先生主持的"古代漢語"課與北京師範大學一起首批入選國家級精品共用課程，獲得"江蘇省高等教育教學成果一等獎"。多年來，先生先後獲得了蘇州大學"首届優秀中青年教師"、南京師範大學"優秀研究生導師"、"優秀博士後學術聯繫導師"、"首届奕熙精英教師"、"師德先進個人"及"江蘇省教學名師"、"國家級高等學校教學名師"等諸多榮譽稱號，確爲實至名歸。數十年來，先生指導了 98 名碩士、47 名博士、21 名博士後，如今都活躍在各自的崗位上，其中不少已成爲教授、博導，有的已經在語言學研究領域作出了傑出貢獻，成爲教育部"長江學者"特聘教授。

2019 年，在慶祝董先生七十壽辰的聚會上，先生曾即興吟了一首七律《七十咏懷》："雕蟲一世龍未鏤，似水流年七十秋。長夜每驚初心失，中天更愧半志酬。光陰有限衰鬢髮，世事無常化白頭。但見後波推前浪，吟風渾忘樂與憂。"先生謙虛的稱自己的學問爲"雕蟲小技"，實際上是"龍蟲并雕"，解決了漢語史上諸多懸而未決的問題，在理論和實踐上都取得了重要的突破與成就。先生今年已經七十三歲高齡了，依然活躍在教學、科研一綫，筆耕不輟，孜孜矻矻，不斷有新的學術成果問世。先生的爲人、爲學，高山仰止，永遠是我們學習的榜樣，是鼓勵我們努力前行的力量。

（作者單位：山東師範大學國際教育學院）

四十餘載潛心問學，龍蟲并雕蔚然成家

《國學季刊》稿約

　　《國學季刊》是山東大學儒學高等研究院尼山學堂主辦的學術季刊，每年四輯，繁體橫排，16 開本，由山東人民出版社出版。本季刊主要登載與我國古代傳統學術相關的各種專門性研究論文，内容涵蓋經、史、子、集四大部分。刊登文章一律以學術質量爲標準，推崇實學，鼓勵創新，不拘形式，不限文體，字數一般在 15000 字以内。本刊歡迎知名專家教授的力作，也歡迎青年學者、博士、碩士研究生、本科生的優秀論文。來稿請遵從本刊的格式規範（見下），并注明作者姓名、單位、通信地址、電子郵箱、電話等信息。來稿一經采用，酌付稿酬，并贈送當期樣刊兩册。投稿後三個月内未接用稿通知，作者可自行處理。

　　投稿郵箱：guoxuejikan@foxmail.com

　　附：稿件要求及格式規範

　　一、來稿請使用標準繁體字，特殊情況下可保留必須的異體字、俗字。

　　二、來稿請使用新式標點符號，除破折號、省略號占兩格外，其他均占一格。書刊名、詩文題目等用《》書名號標識，徵引文獻用“ ”引號標識。

　　三、來稿注釋請采用當頁腳注。注釋碼用阿拉伯數字①②③④……表示，當頁連續編號。注釋碼一律置於被注文句標點符號之後的右上角。

　　四、徵引文獻請核實無誤，并詳列出處。引用古籍，首次出注時須注明著作者（清及清以前著者括注朝代，外國人括注國籍）、整理者（包括校注、校箋、校釋、點校者）、書名、篇章、出版機構、出版日期、頁碼等項，再次出注時可以省去出版機構、出版日期，如：［清］孫希旦著，沈嘯寰、王星賢點校：《禮記集解》卷一《曲禮上》，中華書局，1989 年，第

22 頁。引用今人論著，首次出注時須注明著作者、篇名、書名、出版機構、出版日期、頁碼等，如：王紹曾：《論續修〈四庫全書〉》，《目録版本校勘學論集》，上海古籍出版社，1995 年，第 996—1001 頁。引用期刊論文，首次出注時須注明著作者、文章名稱、刊物名、刊期、頁碼等，如：劉曉東：《論六朝時期的禮學研究及其歷史意義》，《文史哲》1998 年第 5 期，第 86 頁。引用外文論著，一般遵循該文種通行的徵引格式。引用文獻再次出注時可省去出版機構和出版日期。

五、文中首次涉及帝王年號，應括注公元紀年。首次涉及重要的外國人名，應括注西文原名。中國年號月日、古籍卷數用中文數字。其他與公制有關的概念及期刊卷期號、頁碼等均使用阿拉伯數字。特殊文獻，依學界規範。

六、文中插圖請提供清晰照片或電子文件，并在文中注明位置。

《國學季刊》編輯委員會